L'Âge de la multitude

Entreprendre et gouverner après la révolution numérique

Nicolas Colin
Henri Verdier

L'Âge de la multitude

Entreprendre et gouverner après la révolution numérique

ARMAND COLIN

Armand Colin est une marque de
Dunod Éditeur, 5 rue Laromiguière, 75005 Paris

ISBN 978-2-200-60144-7

Sommaire

Remerciements

Merci à Emmanuelle Hoss et Laetitia Vitaud, qui nous ont convaincus de plonger dans l'écriture, puis ont accepté de débattre sans relâche de nos thèses naissantes et de nos versions successives.

Merci à Yann Moulier Boutang, dont la pensée et les travaux nous ont inspiré la notion centrale et le titre de cet ouvrage.

Merci à nos associés et collègues, notamment Alexandre Pikiakos, qui nous ont apporté leur soutien et leur inspiration.

Merci aux parents, compagnons et amis qui nous ont fait l'honneur d'accompagner ce travail par leurs conseils et leurs relectures, et qui mettent ces thèses en œuvres, notamment :

Axel Adida, Oussama Ammar, Jean-Jacques Ballan, Thérèse Bécue, Bernard Benhamou, Serge Bossini, Alexandre Boucherot, Pierre Collin, Marc Couraud, Pascal Daloz, Jérôme Filippini, Jean-Louis Fréchin, Duc Ha Duong, Bernard Haurie, Jean-Michel Lasry, Maxime Legendre, Laure Lucchesi et toute l'équipe d'Etalab, Elisabeth Lulin, Jacques Marzin, Maxime Marzin, Pierre-François Mourier, Georges Nahon, Gabriel Plassat, Jean-Charles Pomerol, Maurice Ronai, Jean-Baptiste Soufron, Bénédicte Tilloy, Mohammed-Adnène Trojette, Anne Verdier, Yanai Zaicik.

Les auteurs assument pour autant la responsabilité de leurs thèses et des éventuelles erreurs qui persisteraient dans ces pages.

Dans ses Histoires [IV, 46], *Hérodote décrit un peuple redouté, les Scythes, qui a maintenu une société horticole-nomade différente des empires sédentaires du « berceau de la civilisation » [...]. Ces « hordes errantes », sans ville ni territoire fixe, ne purent jamais être localisées et, de ce fait, ne purent jamais être mises en situation défensive ou conquises. Elles préservèrent leur autonomie par le mouvement, donnant l'impression aux observateurs extérieurs d'être toujours présentes et prêtes à l'attaque, même quand elles étaient absentes. [...] Bien que le pouvoir ne fût pas pour eux une question d'occupation spatiale, leur territoire gardait une frontière flottante. Ils erraient, s'appropriant terre et butin selon leurs besoins au gré de leur déplacement et constituèrent ainsi un empire invisible [...]. Il était extraordinairement rare que les Scythes se fissent prendre en position défensive. Si les termes de l'engagement ne leur convenaient pas, ils avaient toujours la possibilité de rester cachés, ce qui, de fait, empêchait l'ennemi de décider du théâtre des opérations.*

CRITICAL ART ENSEMBLE,
« La Résistance électronique, et autres idées impopulaires »[1]

Préface à la deuxième édition

Certains de nos amis prétendent que, désormais, toute discussion sur l'économie numérique qui se prolonge assez longtemps finit par atteindre le « *point multitude* », ce point à partir duquel l'un des participants évoque immanquablement l'importance de l'extraordinaire force de création et de contribution que nous représentons tous, par nos actions conscientes ou inconscientes, ou tout simplement par nos traces et nos données. Saluer ainsi le titre de notre ouvrage est bien sûr une marque de bienveillance. C'est aussi la preuve de l'existence d'un écosystème de l'économie numérique française dans lequel les idées circulent et s'approfondissent. Mais c'est surtout le signe de la vitalité de thèses qui ont été appropriées, reprises et débattues par une vaste communauté de lecteurs.

Trois ans après sa première édition, l'actualité de *L'Âge de la multitude* est intacte. Les fondamentaux de la révolution numérique - qui est derrière nous - n'ont pas changé. Les entreprises qui inspiraient nos analyses ont poursuivi leur développement exponentiel : Uber, balbutiante à l'époque, a pris le dessus sur le secteur des taxis ; Instagram a été acquise par Facebook ; Netflix a saturé son marché américain et engagé son développement en Europe. Quelques nouveaux entrants complètent le tableau initial. Singulière, l'aventure de Yo a prouvé que l'on pouvait conquérir un million d'utilisateurs en un mois sans capital ni salarié ; l'économie collaborative (*sharing economy*), illustrée en France par BlaBlaCar, radicalise encore le modèle de plateforme de la multitude.

Les géants de l'économie numérique (comme Google, Apple, Facebook, Amazon) se développent dans toutes les directions et préparent peut-être de nouvelles révolutions, du côté de l'intelligence artificielle ou du *biohacking*.

L'« économie de la multitude » est sortie des ordinateurs et commence à s'intéresser aux objets et aux corps, notamment en surfant sur la vogue du *quantified self* et sur la vague des « objets communiquants ». Les contributions et les traces qui la nourrissent ne proviennent plus seulement de nos navigations numériques mais s'appuient sur nos rythmes cardiaques, nos déplacements et nos rencontres. D'autres innovations naîtront sur cette nouvelle frontière. L'économie numérique se développe et continuera de nous surprendre.

Mais pour l'heure, ses règles du jeu n'ont pas changé.

La société française, en revanche, a évolué très rapidement. Elle semble désormais avoir pris acte de la réalité de la transition numérique.

Son évolution est parfois encourageante : quelques grandes entreprises entrent avec fracas dans cette nouvelle économie, en n'ayant pas peur de cannibaliser leurs anciens modèles d'affaires, en jouant sur l'innovation radiale, l'expérimentation, l'agilité et surtout l'audace ; l'État commence à s'approprier les stratégies de plateformes, les méthodes agiles et l'alliance avec la multitude ; une nouvelle génération de startups françaises semble se positionner résolument dans l'économie numérique globale. Le politique, le régulateur ou l'administration fiscale apprennent à prendre en compte les formes subtiles de domination des grandes plateformes numériques. L'Europe elle-même semble commencer à imaginer quelques gestes de souveraineté et quelques rudiments de politique industrielle.

Malheureusement, cette prise de conscience se fait encore bien souvent sous l'angle de la peur ou du rejet. En témoignent le grand mélange entre l'affaire PRISM (indûment rebaptisée affaire Snowden) et l'application des *big data* aux données personnelles librement partagées ; entre les offensives cybercriminelles et les stratégies de communication en ligne des groupes terroristes ; entre l'optimisation fiscale des GAFA, liée aux carences du droit fiscal européen, et leurs subtiles stratégies de contrôle industriel. Une majorité de décideurs semble surtout guidée par la peur de l'« uberisation » de leur propre activité, et par la tentation permanente de réponses rappelant les luddites, ces artisans qui voulurent interdire la mécanisation de leurs métiers : « ralentissons le mouvement le plus possible et espérons qu'il nous oubliera ».

Le risque qui domine, désormais, est celui d'une France clivée. On y trouverait d'un côté une forte minorité qui a compris et embrassé ces nouveaux codes, qui se projette dans un monde nouveau, qui crée, innove, rassemble et exporte. Et, de l'autre côté, une majorité frileuse, effrayée, qui ne comprend pas ce qui se passe et tente d'arrêter un mouvement dont la France devrait au contraire s'emparer. Et malheureusement, si ce scénario devait se confirmer, on peut sérieusement craindre que les élites traditionnelles se rangent plutôt du côté de l'incompréhension majoritaire.

*
* *

L'Âge de la multitude voulait combattre cette tendance préoccupante, et surtout l'une de ces principales causes : l'indifférence vis-à-vis de la transition numérique de l'économie et le déni de ses conséquences. À nos yeux, le numérique faisait l'objet de trop de confusions, qui contribuaient à le marginaliser aux yeux de nos décideurs et donc à ralentir la transition numérique de l'économie française.

Et ces confusions ne sont pas toutes dissipées.

Le numérique est trop souvent confondu avec les startups.

Les startups sont importantes certes : elles sont bien souvent le creuset de l'innovation, le lieu de la plus grande audace, l'origine de la multiplication de ces innombrables essais et erreurs d'où sortent de nouveaux produits et de nouveaux modèles.

Mais l'économie numérique n'est pas faite uniquement d'entrepreneurs qui créent de nouveaux produits dans des garages sans modèle d'affaires préalable. D'une part, fort heureusement, nombre d'innovateurs ne rejoignent pas ces « startups » et irriguent le logiciel libre, la recherche, parfois même les grands groupes et les administrations. D'autre part, certaines startups, notamment celles qui ont survécu à l'éclatement de la bulle numérique en 2000, sont devenues des entreprises dominant leur filière à l'échelle globale. Elles ont désormais les capitalisations boursières les plus élevées du monde et se diversifient sans cesse dans la conquête de nouveaux marchés. Elles exercent de puissants effets de réseau, captent une part croissante de la valeur ajoutée globale et permettent aux États-Unis de concentrer une puissance économique et industrielle qui n'a pas d'équivalent dans le monde – sauf, peut-être, en Chine. L'économie numérique serait dérisoire si elle n'était faite que de startups. Elle est aujourd'hui dominée par des géants, tous Américains ou Chinois.

Le numérique est aussi trop souvent confondu avec la culture.

Parce que la presse et les filières culturelles ont été les premières à connaître leur transition numérique (ou à la subir, de ce côté de l'Atlantique), parce que les industries culturelles sont par essence immatérielles, parce que les exemples de disruption dans la culture ont été spectaculaires et précoces, et parce que les lobbies de la culture ont une grande aisance médiatique, de nombreux dirigeants ont considéré que l'économie numérique s'en tiendrait là. Elle allait transformer les filières dont le cœur de métier est l'information et la communication, dont les principaux actifs sont immatériels, mais ne changerait rien à la création de valeur dans des filières plus tangibles et représentant un nombre beaucoup plus important d'emplois. Or nous savons désormais que « *le numérique dévore le monde* », pour reprendre la célèbre formule de Marc Andreessen. Loin de s'en tenir à quelques filières, comme la musique ou la presse, il transforme désormais les activités les plus matérielles. Il s'intéresse au transport, aux villes, aux corps. Il bouleverse les chaînes de valeur de l'automobile, de la santé, du bâtiment ou de l'agriculture. La transition numérique est devenue réalité dans toutes les filières. Les startups de l'économie numérique, à mesure qu'elles grandissent, remettent en cause les positions de toutes les entreprises en place.

La transition numérique, enfin, est trop souvent réduite à sa dimension technologique.

Elle a évidemment des racines technologiques : le microprocesseur, mis sur le marché par Intel ; l'ordinateur personnel, imposé par Apple ; Internet lui-même, rêvé par les soixante-huitards californiens, financé et déployé par l'armée américaine, sont autant de percées technologiques qui ont déclenché puis accéléré la révolution numérique. Les Américains, d'ailleurs, appellent ces entreprises des *tech companies*, excitant du même coup notre passion française pour la science et l'ingénierie : si l'économie numérique est un enjeu technologique, alors la France devrait y réussir mieux que les autres.

Mais aujourd'hui, les technologies numériques sont banalisées par l'*open source* et les grandes plateformes de *cloud computing* : les entreprises ne se font plus tant concurrence sur la technologie que sur le design, l'expérience utilisateur, le modèle d'affaires et, surtout, leur capacité à faire alliance avec la multitude.

Cette série de confusions historiques a contribué à isoler l'univers du numérique du reste de l'économie et de la société. Dans l'indifférence générale d'une société qui les voyait souvent comme des « Barbares » (et qui continue pour partie de le faire), plusieurs mondes ont exercé un monopole sur la pensée et sur l'action : celui des passionnés et des praticiens des technologies logicielles ; celui de l'entrepreneuriat social, solidaire et contributif ; celui des sociétés de service, des agences et des cabinets de conseil, longtemps seuls à avoir immobilisé une expertise des questions numériques pour pouvoir mieux servir leurs clients ; celui des premiers entrepreneurs de l'économie numérique, qui ont prospéré pendant la bulle spéculative de la fin des années 1990 mais ont, depuis, échoué à faire de la France une grande puissance de l'économie numérique ; enfin, celui des quelques grandes entreprises que leur métier destinait à être confrontées les premières à la transition numérique de l'économie : les opérateurs de télécommunications et les agences de publicité.

*

* *

L'Âge de la multitude a tenté de traduire le langage, les rêves, les visions, les stratégies et les méthodes des Barbares en langage classique. Il a rencontré son public et a contribué à la prise de conscience dans un certain nombre d'univers. Une série de rapports administratifs et parlementaires y font référence et en ont repris les termes clefs[1].

Sa thèse centrale n'a fait que se confirmer avec le temps : les entreprises les plus puissantes et les plus valorisées sont celles qui parviennent à s'allier avec la multitude, ces milliards d'individus éduqués, équipés et connectés, et à les inviter dans leur chaîne de valeur. À mesure que notre économie devient plus numérique, la compétitivité des entreprises se mesure à leur capacité à s'allier avec la multitude. Notre vision de la création de valeur doit être révisée à cette aune : après la révolution numérique, le développement économique dépend de notre capacité à faire grandir, sur notre territoire, des entreprises alliées à des milliards d'individus et qui, grâce à eux, parviendront à capter de la valeur ajoutée dans le monde entier pour la réaliser sur le territoire. S'il est un pétrole du XXIe siècle, bien plus que les données – qui ne sont qu'un médium – c'est la multitude elle-même, en tant qu'elle agit et interagit.

Plusieurs tendances, déjà perceptibles il y a trois ans, mais qui se sont accentuées ces deux dernières années, ont renforcé ce rôle de la multitude dans l'économie globale. L'Internet des objets multiplie les points de contact avec les individus et intensifie la collecte de leurs données personnelles. Le développement spectaculaire de l'économie collaborative (*sharing economy*) montre que le choix de s'allier avec la multitude au lieu de se cantonner dans un modèle d'affaires traditionnel, est devenu de plus en plus évident et rationnel pour les entrepreneurs. Certains viennent à l'économie collaborative par conviction ; d'autres y arrivent par calcul ; la majorité, en réalité, s'y convertit par hasard : dans leur quête d'un modèle d'affaires, les entrepreneurs constatent que s'allier avec la multitude permet de croître plus vite, d'améliorer la qualité de la proposition de valeur et de pratiquer des prix plus bas.

L'Âge de la multitude est paru en 2012, dans une économie qui n'était pas encore remise de la crise financière de 2008, au sein d'une Europe encore empreinte de nostalgie pour la défunte « Stratégie de Lisbonne ». Trois ans plus tard, l'économie française n'a toujours pas renoué avec une croissance durable. D'une certaine manière, cette situation dramatique confirme la thèse de notre ouvrage : l'économie est en crise parce que les entreprises tardent à se convertir au nouveau régime de création de la valeur, celui de l'alliance avec la multitude ; le chômage ne cesse d'augmenter notamment parce que la multitude remplace les travailleurs salariés dans les chaînes de production d'un nombre croissant de filières de l'économie. Entendons-nous bien : l'âge de la multitude n'est pas l'âge de la crise ; en revanche, l'incapacité des entreprises et des pouvoirs publics à se convertir à un nouveau paradigme est l'une des dimensions de la crise. C'est pourquoi il nous faut réapprendre à entreprendre et à gouverner après la révolution numérique.

*

* *

Malheureusement, au lieu d'accélérer cet apprentissage, la crise entrave le développement de l'économie numérique française. Parce qu'elle trouve en partie son origine dans la transition numérique, elle nourrit une défiance vis-à-vis de l'économie numérique, qui renforce à son tour ceux qui, par conviction ou par intérêt, souhaitent ralentir son développement.

Cette défiance se nourrit de plusieurs peurs.

Peur, d'abord, de la destruction des emplois.

Le débat sur l'économie numérique et les emplois n'est pas nouveau. Dès les années 1990, l'économie numérique a été qualifiée de « nouvelle économie », prometteuse de croissance et de création massive d'emplois. En 2000, les chefs d'État et de gouvernement de l'Union européenne ont adopté la stratégie de Lisbonne pour concrétiser cette promesse et faire de l'Europe « l'économie de la connaissance la plus compétitive du monde ». Mais l'économie numérique n'a pas créé massivement des emplois, loin s'en faut. Le modèle d'affaires des entreprises qui la domine repose précisément sur leur capacité à créer le maximum de valeur avec le moins possible d'emplois, suivant le fameux principe de la scalabilité. Même le nombre des emplois qualifiés n'a pas été à la hauteur des attentes. Plus récemment, les progrès spectaculaires de l'intelligence artificielle et de la robotique ont inspiré un débat entre économistes sur l'avenir de l'emploi dans l'économie numérique. Pour Erik Brynjolfsson et Andrew McAfee[2], par exemple, tous les emplois tels que nous les connaissons disparaîtront à moyenne échéance, du fait du progrès technique. Il en résulte un impératif d'imagination radicale : si nous voulons que notre économie puisse se développer à nouveau, il nous faut compter sur les entrepreneurs et les pouvoirs publics afin de précipiter la création des emplois de demain, ceux qui ne seront pas menacés par l'économie numérique mais au contraire, qualifiés et non qualifiés, créés grâce à elle.

Peur, ensuite, de la prédation des données personnelles.

Depuis la parution de *L'Âge de la multitude*, l'affaire PRISM et les révélations sur des dispositifs de collecte déployés à des fins de renseignement ont nourri un vif débat sur la collecte et le traitement des données personnelles par les entreprises numériques. D'un côté, la collecte de ces données est un terme essentiel de l'alliance conclue entre la multitude et les entreprises qui collectent des données sur elle : c'est parce qu'elles connaissent mieux les individus que ces entreprises peuvent mieux les servir en baissant leurs prix, en personnalisant leur proposition de valeur ou en soutenant une dynamique constante d'innovation. De l'autre côté, l'ampleur de la collecte de données personnelles est à ce point inédite que beaucoup de questions restent sans réponse. L'impératif de la confiance est-elle un tempérament suffisant aux excès de la collecte de données ? La multitude sait-elle se défendre contre les entreprises tentées par la prédation ? Comment adapter le droit des données personnelles à une économie de plus en plus globale et de moins en moins européenne ? De notre capacité à trancher ces débats dépend notre développement économique futur.

Peur, enfin, de l'affaiblissement de la souveraineté nationale.

La destruction des emplois et les interrogations sur les données personnelles nous font douter de notre capacité à exercer à nouveau de la puissance. Avec le développement de l'économie numérique, c'est notre souveraineté même qui est menacée. Faute d'avoir su faire grandir des géants de l'économie numérique, la France devient un vivier dans lequel d'autres pays viennent accéder à des ressources et un marché de débouchés pour des produits issus de l'économie numérique, dont la valeur ajoutée est localisée ailleurs. La souveraineté se définit comme le droit exclusif d'exercer l'autorité politique sur le territoire. À l'heure où l'économie numérique se développe au rythme d'entreprises globales, ce droit est de plus en plus remis en question dans la pratique. Que peut l'État français face à ces entreprises à la puissance inédite, elles-mêmes soutenues par leurs gouvernements ? Quelle peut être l'influence, dans l'économie globale, d'un pays qui n'a pas su faire grandir ses propres entreprises numériques ?

La peur est mauvaise conseillère, y compris en matière de transition numérique. Nous avons parfois été accusés, suite à la parution de *L'Âge de la multitude*, de ne pas percevoir ces dangers. Mais ces critiques n'ont pas ébranlé notre conviction : la seule manière de nous protéger dans l'économie numérique, c'est d'y être puissants et innovants, de faire grandir depuis le territoire national des entreprises dominant leur filière à l'échelle globale, de projeter dans le monde une nouvelle puissance industrielle. La seule manière de protéger nos données, c'est de les mettre nous-mêmes en culture et de créer, dans notre pays, les grandes plateformes qui organiseront les services du futur.

*
*　*

Trois ans après la parution de *L'Âge de la multitude*, de nouvelles lectures, de nouvelles expériences et d'innombrables échanges avec nos lecteurs et nos critiques nous ont permis d'approfondir cette vision de la révolution numérique et de ses conséquences.

La transition numérique, provoquée par la révolution numérique, est un changement de paradigme. Nous avons quitté le paradigme de l'économie de masse pour entrer dans celui de l'économie numérique. Dans cette transition, tout est remis en cause. Les infrastructures changent : hier les grands ouvrages d'art et réseaux de transport et de communication, aujourd'hui Internet et les grands réseaux sociaux, demain peut-être les objets communicants. Toutes les positions peuvent changer : il est possible, par exemple, que le commerce de proximité résiste mieux à Amazon que la grande distribution, ou que de nouveaux acteurs puissent se lancer dans l'industrie automobile sans mobiliser le capital jusqu'alors nécessaire.

À tout « paradigme techno-scientifique », pour reprendre les termes de Carlota Perez[3], correspond une ressource essentielle : un intrant abondant et peu cher qui irrigue et propulse l'ensemble de l'économie. Dans le paradigme de l'économie de masse, cette ressource essentielle était le pétrole. Dans le paradigme de l'économie numérique, cette ressource est la multitude. Apple et Google ont dépassé les entreprises de la filière de l'énergie au palmarès des capitalisations boursières les plus élevées du monde, signifiant la valorisation par le marché de l'accès à cette ressource essentielle et de plus en plus rare - parce que la concurrence pour faire alliance avec la multitude s'intensifie mais aussi parce que les individus, plus sensibles à la collecte de leurs données personnelles, ne sont plus prêts à s'allier avec n'importe quelle entreprise : il faut, pour les convaincre, leur inspirer confiance.

L'Âge de la multitude ébauche une réflexion sur la multitude comme source d'externalités positives. L'alliance avec la multitude explique le rendement croissant de l'activité des entreprises numériques, très difficile à intégrer pour les décideurs formés à la malédiction des rendements décroissants : dans l'économie traditionnelle, plus une entreprise est grande et plus elle a du mal à croître ; dans l'économie de la multitude, c'est le contraire : plus une entreprise est grande et plus sa croissance est exponentielle... jusqu'à la domination du marché. La multitude explique la capacité à prendre rapidement des positions dominantes dans l'économie numérique. Mais elle peut aussi servir de ressource pour résister à ces nouveaux monopoles, et notamment de ressource pour la puissance publique et pour ses missions d'intérêt général.

Car devant cette mutation radicale du capitalisme, qui se produit sous nos yeux, il faudra, comme lors des mutations antérieures, et comme la France a si souvent su le faire, inventer de nouvelles institutions. Inédites, ces institutions devront garantir les libertés, les protections et les solidarités d'un monde où le travail lui-même va changer en profondeur, d'un monde où la souveraineté devra être redéfinie, d'un monde où, sans doute, des notions comme la monnaie, le corps, l'intelligence ou même la vie seront redéfinies à une vitesse stupéfiante.

*

* *

C'est pourquoi, comme le sous-entendait le sous-titre de ce livre, il existe une telle proximité entre « entreprendre » et « gouverner » après la révolution numérique. C'est pourquoi l'un d'entre nous a choisi de s'éloigner de la fonction publique tandis que l'autre choisissait de la rejoindre. Parce que dans tous les cas, il s'agit de penser un rapport – toujours d'essence politique – avec la multitude, et dans tous les cas, il s'agit d'innover radicalement, dans le respect du numérique, de ses praticiens et de ses méthodes, dans le respect des citoyens et des consommateurs, avec qui il va falloir apprendre à nouer un dialogue loyal, dans la recherche permanente de certitudes dans un monde dont l'innovation est devenue la seule constante.

Paris, 12 février 2015

Avant-propos

Regardez un enfant qui apprend à faire du vélo.

Au début, il essaie avant tout d'apprendre à tenir en équilibre, en se disant qu'il apprendra ensuite à avancer. Ce qui le retient, c'est la peur de tomber. Il ne sait pas que *faire du vélo, c'est tomber*. « Tomber », c'est-à-dire *consentir* à des forces inquiétantes, accepter un mouvement que l'on finira par contrôler si l'on commence par l'accepter. Un mouvement qui, en fait, fournit la stabilité nécessaire à son contrôle.

C'est pour cela qu'au début, un enfant apprenant à faire du vélo doit être tenu par un adulte. Pour qu'il ne se préoccupe plus de tenir en équilibre. Et pour qu'il puisse alors se contenter de conduire. C'est ainsi que la plupart des enfants apprennent à contrôler leur mouvement et ne se rendent même pas compte du moment où l'adulte les lâche.

Nous en sommes un peu là avec le numérique.

Tout le monde a bien compris combien c'est important : c'est là que se jouent la croissance et l'emploi, c'est là aussi que se joue la transformation de la plupart des activités humaines. Les États, les organisations, les grandes entreprises essaient de s'y mettre. Mais, comme l'enfant qui apprend à faire du vélo, ils aimeraient bien commencer par apprendre à tenir en équilibre.

Or, c'est exactement le contraire qu'il faut faire, car la révolution numérique est déjà passée.

Il faut prendre la mesure de cette révolution, dans toute son ampleur, plonger dans ses attendus et ses conséquences technologiques, industrielles, économiques, sociales et politiques. Il faut comprendre les stratégies des entreprises qui structurent désormais l'économie mondiale et les questions que soulèvent leurs monopoles inédits. Il faut comprendre les nouveaux processus de création de valeur fondés sur l'énergie de l'économie et de la société. Il faut réinventer la politique pour stimuler, concentrer et utiliser la créativité des citoyens et renouveler en profondeur leur rapport à l'État.

La révolution numérique est derrière nous. Un cycle industriel est définitivement fermé. Un nouveau cycle s'est ouvert. Ses grands principes et son socle technologique sont désormais en place. Il suffit d'apprendre à s'y mouvoir.

Introduction

Ce livre est né d'un étonnement : pourquoi, vingt-cinq ans après le début de la révolution numérique, est-il encore si difficile aux États, aux grandes entreprises et aux autres institutions de s'adapter à cette nouvelle donne ?

Il s'efforce de répondre à une question : comment aider les organisations à réussir leur révolution numérique ?

Il pose une hypothèse centrale : la principale dimension de la révolution numérique est la puissance désormais à l'œuvre à l'extérieur des organisations, la puissance des individus éduqués, outillés, connectés, la puissance de ce que nous appelons la *multitude*. Parce qu'elle leur est extérieure, cette puissance échappe aux organisations. Parce qu'elles doivent apprendre à capter cette puissance, les organisations vont devoir apprendre à concevoir de nouvelles stratégies et à en assumer les conséquences radicales.

Le grand public s'est approprié les technologies numériques avec une rapidité sans équivalent dans l'histoire. Il avait fallu quatre-vingt ans pour que 50 % de la population française ait une automobile ; soixante-dix ans pour le téléphone ; cinquante ans pour l'électricité. Il n'aura pas fallu vingt ans pour Internet. Et pour mesurer l'ampleur de cette appropriation, il suffit d'essayer un instant de nous souvenir comment nous faisions *avant :* avant le Web (inventé en 1989), le premier navigateur (Mosaic, 1993), Google (1998), Facebook (2004), les *smartphones* (2007) ou les liseuses (2007) ?

Parallèlement à ce bouleversement de nos existences, qu'est-ce qui a changé ? Comment ont évolué les grandes entreprises, les universités, les règles du jeu politique, les stratégies de communication, les écoles, les hôpitaux ? Toutes ces organisations recrutent depuis vingt ans des collaborateurs familiers de ces nouveaux usages. Mais, à l'exception de secteurs qui – comme la musique – ont été violemment redéfinis par la révolution numérique, rien n'a changé. Pourquoi ces organisations ont-elles tant de difficultés à s'adapter elles-mêmes aux nouveaux usages ? Se méfieraient-elles d'un mouvement qui s'est déployé sans elles, parfois contre elles ? Le vivent-elles seulement comme une menace ? Ou bien y a-t-il au cœur de leur identité quelque principe central qui les rend aujourd'hui subtilement décalées ?

Pour comprendre ce changement, il faut d'abord analyser ceux qui en sont les moteurs : les entrepreneurs, ces créateurs qui ont fondé l'économie numérique. Innovateurs radicaux, porteurs de nouvelles visions stratégiques, ils se sont emparés des technologies, du réseau et des nouvelles aspirations sociales pour fonder, si ce n'est une nouvelle économie, tout du moins une nouvelle manière d'entreprendre, que nous appellerons – faute de mieux – *l'économie numérique* (partie 1).

L'impact de ces entrepreneurs ne serait pas compréhensible sans analyser la transformation en cours pour ce qu'elle est : une transformation globale, d'ampleur historique, à l'instar de la révolution industrielle, une *révolution numérique*. Les innovateurs à succès s'appuient sur des évolutions techniques, économiques et sociales en accélération pour proposer des synthèses originales, créatives. Ils se développent dans un monde où les coûts de la technologie ne cessent de diminuer, où l'innovation s'accélère : un *monde hyperfluide*. C'est un monde dans lequel les individus disposent d'une puissance de création, de communication et de coordination sans précédent et forment une communauté créative, reliée et mobile, *la multitude*[1] (partie 2).

Au cœur de cette transformation globale, un phénomène nous semble à la fois crucial et sous-estimé : la puissance de la multitude. Elle est devenue si importante qu'elle représente *l'externalité positive* la plus importante pour toute organisation : aussi bien un gouvernement qu'une entreprise ou un groupe d'activistes. Accepter cette puissance extérieure, savoir capter cette externalité, c'est réussir à se constituer un nouvel *actif immatériel*, largement aussi important que les actifs matériels (bâtiments, machines) ou immatériels traditionnels (propriété intellectuelle, marques et brevets) (partie 3).

Cette harmonie avec le monde hyperfluide et la puissance de la multitude est la clef de la puissance de l'économie numérique. Ce sera aussi la planche de salut des anciennes organisations qui sauront s'y adapter. Pour cela, elles ont fondamentalement quatre options :

– s'imposer dans la multitude, grâce à la puissance de leurs *applications*, fondée sur la force de leur *proposition* et de leur *design* ;
– devenir *sensitives*, agiles, réactives, notamment en recueillant les traces d'utilisation de leurs applications ;
– se transformer en *plateformes*, c'est-à-dire mettre à disposition des ressources pour inciter d'autres à designer les applications, à devenir, en quelque sorte, leurs *sur-traitants*.
– devenir de *nouvelles plateformes*, comme celles de Facebook ou de Wikipédia, celles dont le design organise la circulation de valeur entre les utilisateurs eux-mêmes, mobilise le désir de contribution, pour capter le maximum possible de la puissance créatrice de la multitude.

Et toutes ces applications développées par des sur-traitants démultiplient sa puissance de captation. C'est pourquoi une plateforme, qui capte de la valeur sur un périmètre toujours plus large, bat toujours une application… (partie 4).

Avec l'émergence du réseau Internet, qui transforme le désir de création des individus en puissance de la multitude, c'est la société tout entière qui s'organise désormais autour des systèmes d'information. Le rapport au système d'information global devient donc *politique*. Ce changement économique et social radical dépasse les frontières de l'économie numérique. Pour garantir que les premiers innovateurs ne nuisent pas à la créativité des suivants, pour asseoir l'action de l'État sur les nouveaux processus de création de valeur, pour proposer aux citoyens des relations et des services de la qualité qu'ils sont désormais en droit d'exiger, la révolution numérique doit déboucher sur une révolution politique : c'est au tour de l'État d'apprendre à se penser comme plateforme (partie 5).

I

Un monde d'innovation radicale

Ce que nous avons réussi à faire, et ce que j'espère que nous continuerons à faire à l'avenir, c'est innover comme des fous.

Rick DALZELL, ancien vice-président d'Amazon[1]

En 2000, deux *start-up* encore peu connues, Confinity et X.com, peinaient à trouver leur modèle. La première avait été créée en 1998 pour mettre au point un service de cryptographie. La seconde, fondée l'année suivante, s'efforçait de développer de nouveaux services bancaires en ligne. Leur fusion donna naissance à une nouvelle société qui devait devenir l'un des fleurons de l'économie numérique et l'une de ses marques emblématiques : PayPal.

Offrant un service de paiement qui évitait de transmettre son numéro de carte bancaire, PayPal suscita le scepticisme et la raillerie du secteur bancaire. Les acteurs bien établis avaient beau jeu de se moquer de règles d'authentification et de sécurité qui semblaient légères comparées aux standards de la place. PayPal se développa pourtant à une vitesse fulgurante. Par ses performances, elle prouva aux professionnels du secteur qu'il n'était pas nécessaire de surenchérir dans la sécurisation pour susciter la confiance des consommateurs.

PayPal fut rachetée deux ans plus tard pour un montant de 1,5 milliard de dollars par eBay, dont la moitié des utilisateurs utilisaient cette solution de paiement. En 2011, PayPal gérait plusieurs dizaines de milliards de dollars de transactions par an. En 2012, la société envisage le déploiement de puces autocollantes pour tracer les livraisons. Elle devient également un acteur du *cloud computing*, poursuivant son rêve de proposer une solution de paiement universel accessible depuis tous les terminaux électroniques concevables : un ordinateur, un téléphone mobile, mais aussi une télécommande ou une console de jeux vidéo.

En douze ans, après un développement fulgurant, PayPal est devenu un géant du logiciel et, au passage, a bouleversé la conception même des services bancaires, l'un des fondements de l'économie de marché. Fidèle à l'ambition de ses fondateurs, qui ont tous fait fortune, PayPal a changé le monde.

Comme PayPal, ils sont des centaines à pouvoir se prévaloir d'avoir « changé le monde ». Créatifs, disruptifs, ambitieux, ultramobiles, ils semblent parfaitement adaptés à l'économie du monde numérisé.

Nous sommes en effet entrés dans un monde d'accélération des progrès technologiques, de plus en plus difficiles à planifier, qui ébranlent l'économie bien au-delà de la sphère du numérique ou des télécommunications. Un monde dans lequel des performances récemment inimaginables deviennent possibles. Un monde, surtout, dans lequel la puissance technologique, l'intelligence et le désir d'agir sont omniprésents et dépassent tout ce que peuvent concentrer les organisations. C'est un monde jeune, dans lequel les aspirations, les méthodes et les modes d'action des publics ont changé irrémédiablement.

Mais ce ne sont ni les technologies, ni les évolutions sociétales qui bouleversent le monde. Comme lors de la révolution industrielle, comme à chaque période de grand bouleversement, ce sont d'abord des innovateurs radicaux, des entrepreneurs, qui s'emparent de ces possibilités scientifiques et techniques, qui font la synthèse de toutes ces potentialités pour proposer quelque chose d'inédit. Et parce qu'ils viennent de l'extérieur, parce qu'ils ne se soucient pas des conventions habituelles, parce qu'ils semblent s'exprimer dans une langue neuve, il n'est pas exagéré de dire que le monde ancien les considère, peu ou prou, comme des *barbares*, jusqu'à ce qu'ils le dominent à leur tour.

La geste des innovateurs

Nous expérimentons au quotidien l'emprise de Google, Facebook, Apple ou Amazon sur nos vies. Nous suspectons l'importance d'acteurs plus discrets, comme Cisco. Nous ignorons généralement les géants continentaux comme Tencent QQ ou AliBaba en Chine, Mixi au Japon et tant d'autres. Et nous ne connaîtrons jamais vraiment les centaines d'entreprises qui ont changé la donne mais ont été rachetées avant que le grand public ne les découvre : ainsi de PayPal, ICQ ou SIRI. Ils sont chaque jour des milliers à se bousculer au portillon pour être les prochains à changer le monde, avides de succès, de conquêtes et de gloire.

Tels les Scythes insaisissables, tels les barbares étrangers aux us et coutumes de l'Empire romain, ils ébranlent l'ordre économique ancien, incapable de s'adapter à leurs stratégies, à leurs méthodes et même à leurs ambitions. Que peut faire une civilisation urbaine, disciplinée et forte de ses ingénieurs militaires, face à des nomades ultra-mobiles qui ne se préoccupent pas même de posséder un arpent de terrain ni de stocker des provisions pour l'hiver ? La force des barbares, ce n'était ni le nombre, ni la discipline, ni la stratégie, mais la mobilité, l'imprévisibilité et, surtout, une conception différente du monde et des valeurs.

Il n'y a rien de péjoratif dans cette analogie. Les vecteurs d'innovation sont tous, peu ou prou, extérieurs au système et indifférents à ses codes. L'ancien monde économique ne peut ni contrer ni même anticiper les offensives de ces acteurs qui ne jouent pas selon ses règles du jeu, ne travaillent pas sur les mêmes conceptions de la valeur et ne portent pas le même regard sur la puissance industrielle.

Le succès de PayPal n'a été ni anticipé ni contré par les banques traditionnelles. Apple a capté le marché de la musique en ligne en quelques années seulement, alors que Sony bénéficiait d'une position privilégiée, tant par la détention d'un catalogue d'œuvres que par la maîtrise des technologies nécessaires à la conception des appareils d'écoute. Google a capté la part la plus porteuse du marché de la publicité en ligne en l'abordant par le segment en apparence le moins créatif et le moins rentable : celui des liens sponsorisés. Le groupe AliBaba, qui comprend Taobao et Alipay (le eBay et le PayPal chinois), propose 800 000 produits à la vente et investit 1,5 milliard de dollars pour pouvoir bientôt livrer les commandes de ses clients en six heures seulement. Il atteindra deux milliards d'heures de connexion *par jour* en 2015. Irriguant un immense territoire, il est en passe de devenir l'infrastructure clef du commerce en Chine : en plus des particuliers, les grossistes et les détaillants l'utilisent désormais pour leur activité professionnelle. Dans quelques années, nous aurons dans tous les pays du monde des exemples similaires à propos de la banque, de l'assurance, du transport, de la santé, du tourisme.

Aucun de ces succès n'a été anticipé par les entreprises de l'ancien monde. Aucun d'entre eux n'a donné lieu à une résistance digne de ce nom. Il n'est donc pas inutile de s'arrêter sur les stratégies et les méthodes de ces innovateurs radicaux. Comment procèdent ces nouveaux joueurs ? Qu'ont-ils réalisé que les anciennes institutions peinent à saisir ? Y a-t-il des limites à leur croissance ? Quelles stratégies s'ouvrent aux anciennes organisations ?

Une économie du capital-risque

Notre admiration pour la *Silicon Valley*, sa puissance d'invention et sa capacité à bouleverser le monde transparaît dans ces pages. C'est pourquoi nous devons préciser que, malgré tout, nous ne sommes pas convaincus que son modèle soit universalisable, ni même qu'il soit soutenable dans la durée ou globalement créateur de valeur.

La « *Valley* » est le berceau de Hewlett-Packard, Apple, Google, Cisco, eBay, Pixar, Adobe, Twitter et tant d'autres géants d'Internet. Elle a incubé la recherche ou le développement d'IBM, Oracle, Facebook et de tant d'autres qui considèrent, à juste titre, que la levée de fonds, le recrutement d'ingénieurs et la capacité à bouleverser le monde doivent passer par ce chaudron incandescent[2].

Mais la « *Valley* » est également un système en crise permanente, qui brûle l'argent de nombreux investisseurs internationaux, qui, globalement, ne crée pas d'emplois directs et qui abandonne des secteurs stratégiques entiers à d'autres pays. L'histoire seule jugera si cette stratégie d'innovation maximale et de concentration sur la valeur ajoutée « *over the top* » était la bonne. Ou si, au contraire, le Chinois Foxconn, créé en 1970 à Taïwan, et fort aujourd'hui de plus d'un million d'employés, a conquis une meilleure position stratégique en devenant le fabricant quasi exclusif des iPhone et autres iPad.

On ne comprend pas ce système, ni les innovateurs radicaux qui en sont issus, si on ne se souvient pas que Stanford est le berceau du capital-risque[3]. Les Américains aiment à raconter que le premier investissement en capital-risque remonte à 1909, année où le doyen de l'université de Stanford investit 500 dollars dans le projet de Lee De Forest, l'inventeur du tube à vide. Cette revendication fait fi de toute une histoire de la finance qui remonte au moins à la Renaissance et nous ferait rencontrer les Franciscains, les armateurs de la guerre de course, la compagnie du Canal de Suez, Jean-Baptiste Say et tant d'autres. Au sens strict, le capital-risque, aussi ancien que le capitalisme, n'est pas né dans la *Silicon Valley*.

En revanche, la *Silicon Valley* s'est bien fait une spécialité du financement des entreprises par cette forme d'investissement. Dès les années 1930, Frederick Terman, lui aussi doyen de Stanford, réussit à convaincre deux de ses étudiants, William Hewlett et David Packard, de créer leur entreprise à proximité du campus de l'université. Aujourd'hui, la *Silicon Valley* attire 40 % des 22 milliards de dollars investis chaque année aux États-Unis en capital-risque. 343 000 salariés, sur un bassin d'emploi total de 1,3 million de personnes[4], y travaillent dans le secteur technologique. On y compte les sociétés de capital-risque les plus anciennes et les plus efficaces du monde, ainsi qu'un extraordinaire vivier d'entrepreneurs ayant bénéficié, non seulement des financements, mais encore des conseils stratégiques et des analyses de ce type bien particulier de banquier. Dix à douze sociétés au succès spectaculaire permettent à elles seules au capital-risque californien d'obtenir un rendement du capital investi de 45 %, alors que le rendement *moyen* en Europe est seulement de 2 %.

Comparativement aux autres types de financement des entreprises, un *venture capitalist* est sans doute ce qui se rapproche le plus d'un producteur d'Hollywood. Il cherche à toute force à détecter les talents les plus prometteurs. Il les pousse à développer les projets les plus ambitieux possible. Il défend âprement ses poulains, avec des méthodes plus ou moins orthodoxes. Il travaille surtout son portefeuille de participations à la recherche du *blockbuster* le plus efficace possible, même s'il doit pour cela multiplier les petites participations dans de nombreuses entreprises à tous les stades de développement et, bien sûr, accepter quelques sorties de route. On pourrait ajouter que, malgré la rigueur de sa gestion, le *venture capitalist*, comme le producteur, n'est pas insensible aux effets de mode, à l'air du temps ou aux enthousiasmes de circonstance.

Une économie façonnée par le capital-risque est par construction à la recherche du rendement maximal du capital investi. Elle ne regarde pas tant la puissance industrielle ou l'emprise sur le marché que le fameux Roi (*Return On Investment*). Elle façonne à son tour une classe d'entrepreneurs principalement intéressés, eux aussi, à cet *upside* : la hausse de la valeur financière des actions. Les nombreux managers qui quittent aujourd'hui Google pour rejoindre Facebook ne pensent pas que Google a fait son temps. Ils estiment simplement que la plus-value potentielle des actions que leur propose Facebook est bien plus grande que celle des actions que Google leur a déjà attribuées. En un mot, ils veulent être sur la plus forte perspective de croissance et vivre l'aventure la plus belle et la plus fructueuse possible.

Une telle économie induira naturellement des comportements stratégiques particuliers, qui méritent qu'on s'y attarde un instant tant est grand leur impact sur l'économie d'après la révolution numérique.

Le nouvel « art de la guerre »

N'est pas qui veut John Chambers, Jeff Bezos, Steve Jobs ou Mark Zuckerberg ! Les trajectoires de ces grands entrepreneurs exigent à la fois des tempéraments hors normes et des circonstances exceptionnelles. Il existe néanmoins des constantes stratégiques dans leur approche de l'entreprise. On repère dans les sociétés qu'ils ont fondées – et dans d'innombrables *start-up* qui se lancent en suivant le même catéchisme, avec des fortunes diverses – des options qui sont souvent ignorées par les entrepreneurs de ce côté-ci de l'Atlantique, comme par les groupes qui prétendent contrer leurs offensives.

Ces constantes peuvent être résumées en quelques mots clés – qui mériteraient chacun un livre à part entière.

Modernité

L'émotion planétaire suscitée par la mort de Steve Jobs a manifesté de manière éclatante à quel point les géants d'Internet sont aussi des acteurs de changement social. Rares sont les dirigeants d'entreprises, aussi charismatiques soient-ils, dont le décès pourrait susciter la même mobilisation[5]. La raison en est simple : les sociétés de l'économie numérique entrent profondément dans la vie des individus et sont quasiment les seules à travailler des produits et des services qui en investissent l'intimité. Leurs créations accompagnent et marquent notre histoire et notre mémoire. En ce sens, ces guerriers nomades ne sont pas des barbares, mais au contraire les véhicules d'un art de vivre, presque d'une civilisation, parallèle au vieux monde, mais dans lequel nous avons tous – certes à des divers degrés – basculé.

Toute révolution a ses initiateurs. La révolution numérique est issue de la longue histoire d'une contre-culture qui a fini par devenir la culture dominante : une culture à la fois technologique et politique, promotrice d'émancipation par la technologie et sachant parfaitement que le code informatique est une forme de loi, c'est-à-dire que les options en apparence les plus technologiques peuvent dissimuler des choix économiques, sociaux et politiques radicaux.

La modernité de ces projets politiques, philosophiques, sociaux est justement celle qui manque à tant d'industries vieillissantes. La modernité des nouveaux barbares redéfinit l'évaluation, la confiance, voire le partage, selon une logique de pair-à-pair au détriment de la parole de l'expert supposé détenir le savoir. Elle préfère l'interaction et la conversation à la communication et à la diffusion. Elle suscite et accepte la contribution du plus grand nombre et y trouve une forme d'ordre. Elle décale le rapport à la consommation et s'intéresse davantage à l'accès qu'à la possession[6]. Elle invente, autour du logiciel libre, de nouveaux rapports à la création collaborative et au droit des auteurs. Elle encourage le détournement et instille toujours une dose de *hackability*[7] dans ses constructions. Cette modernité, c'est celle de Twitter, de TripAdvisor, de LendingClub et de tant d'autres projets dans lesquels les enfants de la révolution numérique s'engouffrent avec aisance.

« Scalabilité »

En décembre 2011, Instagram, une application de partage et de traitement des photographies, revendiquait 15 millions d'abonnés et 150 millions de photos partagées rien que sur iPhone. Instagram comptait alors sept salariés. En 2010, Facebook ne devait pas compter plus de 2 000 salariés pour 800 millions d'utilisateurs et Twitter moins de 750 salariés pour 250 millions d'utilisateurs.

Crée fin 2011, Snapchat revendiquait trois ans plus tard, plus de 100 millions d'utilisateurs actifs par mois et refusait l'offre de rachat de Tencent sur une valorisation de 4 milliards de dollars

Toutes ces entreprises ont ardemment travaillé leur « scalabilité », c'est-à-dire leur capacité à s'adapter à la montée en charge de la demande sans alourdir dans les mêmes proportions leur structure de production. Internet est propice à ce genre de performances qui feraient pâlir n'importe quel site de média : le déploiement est pris en charge par le réseau et peut théoriquement être assuré par un seul serveur au siège de l'entreprise. Les services concernés ne se préoccupent d'ailleurs pas de créer des « contenus », mais se contentent d'accueillir ceux des utilisateurs. Et en minimisant au maximum la taille de leurs équipes, ils ménagent les conditions de réactivité et d'agilité maximales dans l'exercice des activités cruciales que sont la conception, le design, le développement et le marketing.

Peu d'observateurs soulignent à quel point ces performances répondent à des stratégies délibérées, intimement liées à ce financement par les *venture capitalists* que nous évoquions en introduction de cette partie. La recherche des rendements d'échelle maximaux – la *scalibility* – est parfaitement alignée avec la logique du capital-risque, qui cherche à maximiser autant que possible le rendement de chaque euro investi. Elle est donc bien souvent au cœur même du projet de ces entreprises. Tout le design du logiciel, du service ou de la stratégie de déploiement est pensé autour de cette contrainte. Cette ambition permanente est un puissant facteur de succès de ces projets.

Ouverture

La puissance de Microsoft s'est construite sur la capacité de son système d'exploitation, devenu un quasi standard grâce à son adoption par IBM, à tourner sur presque tout ordinateur individuel. Apple, malgré son goût des systèmes fermés et de l'intégration verticale, a ouvert iTunes au monde du PC. Zynga, société spécialisée dans les jeux communautaires en ligne, a conçu ses premiers jeux en utilisant le graphe des amis sur Facebook. Foursquare permet, dans le même mouvement, de signaler (*to check*) sa présence en un lieu, mais aussi d'exporter ce *check* sur Facebook et sur Twitter. Le *New York Times* est redevenu le journal le plus lu au monde en autorisant l'exportation des articles dans un grand nombre d'applications de *social networking*. Amazon distribue ses livres aussi bien sur son célèbre Kindle que sur l'iPad ou certains des nouveaux terminaux de lecture. Tout se passe comme si ces nouveaux entrants se souvenaient de l'origine de leur puissance : Internet, c'est-à-dire un protocole de communication universel, indépendant des machines, des systèmes d'exploitation et des configurations.

La recherche d'ouverture a bien sûr des limites. Comme la libéralisation des échanges économiques, elle se heurte souvent aux stratégies protectionnistes plus ou moins avouées de multiples concurrents. Ainsi, lorsque la relation entre

Facebook et Google s'est tendue, Google a bloqué la possibilité d'importer son carnet de contacts Gmail pour identifier de nouveaux amis sur Facebook. Qu'on ne s'y trompe pas : ce parti pris d'ouverture n'est valable que dans certains périmètres de l'activité de ces entreprises. Chacun de ces acteurs a clairement conscience du cœur de sa valeur et le défend sans compromission. Qui essaierait de contourner le système de publicité mis en place par Facebook, ou d'y établir sa propre monnaie, comprendrait vite ce que signifie *casus belli*. Mais le principe reste globalement valide : nul n'est une île. On ne saurait créer un nouveau service sans garantir la plus grande fluidité avec le maximum de machines et de systèmes d'exploitation, le Web, les grandes plateformes de *social networking*, voire les offres concurrentes.

C'est là que le principe de neutralité, souvent décrit comme la loi *antitrust* des réseaux, rejoint des préoccupations politiques[8] comme en témoigne l'implication personnelle du président Obama – qui lui fut repprochée – dans la décision de la FCC de proclamer la neutralité du net en février 2015. L'absence d'ouverture conduirait à créer des îlots ou des archipels qui n'échangeraient plus avec les autres communautés d'Internet, au risque alors de les rendre imperméables à des idées différentes[9].

Disruption

Il n'est pas rare, pour l'entrepreneur qui rencontre un investisseur de la *Silicon Valley*, de s'entendre demander s'il veut changer le monde. Cette question peut sembler curieuse aux Français qui se lancent souvent – trop souvent ? – non pour changer le monde, mais par goût de l'aventure, par esprit d'indépendance, voire pour prouver la finesse de leurs analyses ou la robustesse de leurs idées. Nous avons une sorte de résistance spontanée face à ce type d'ambitions exaltées et face aux fauteurs de troubles à l'ordre économique.

Pourtant, nombre de ces entrepreneurs veulent sincèrement « changer le monde », pensent réellement y parvenir – et y parviennent même parfois. Il n'y a aucune folie des grandeurs dans cette prétention. Ils ne se prennent pas vraiment pour Napoléon Bonaparte. C'est ici aussi une stratégie d'entrepreneuriat caractéristique d'une économie du capital-risque.

À quoi bon investir dans une entreprise innovante, avec tous les aléas que l'on imagine, si c'est pour attaquer une position déjà tenue par un acteur bien en place ? On ne crée pas une *start-up* pour attaquer General Motors sur son propre terrain. L'investissement nécessaire permettrait au mieux de venir tutoyer le géant sur son propre marché, puis le pousserait à rogner ses marges, ou à investir à son tour, décalant ainsi l'horizon de la rentabilité espérée. On ne crée une *start-up* que pour renverser la table. Pour attaquer le marché sur une ligne de fracture, un point de vulnérabilité. On doit rechercher d'abord un endroit où le monde vacille, où un mur de Berlin s'effrite.

Rien d'étonnant, dans ces conditions, à la revendication permanente, jusqu'à en devenir lassante, de vouloir « changer le monde ». Là encore, le capital-risque sélectionne des entreprises dont la stratégie a été conçue pour cet objectif. Rien d'étonnant non plus à ce que les *business plans* « pivotent » si souvent, avec une relative tolérance des capitaux-risqueurs[10]. Quand on est persuadé d'avoir la clef correspondant à la serrure, il n'y a rien de choquant à tester plusieurs manières de l'utiliser.

Ritualisation

AliBaba revendique deux milliards d'heures de connexion par jour. Facebook se félicite d'avoir fidélisé ses utilisateurs au point qu'ils passent en moyenne 30 minutes par jour sur son application. *To google*, ou « googeliser » en français, est entré dans le dictionnaire. Amazon stocke les numéros de carte bleue pour proposer le « paiement en un clic ». Netflix vend plus de 60 % de ses films grâce à son algorithme de recommandation fondé sur l'analyse des comportements antérieurs. Tous ces services entrent avec une aisance étonnante dans l'intimité de leurs utilisateurs. Ils deviennent partie intégrante de la vie quotidienne de personnes dont ils stockent la vie privée et qu'ils connaissent parfaitement

Là encore, une stratégie délibérée : un usage intensif du design, de longs tests d'utilisation, un ouvrage cent fois remis sur le métier jusqu'à ce que l'expérience de l'utilisateur soit parfaite, fluide, rassurante. Nos géants du Net ont compris, mieux encore que les génies du marketing à l'ancienne, la force d'un usage ritualisé. Comme le dit B. J. Fogg[11], le directeur du *Stanford Persuasive Tech Lab,* tout l'art du succès est de savoir créer une plateforme dont l'usage devienne un rituel. Si vous créez un rituel, vous créez aussi une plateforme pour de nombreuses autres applications. Pour ce faire, on enseigne à Stanford un nouveau type de design, le *behavioural design*, qui travaille directement sur la manière dont l'interface et les interactions modifient le comportement des utilisateurs[12].

L'importance du contact direct avec les utilisateurs explique que ce sont désormais les produits et services grand public qui créent l'essentiel de la valeur. Une fois éprouvées, ces applications connaissent un mouvement d'incorporation au sein des organisations alors que, dans le passé, c'étaient au contraire les applications d'entreprise qui, une fois parvenues à maturité, tentaient de toucher le grand public.

Captation de la valeur créée par les utilisateurs

Enfin, et ce sera la dernière règle de ce nouvel « art de la guerre » économique, tous ces innovateurs radicaux et désormais nouveaux géants industriels ont compris, plus ou moins intuitivement, que la valeur principale est désormais créée par les utilisateurs et qu'il faut savoir la capter.

Chacun a senti, depuis l'aventure Wikipédia et avant même les succès de YouTube, FlickR ou Twitter, à quel point il était plus confortable de capter des contenus générés et partagés par les utilisateurs plutôt que de payer des équipes chargées de créer ces contenus[13]. Avec la vogue du *social networking*, on a pu mesurer combien cette valeur générée par les utilisateurs ne se limite pas à la création directe de contenus, mais peut également concerner leurs annotations, leur échange, leur partage. Quand Amazon revendique 40 % de ses ventes grâce à son moteur de recommandation, et quand Netflix en revendique 60 %, ces entreprises s'approprient une valeur construite sur l'analyse intelligente des traces d'utilisation laissées par les millions d'utilisateurs.

Google elle-même a construit sa puissance sur le recueil des traces de l'activité intelligente et consciente des internautes. L'industrie du *search* avait démarré, dans les années 1990 par un travail méthodique d'indexation du Web par des étudiants payés par Yahoo!, puis avait cherché des solutions dans la sémantique et l'analyse automatique du texte. Le génie de Larry Page et Sergey Brin fut de comprendre que l'indexation du Web avait déjà été faite par les millions de contributeurs qui avaient développé leurs pages en y insérant des liens hypertextes. Il suffisait ensuite d'être mathématicien, et de connaître les chaînes de Markov, pour comprendre qu'on pouvait modéliser le comportement d'un nombre indéfini d'internautes cliquant au hasard sur des liens hypertextes pour voir comment ils se distribueraient à l'issue d'un nombre infini de coups joués. L'ordre des pages classées en fonction d'un nombre décroissant d'utilisateurs s'appellerait le *PageRank*, du nom de Larry Page, l'un des cofondateurs de la société.

Telles sont quelques-unes des règles que nous appliquerions si nous devions fonder aujourd'hui même une *start-up* dans la *Silicon Valley*. Parfois empiriques, parfois fondées sur un idéalisme un peu naïf, ces règles sont redoutablement efficaces pour bousculer l'ordre ancien.

Elles sont des règles d'entrepreneurs, d'investisseurs, et même d'activistes qui veulent passionnément changer le monde. Qui sont confiants dans le monde qui naît, joyeux de participer à cette transformation, et d'autant plus efficaces qu'ils tirent leur puissance d'une transformation globale dont ils sont, simultanément, les principaux acteurs.

C'est pourquoi il est essentiel, avant de poursuivre notre réflexion, d'essayer de dessiner les lignes de force de cette révolution globale, tout à la fois technique, stratégique, économique et politique, qui sert désormais de toile de fond à l'action de toutes les organisations humaines. Pas une entreprise, pas une institution, pas une politique publique ne peut faire l'économie d'une prise en compte de cette nouvelle donne.

II

Règles du nouveau monde industriel

Le bon général cherche le succès dans le potentiel de la situation au lieu de le demander aux hommes qu'il a sous lui. Selon qu'il sait ou non s'appuyer sur le potentiel de la situation, il les rend lâches ou courageux.

Li Quan, Commentaire de *L'Art de la Guerre* de Sunzi[1]

Les innovateurs radicaux agissent en pleine lumière. Leurs faits et gestes sont décortiqués par les blogs et la presse spécialisée. Leurs biographies s'arrachent en librairie et remplissent les salles de cinéma. Leurs produits pénètrent le quotidien du plus grand nombre et les salariés des grandes organisations en sont familiers. Il suffirait en apparence de suivre leur exemple pour réussir. Notre question de départ se pose donc avec d'autant plus d'acuité : pourquoi avons-nous encore tant de problèmes avec le numérique ?

Cela fait tout de même quarante ans que nous vivons sous le régime de la loi de Moore et de la convergence entre les télécommunications et l'ordinateur. Le grand public s'est emparé d'Internet depuis vingt ans déjà. Depuis quinze ans, les technologies numériques sont à l'origine du quart de la croissance et de l'emploi en France. Des secteurs entiers ont été bouleversés : la musique, les médias, le tourisme. D'autres ont commencé leur mutation : la santé, la distribution, les transports. D'autres, observant les mutations en cours, sentent que leur propre bouleversement est imminent : la banque, l'assurance, l'éducation. Tous ont compris qu'une révolution était passée par là et que rien ne serait plus jamais comme avant.

Et pourtant, on continue à parler de *nouvelles* technologies de l'information et de la communication, comme si elles venaient d'apparaître. On sent bien que les cercles de pouvoir ne s'intéressent pas beaucoup au numérique, à moins qu'ils ne tentent de le traiter comme un lobby parmi d'autres. On constate tous les jours à quel point des acteurs de premier plan ne s'investissent qu'à reculons, pour tenter de restaurer les équilibres anciens. Ils acceptent éventuellement que tout change pour que rien ne change : ils se numérisent un peu pour essayer de conserver leur position, leur place dans la chaîne de valeur. Ils essaient à toute force de maintenir leur façon de faire des affaires.

Et surtout, on voit grandir une frustration, celle des élèves qui déclarent massivement s'ennuyer à l'école[2], celle des salariés qui ne peuvent déployer leurs idées ou partager leurs projets au sein de leurs organisations, celle des militants qui préfèrent suivre les campagnes électorales américaines plutôt que les françaises. La frustration, aussi, des clients, qui préfèrent aux services proposés par leurs marques habituelles des applications radicalement nouvelles, certes bien conçues, mais qui bouleversent aussi notre rapport au public et à l'intime.

Ce n'est pas que la France ne s'intéresse pas au numérique. Elle s'y intéresse de plus en plus. Mais elle s'y intéresse mal. Malgré leur bonne volonté, la plupart des décideurs abordent la révolution numérique dans un esprit de restauration. Ils cherchent à revenir à l'ordre ancien et gaspillent ainsi les énergies et les talents. Ils cherchent à faire du numérique en refusant l'économie numérique. Ils restent à côté de la société qui vient et ignorent qu'ils sont entrés dans un nouvel ordre industriel.

Comment s'impose un nouveau paradigme

Dans son autobiographie, Max Planck, le pionnier de la physique quantique, estimait tristement qu'« une nouvelle vérité scientifique ne triomphe pas en convainquant les opposants et en leur faisant entrevoir la lumière, mais plutôt parce que ses opposants mourront un jour et qu'une nouvelle génération, familiarisée avec elle, paraîtra[3] ». Son pessimisme est d'autant plus ironique que Planck lui-même, après avoir jeté les bases de la théorie des quanta, avait reculé devant sa propre audace et laissé Albert Einstein tirer toutes les conséquences de ses découvertes.

Thomas Kuhn, qui cite ce texte, a consacré un livre[4] à ces changements de paradigme. Il y montre que tout système d'explication du monde est à la fois une interprétation des phénomènes observables et une grille d'observation de ces phénomènes. Le physicien classique, même au XXe siècle, ne peut pas voir les phénomènes quantiques, il n'a pas les outils pour les voir. Il ne peut pas comprendre la physique d'Einstein : les mots n'y ont pas le même sens que dans son propre système. Pour l'un, la masse est une inertie. Pour l'autre, elle est énergie. Les deux systèmes cohabitent, emploient les mêmes mots, mais ne se comprennent pas. Ils restent ainsi parallèles jusqu'à extinction de l'un des deux.

Nous n'en sommes pas là, heureusement. La révolution numérique est d'abord une révolution économique et sociale. Les pratiques n'y attendent pas les théories. Comme à la Renaissance, comme lors de la révolution industrielle, la révolution numérique procède des propositions d'entrepreneurs qui s'emparent de ressources technologiques, parfois anciennes, et qui s'en servent pour changer le monde. Elle saisit dans le même mouvement la technologie, l'économie et la société, bouleversant tout autant l'usine et le transport que l'éducation et l'urbanisme.

Le grand public, les enfants, les enseignants, les artistes, les associations, l'Occident, les pays émergents : tous s'emparent sans complexe de la révolution numérique. Des milliers de *start-up* – y compris en France – exploitent tous les jours ces nouvelles ressources et proposent sans cesse des innovations qui rencontrent parfois un succès planétaire.

La révolution numérique est déjà passée, elle n'a pas eu besoin que ses théoriciens soient compris et acceptés par le grand public. Elle nous a déjà fait changer d'époque.

Mais cette acceptation par le grand public n'est pas entrée dans les grandes organisations. Pour la première fois dans l'histoire, l'adoption par le public a été plus rapide que le renouvellement des générations. Nous devons sans doute cet effet à l'accroissement du niveau d'éducation moyen, à la mondialisation, à la nature même de ces technologies qui sont à la fois de réseau et de communication. Le fait est là : dans leurs processus de recrutement des dirigeants, dans leurs règles de promotion, dans leurs organisations hiérarchiques, les grandes entreprises et les administrations n'ont pas réussi à faire de place aux générations familiarisées avec le nouveau paradigme.

L'accélération de l'accélération

Il faut dire que nous avons du mal à appréhender l'accélération qu'implique le nouveau paradigme. Traditionnellement, l'histoire des technologies est faite d'espoirs et de désillusions conjoints. Quand l'intelligence artificielle est née vers 1950, quand Turing et Simon ont compris que les machines pouvaient faire autre chose que des calculs, ils ont pensé qu'il faudrait une vingtaine d'années pour que les machines battent les joueurs d'échecs : il en fallut quarante. Des problèmes comme la traduction automatique ou la voiture sans chauffeur sont toujours mal réglés. L'informatique de gestion dans les entreprises n'est toujours pas satisfaisante. Entre le potentiel d'une invention et la généralisation des usages, il faut se méfier des délais. Il est difficile de comprendre pourquoi certains phénomènes se sont passés très vite, comme la diffusion de la machine à laver, du réfrigérateur ou de la télévision. Il y a sans doute derrière ces accélérations singulières une équation un peu mystérieuse impliquant le prix et l'usage. Elles sont finalement l'exception.

Pourtant, la plupart des acteurs de l'économie numérique considèrent désormais que l'accélération des technologies et des usages est acquise et permanente. L'un de leurs auteurs fétiches, Ray Kurzweil[5], recruté par Google fin 2012, affirme même, dans *The Singularity is Near*[6], que tout va toujours plus vite que prévu.

À l'appui de sa thèse, il est incontestable que nous vivons dans un monde où la technologie ne cesse d'accélérer. Nous vivons dans un monde où près de quatre milliards d'humains utilisent Internet depuis un ordinateur ou un téléphone mobile, où 900 millions d'individus se connectent quotidiennement à Facebook, sur lequel ils échangent plus d'un milliard de statuts par jour. Un monde où circulent déjà 30 milliards de puces RFID et 50 milliards d'objets communicants. Un monde où un film comme *Avatar* – composé à 70 % de *motion capture* – génère trois milliards de dollars de recettes en huit semaines. Un monde où le commerce électronique croît exponentiellement, où la réalité enrichie, les drones et les petits robots de services font leur entrée dans la vie quotidienne. Un monde où les ordinateurs battent les maîtres d'échec et où le logiciel Dr. Watson accompagne et améliore les consultations des pontes des hôpitaux universitaires du Maryland et de Columbia. Un monde où les paysans japonais enfilent leur « exosquelette[7] » pour soulever des charges qui les dépassent. Que vaudront ces chiffres dans un an ? Dans deux ans ?

Ce qui est important, ce ne sont pas les chiffres eux-mêmes, mais l'accélération. Plus personne ne travaillera, en fin de carrière, avec les technologies de sa jeunesse. Plus personne ne pourra achever sa vie professionnelle avec les outils qui lui sont familiers.

Ce qui est frappant, c'est le cycle d'instabilité qui s'est instauré et dont témoignent quelques exemples de ce début de siècle. Le 10 août 2011, la société Apple est devenue la première capitalisation boursière mondiale, à 331 milliards de dollars, loin devant Microsoft (220 milliards de dollars), Google (196 milliards de dollars) et Oracle (167 milliards de dollars). Dix ans plus tôt, quelques semaines à peine avant le lancement de l'iPod, elle n'était qu'au 287e rang du classement de l'agence Standard & Poor's[8]. Quinze ans plus tôt, elle était même en danger de sombrer corps et âme. Une entreprise emblématique de la révolution numérique, qui à bien des égards se confond avec cette révolution, a ainsi dépassé à une vitesse fulgurante la capitalisation boursière d'entreprises âgées de plusieurs décennies, voire de plusieurs siècles – dont Exxon-Mobil, qu'elle a détrônée de la première place (et qui l'a parfois reprise depuis). Sur les 500 premières entreprises mondiales, 66 ont été fondées après 1950, dont 54 Américaines et seulement 12 Européennes[9].

Tandis que certaines entreprises montent, d'autres descendent et, bien qu'apparemment indestructibles, s'effondrent ou s'affaiblissent durablement, pour maintes raisons : ainsi de Vivendi en 2002, d'Arthur Andersen la même année, de Lehman Brothers en 2008, des grands constructeurs automobiles américains en 2009 – mais aussi, dans la période récente, Motorola (rachetée par Google), Nokia (dépassée par le succès des *smartphones*), Kodak (désormais en faillite) et, bientôt peut-être, RIM, désormais renommée BlackBerry, en crise chronique.

Loin de la Bourse, au contact des clients et des utilisateurs, se déroulent de féroces compétitions entre des stratégies rivales de contrôle des différents marchés issus de la révolution numérique. En témoignent la tentative puis le renoncement de Facebook à concurrencer Foursquare sur le marché de la géolocalisation ou Groupon sur le marché des *daily deals*, l'irruption de Google comme concurrent d'Apple sur le marché des systèmes d'exploitation pour *smartphones*, l'intérêt d'Apple comme de Google pour l'automobile la diversification spectaculaire d'Amazon dans le *cloud computing* et la vente de terminaux de lecture, la courageuse tentative de Microsoft pour promouvoir un concurrent de Google – Bing – sur le marché de la recherche en ligne, les nombreuses tentatives de Google – jusqu'ici des échecs – pour concurrencer Facebook sur le marché du *social networking* ou encore l'entrée spectaculaire de Facebook dans la diffusion de la presse en ligne ou le rachat du *Washington Post* par Jeff Bezos.

Lorsque ces stratégies sont couronnées de succès, elles entraînent l'établissement rapide et brutal d'inquiétantes positions dominantes. Google exerce un monopole de fait sur le marché de la recherche et, avec Android, une position de force sur celui des systèmes d'exploitation pour téléphones mobiles. Facebook domine si bien le marché du *social networking* qu'il est devenu le *social network* par excellence – comme le suggère le titre du remarquable film de David Fincher. Amazon, leader incontesté de la vente en ligne, est aussi devenu celui du *cloud computing* et des terminaux de lecture. Apple, entreprise qui a poussé aussi loin que possible l'intégration verticale, domine à elle seule plusieurs marchés : celui des *smartphones*, celui de la vente de musique en ligne, celui des tablettes, celui des systèmes d'exploitation pour terminaux mobiles, celui des ordinateurs personnels, celui des systèmes d'exploitation pour ordinateurs. Enfin, Microsoft, cinquième géant de l'économie numérique, demeure la société dominante sur les marchés des systèmes d'exploitation pour PC et des logiciels de bureautique.

Rapidement conquises, ces positions dominantes ne sont pas solides pour autant. Au contraire, établies sur des marchés précaires, aux contours sans cesse mouvants, fondées sur des technologies vite périmées, elles menacent de tomber à tout moment. Les Google, Facebook et Amazon domineront-elles leur marché pendant des décennies, comme naguère les géants de l'aéronautique ou de l'industrie automobile ? Ou bien connaîtront-elles le sort d'AltaVista, Myspace ou, dans une moindre mesure, Yahoo! : un affaiblissement soudain provoqué par la désaffection de leurs utilisateurs ou l'invalidation de leur modèle économique ? La révolution numérique semble avoir accéléré dans des proportions spectaculaires le processus de destruction créatrice qui est au fondement du développement économique[10].

L'instabilité entraîne aussi la valse des dirigeants. Eric Schmidt a renoncé à ses responsabilités opérationnelles chez Google en 2011, laissant la place à Larry Page, l'un des deux fondateurs de la société. Carole Bartz, patronne de Yahoo!, a été brutalement révoquée – par téléphone... – le 6 septembre 2011 puis son successeur, Scott Thomson, le 13 mai 2012, remplacé par Marissa Mayer. HP, naguère entreprise géante du matériel informatique, a connu elle aussi une succession de dirigeants éphémères, tous partis sur des scandales ou des échecs. Bill Gates, fondateur de Microsoft, Pierre Omidyar, le Français cofondateur de eBay, Jerry Yang, fondateur de Yahoo!, ont récemment quitté leurs entreprises. Microsoft ne cesse de céder du terrain depuis que Bill Gates a renoncé à en être le dirigeant opérationnel. Qu'adviendra-t-il d'Apple, à présent que Steve Jobs, son charismatique fondateur et dirigeant, est décédé ?

Et nous n'avons encore rien vu. La vague d'innovation actuelle s'appuie fondamentalement sur des ruptures technologiques déjà anciennes : les microprocesseurs, les télécommunications, la mobilité, le réseau Internet et la baisse du coût du calcul. Mais de nouvelles vagues se sont déjà levées. Elles atteindront le grand public dans les mois et les années à venir :

– le Web sémantique permet de nouveau d'espérer des systèmes dialoguant de manière beaucoup plus naturelle avec les humains, passant avec succès le test de Turing[11] ;

– l'Internet des objets[12] nous fait entrer dans une nouvelle dimension où les relations entre humains vont s'enrichir d'interactions inimaginables avec le système des objets ;
– grâce à la révolution des données massives, ou *big data*[13], nous pourrons voir des phénomènes cachés depuis l'origine du monde et nous serons sommés d'apprendre à penser et à agir dans un monde qui ne connaîtra presque plus de secrets ;
– les progrès de la robotique sont sur le point de renvoyer au placard les rêves archaïques de la science-fiction et de nous donner les moyens de redéfinir nos modes de vie les plus quotidiens, notamment lorsque l'autonomie est menacée. Ce faisant, ils contribueront à brouiller les frontières entre l'humain et le non-humain, ce qui a d'ores et déjà lancé un intense débat entre les tenants d'un transhumanisme (fréquemment américains) et les défenseurs d'un humanisme post-technologique (fréquemment européens) ;
– la miniaturisation constante des technologies est en passe d'abolir les frontières entre le corps et la technique, entre l'organique et la mécanique, nous permettant d'imaginer une infinité de nouveaux services ;
– les villes du futur seront parsemées de capteurs, traversées de véhicules à conduite automatique comme ceux qui sont d'ores et déjà testés par l'INRIA à La Rochelle. Optimisées, harmonisées et contrôlées, ces villes intelligentes offriront à la fois de nouvelles ressources et de nouvelles perspectives pour les citoyens. Elles accueilleront probablement de nouvelles formes de contributions individuelles et collectives – tout en laissant prospérer, là encore, de nouvelles formes de contrôles, subtils et invisibles, auxquelles nous ferions bien de réfléchir tout de suite.

On a donc parfois le sentiment d'avoir franchi ce que Ray Kurzweil appelle un « point de singularité ». Il soutient en effet que la plupart des cycles d'innovation prennent la forme de courbes exponentielles. C'est le cas avec les célèbres lois de

Moore[14]. Mais Kurzweil montre également que ce fut le cas avant même l'invention des microprocesseurs. Et il découvre cette courbe dans de nombreux autres processus d'innovation, dans les biotechnologies, et jusque dans l'évolution du vivant et des civilisations humaines. Il pense même y trouver une loi générale : dans tous ces phénomènes, les « gains » (de puissance, de productivité, de vitesse) engrangés au début de la trajectoire contribuent eux-mêmes à accélérer le processus durant les phases suivantes. Tout s'accélère car, à mesure que le temps passe, les progrès initiaux viennent s'ajouter aux ressources déjà disponibles pour accélérer le mouvement.

Le point important est qu'une croissance exponentielle atteint toujours un « coude » au-delà duquel la courbe s'infléchit et la croissance devient imprévisible.

Dans combien de temps, désormais, aurons-nous des machines plus intelligentes que les humains ? Dans combien de temps le cerveau humain pourra-t-il puiser dans une mémoire inorganique ? Dans combien de temps maîtriserons-nous suffisamment les nanotechnologies pour produire en abondance une matière et une énergie quasiment gratuites ?

L'essentiel n'est d'ailleurs pas là. L'essentiel est que la plupart des entrepreneurs de l'économie numérique agissent comme s'il était évident que tout se passera plus vite que prévu. Dans leurs choix d'organisation, dans leurs méthodes de management, dans leurs règles de conception de leurs produits, ils ne laissent aucune place aux certitudes ni aux conformismes. Ils ne recrutent pas des dirigeants pour ce qu'ils savent, mais recherchent des innovateurs capables d'apprendre rapidement et d'agir dans l'incertitude.

Les trois lois fondamentales de la révolution numérique

Les innovateurs radicaux, animés par ce souffle quasi eschatologique, travaillent par ailleurs sur une matière assez extraordinaire : un flux d'innovations technologiques permanentes dans lequel ils naviguent avec aisance. Nombre des grandes organisations que nous connaissons semblent empruntées vis-à-vis de ces évolutions. Peinant à anticiper ces ruptures, elles tentent de les suivre à grands renforts de veille stratégique et de comparaisons (*benchmark*). Elles échouent pourtant à prévoir l'irruption du *triple play*, du baladeur numérique, du réseau Internet mobile, de la tablette ou même simplement de leur impact sur leurs métiers.

Pourtant, nous avons la conviction que l'évolution de ces technologies est déchiffrable et qu'il est donc possible de « sentir » dans quel sens elles vont évoluer. La technologie ne porte peut-être pas un projet – comme Kevin Kelly, le fondateur de *Wired*, en est persuadé[15] – mais il est certain qu'il existe une histoire de la société de l'information et qu'elle est compréhensible[16].

Voici par exemple trois règles fondamentales de la transformation en cours, dont il importe de mesurer toute la portée.

La baisse continue des coûts de la technologie

La baisse du coût des technologies est une constante depuis cent vingt ans. Elle précède même l'invention du transistor. Mais elle est particulièrement spectaculaire aujourd'hui en ce qui concerne le coût des puces, de la puissance de calcul et des télécommunications.

Nous y sommes tellement habitués que nous ne la voyons plus. Elle est pourtant au cœur des bouleversements récents. Chacun d'entre nous a aujourd'hui dans la poche dix fois la puissance de calcul qui avait été embarquée à bord d'Apollo 11. Nous pourrions aller sur la lune et en revenir avec une fraction de la puissance de nos téléphones portables.

Les conséquences de cette évolution sont considérables. Il y a trente ans, les humains devaient s'organiser autour des rares processeurs disponibles. Ils devaient s'organiser physiquement, organiser leurs processus de travail, leurs règles d'organisation, leurs stratégies de création de valeur autour de cette ressource rare. Un système d'information n'était manipulable que par un analyste spécialisé.

Il y a quinze ans, la baisse du coût des processeurs a permis à chacun de disposer de son propre ordinateur. Une fois promu objet de consommation pour le grand public, l'ordinateur est devenu un média, une boutique, un studio de création, un outil de communication. Ce fut la grande vague du *World Wide Web*, puis du *Web 2.0*[17], la libération de la création par les utilisateurs et l'émergence du *social networking*. Les organisations ont démultiplié les points d'accès à leurs systèmes d'information et ont cherché à s'y adapter globalement.

Nous arrivons aujourd'hui à un âge où les prix permettent de multiplier le nombre de processeurs par individu. Le citadin « normal » a toujours sur lui celui de son ordinateur, de son téléphone et souvent de son titre de transport. Dans peu de temps, ces puces intègreront aussi les vêtements, les porte-clefs, les véhicules. Internet viendra enrichir le monde réel, il en sera indissociable dans la plupart de nos actions (comme la « visée tête haute » pour le pilote de chasse). Le déploiement de l'Internet des objets[18] et du *cloud computing* sera la matrice de ce développement, source d'innombrables services à haute valeur ajoutée et de nouvelles questions sociales, celles d'une société où le lien se dissocie de la proximité.

On a parfois le sentiment qu'avec cette multiplication des processeurs et les évolutions d'Internet, la société se réorganise autour des systèmes d'information plutôt que de les mettre à son service. Cela perturbe les organisations, renvoyées au rang de corps intermédiaires parfois inutiles, et sollicite sans doute une redéfinition du rôle des États.

La loi de la baisse des coûts n'a rien d'automatique. Elle résulte surtout des efforts considérables de la recherche fondamentale et de l'investissement des entreprises. Elle traduit l'intérêt global de l'économie à la poursuite de cette tendance. Rien n'exclut qu'elle soit contredite un jour par les faits. Il est même intéressant – autant qu'inquiétant – de constater qu'une partie de l'impressionnante politique industrielle chinoise semble consacrée à prendre des positions sur les secteurs permettant de contrôler, voire d'interrompre, cette évolution des prix, non seulement par une position de monopole sur la production de matériel informatique, mais aussi par sa stratégie de thésaurisation du monopole sur les terres rares, ingrédients essentiels de la production de ces matériels[19].

Quoi qu'il en soit, depuis au moins trente ans, cette loi de la baisse des coûts a habité les créateurs qui ont changé le monde, les industriels dont les stratégies l'ont emporté, les politiques visionnaires, les prospectivistes... Du côté de l'imagination, du côté du design, du côté de la conception de produits et de services, il ne sert à rien de raisonner à partir de l'état de l'art ou du marché accessible. Il est beaucoup plus pertinent et efficace d'apprendre à raisonner *comme si* la puissance de calcul allait devenir infinie et gratuite, *comme si* le débit allait devenir infini et gratuit. Il y aura bien assez d'ingénieurs pour tenir la promesse de nos rêves. Il faut rêver comme s'ils avaient déjà réussi.

La baisse des coûts, l'accélération des progrès, l'imprévisibilité du futur nous font entrer dans un *monde hyperfluide*. À elle seule, cette transformation change complètement les règles du jeu industriel. Mais il existe deux autres ruptures tout aussi essentielles et lourdes de conséquences.

L'innovation inachevée

On entend encore souvent parler d'accélération des cycles technologiques. Cette vision est elle-même dépassée. Elle manifeste la nostalgie d'une époque où les cycles d'innovation technologique duraient six à sept ans et où il était possible de travailler suivant des feuilles de route relativement stables.

L'innovation permanente est désormais l'état normal de la technologie. L'innovation est permanente car les technologies de l'information et de la communication se sont banalisées. La technologie est désormais entre toutes les mains, et les limites résident dans la capacité de vision, la capacité à intégrer l'innovation venue de dehors (*open innovation*) ou la capacité à capter toute la créativité externe.

L'innovation est permanente parce que, comme l'avaient déjà souligné Georges Nahon et Didier Lombard[20], nous sommes entrés dans une ère où l'innovation se joue par hybridation de couches technologiques variées. Pendant des décennies, la sphère « informatique » fut en effet constituée de strates assez étanches : l'électronique, les systèmes d'exploitation, le logiciel. La vague d'innovation actuelle se joue désormais de ces strates et teste toutes les combinaisons possibles. Les technologies de l'information et de la communication ne sont d'ailleurs pas seules concernées. Dans leur traité de stratégie militaire *La Guerre hors limites*[21], deux colonels de l'armée de l'air chinoise, Qiao Liang et Wang Xiangsui, font le même constat. À leurs yeux, ce ne sont plus les ruptures technologiques qui fondent les progrès stratégiques, mais, désormais, les évolutions des systèmes d'armement et les changements dans les manières de combiner les technologies.

De fait, l'innovation est toujours inachevée. L'existence du réseau Internet et le développement exponentiel des communications mobiles ont ouvert la possibilité de créer des canaux de communication durable avec ses clients. Il y a peu, un logiciel livré sur CD-ROM, une voiture ou un équipement électroménager étaient des produits aboutis et statiques. Avec la communication pérenne qui s'est instaurée entre les fournisseurs et les clients, une application en ligne, un outil de navigation guidée par GPS ou un *smartphone* font l'objet de versions successives, de *patches*, de mises à jour. Cette évolution, qui pourrait sembler banale, change considérablement les règles de la conception, du développement et même de la vente. Comme l'observe Philip Greenspun, entrepreneur américain,

> Si vous consultez un livre sur le développement logiciel, vous y trouverez toujours ce long cycle, avec tous ces gens impliqués.

> C'est très lent parce que ça repose toujours sur le postulat que vous ne pouvez pas tout simplement regarder des gens en train d'utiliser votre système actif – ce que vous pouvez désormais faire avec le Web[22].

L'innovation continue et jamais achevée n'est pas seulement synonyme d'accélération. Elle est aussi un changement qualitatif. Elle appelle, en réponse, un changement du même ordre dans les stratégies des acteurs. Elle implique l'apprentissage de « lean » et de l'agilité. S'adapter à cette impermanence, c'est changer de registre de pensée, c'est passer du mécanique à l'organique et au biologique, c'est accepter de naviguer dans un univers de fluidité, c'est ouvrir une nouvelle ère d'action économique et politique.

C'est, par exemple, passer d'une vision linéaire et temporelle (anticiper le futur technologique et s'y préparer) à une vision « plateformiste » (s'organiser pour être capable d'absorber tous les flux d'innovation qui surviendront). Pour les lecteurs du grand sinologue François Jullien[23], c'est passer de l'efficacité telle que la conçoit l'Occident et telle que l'a exprimée Clausewitz (toujours fondée sur un exercice de la force et un recours à la fortune des armes) à une vision orientale (fondée sur la perception adéquate de la dynamique des forces en présence et recherchant à les orienter par le geste minimal).

Plus d'intelligence et de créativité à l'extérieur qu'à l'intérieur des organisations

Les utilisateurs trouvent toujours comment utiliser les technologies de communication. Il s'agit d'une constante du numérique, surtout en matière de contenus : « la créativité des utilisateurs, leurs besoins de conversation, dépassent toujours ce que les développeurs de technologies avaient imaginé ».

Elle se vérifia pour le théâtrophone, premier usage imaginé par Graham Bell[24] pour sa curieuse invention. Il était alors impossible, à Bell comme aux autres, d'imaginer que les conversations entre les gens suffiraient à saturer ces premiers réseaux. On se croyait obligés de leur inventer – et de leur vendre – des usages, comme la consommation de théâtre à distance. Elle est vraie pour Wikipédia, qui, en quelques années, a rendu quasiment obsolètes toutes les encyclopédies professionnelles. Elle est vraie pour la célèbre représentation 3D d'une enzyme essentielle liée au Sida, résolue en 2011 par les joueurs de Foldit alors même qu'aucun algorithme n'y était parvenu[25]. Elle est vraie pour Google, qui a fondé son moteur de recherche sur les traces les plus élémentaires d'annotations par les internautes, les liens hypertextes. Elle est vraie pour Facebook, qui a imposé son application de *social networking* grâce aux contenus que les internautes y partageaient. Elle est vraie pour l'iPhone, qui, au lieu de se positionner en téléphone, est devenu un magasin en ligne (l'*App Store*) où l'on peut se procurer plus d'un million d'applications développées par des entreprises ou des particuliers.

Avec l'augmentation considérable du niveau d'éducation planétaire, avec la puissance dont disposent désormais les individus, avec les ressources que leur offre désormais l'interconnexion permanente, cette loi prend désormais une nouvelle dimension. Désormais, les utilisateurs ne se contentent pas de communiquer. Ils s'emparent de toutes les ressources de création qui leur sont proposées.

Sans aller jusqu'à la mystique de la sagesse des foules[26], nous pouvons donc tenir pour acquis – et en faire une règle primordiale de conception – le point suivant : il y aura presque toujours plus d'intelligence, plus de données, plus d'imagination et de créativité à l'extérieur qu'à l'intérieur d'une organisation. Tout modèle de développement fondé sur la rareté des connaissances est déjà battu en brèche par Internet, même si l'exemple d'Apple a montré que la concentration de talents et de créativité dans une organisation « habitée » pouvait permettre, au moins un temps, de négliger les apports extérieurs (surtout quand elle s'emploie à potentialiser au maximum toutes les ressources dont elle dispose en interne).

Nous entrons donc dans un *monde hyperdense*. Les forces externes, leur puissance, leurs comportements sont redevenus mystérieux et un peu effrayants pour les institutions. *Redevenus* parce qu'à certains égards, on a le sentiment de retrouver des réflexes et des angoisses ancestrales... Les individus qui peuplent l'extérieur des organisations et qui concentrent cette puissance du monde hyperdense, si effrayante pour les institutions, nous les appelons *la multitude*. Une multitude est plus qu'une foule, car elle est faite d'individus ayant leur propre subjectivité, leurs désirs, en constante interaction et dotés d'un pouvoir d'agir.

Les enfants de la révolution numérique

Trois évolutions ébranlent donc nos sociétés :

- la baisse des coûts de l'informatique et des télécommunications, qui deviennent insensiblement des ressources abondantes et bon marché, à la portée de tous ;
- l'entrée dans une période d'innovation continue et jamais achevée ;
- la démultiplication de la puissance créatrice et du désir de créer en dehors des institutions traditionnelles.

Conjugués, ces phénomènes ne bouleversent pas seulement la technologie, l'industrie ou l'économie. Leurs conséquences les plus profondes et les plus intéressantes sont sans doute sociales. Elles résident dans la manière dont la société, dans ses interactions permanentes, s'empare de ces nouvelles ressources et s'en trouve modifiée.

Commençons donc par réfléchir à l'attitude de ces enfants d'un monde nouveau que nous sommes tous, plus ou moins.

Nous n'endossons pas les discours sur la *Y Generation* ou sur les *digital natives*, au contraire. Ce sont bien souvent des discours paresseux, qui essaient d'éviter de penser la transformation sociale en cours. Ce sont aussi des discours naïfs, qui ignorent le fait que les générations elles-mêmes puissent être traversées par des divergences d'intérêts et des rapports de force. Le numérique n'est pas un « truc de jeunes » : plus de 25 % des plus de 50 ans utilisent des applications de *social networking* comme Twitter ou Facebook ; l'âge moyen de l'utilisateur de Facebook comme de l'acheteur de jeux vidéos est supérieur à 40 ans. Et les enfants d'aujourd'hui ne sont pas dotés de propriétés magiques. Ils ne sont pas plus intelligents parce qu'ils ont eu un ordinateur entre les mains dès leur plus jeune âge. Nous rejetons ce « naturalisme » numérique, qui ne mène pas à grand-chose.

C'est la société tout entière qui, depuis au moins 20 ans, se découvre sans cesse de nouveaux horizons, une puissance d'agir inégalée, un appétit de contribution, et qui s'invente librement, et inconsciemment, de nouvelles règles, de nouvelles valeurs et de nouveaux modes de fonctionnement. C'est la société tout entière qui est comme un enfant découvrant ses nouveaux pouvoirs.

L'aventure collective des enfants de la révolution numérique n'est donc générationnelle que si l'on accepte la définition du terme « génération » proposée par Hervé Hamon et Patrick Rotman dans leur ouvrage sur Mai 68[27] : l'ensemble des individus ayant vécu de la même manière le même événement.

Pour cette société à nouveau jeune, comme pour tous les enfants, le monde est bien plus un terrain de jeu qu'un objet de consommation. Il se vit bien plus qu'il ne s'enseigne. Il s'éprouve et résiste, il permet de découvrir sa propre force comme son potentiel. En démultipliant la puissance d'apprendre, de communiquer et d'agir, le numérique a dilaté notre monde et a réveillé les enfants qui sommeillaient en nous. D'où son caractère utopique, ces affects si puissants, ces enthousiasmes parfois un peu naïfs. D'où ces réactions épidermiques quand cet espace de création semble menacé. D'où, surtout, cette sensation délicieuse, comme dans le roman de Jules Verne *Deux ans de vacances*, de pouvoir réinventer librement de nouveaux codes sociaux.

Les enfants du numérique aiment créer

Le plus saisissant dans l'irruption de la société numérique est sans doute le désir et le potentiel de création qui s'y sont révélés.

Dès que les outils numériques se sont démocratisés, est apparue une intense activité de développement de logiciels libres[28], Wikipédia qui a produit en dix ans 15 millions d'articles en 281 langues, 156 millions de blogs publiant près d'un article par jour.

Les centaines de millions d'utilisateurs d'Internet ont généré ou partagé des contenus, ébranlant au passage certaines industries mais démultipliant les œuvres authentiques (photographies, vidéos, courts ou longs métrages collaboratifs) et revivifiant la culture du *remix*, du *sampling*, du détournement et de la parodie.

Les internautes se sont également lancés spontanément dans une intense activité de notation (comme sur TripAdvisor et de nombreux sites marchands), d'indexation et de *social bookmarking* (Digg, Delicious), produisant ainsi une masse exceptionnelle d'informations latentes qui ne demandent qu'à être exploitées. On a encore assisté à l'explosion du *microbloging* et du *social networking* (désormais plus d'un milliard de statuts Facebook par jour), c'est-à-dire une sorte de conversation ininterrompue qui fait émerger un passionnant phénomène de « curation[29] ».

Enfin, d'innombrables petites entreprises numériques faiblement technologiques, spécialisées dans la communication vidéo ou le développement d'applications mobiles, se sont développées, sans que l'on sache encore si elles représentent un avenir industriel ou, au contraire, un nouveau *lumpenprolétariat*.

Comme si une chape de plomb avait brutalement sauté, les sociétés ont redécouvert en leur sein une population active, créative, demandeuse d'expression, de partage, de rêves individuels et collectifs, qui s'est emparée avec passion de nouveaux outils de création et de communication et exploite tout leur potentiel.

Les enfants du numérique vivent une aventure collective

Les enfants du numérique réinventent donc les relations sociales. Ils le font avec d'autant plus d'aisance que, dans ce monde nouveau, la distribution du talent n'est pas marquée par les mécanismes classiques de distribution du capital social et de reproduction des élites.

Libres de tout conservatisme social, les enfants du numérique réinventent la manière dont s'instaure la confiance : ils créent plus de 5 000 monnaies alternatives, bouleversent les règles d'établissement de la confiance, changent en profondeur la définition de leur vie privée, partagent différemment leurs savoirs. Wikipédia, TripAdvisor, Doctissimo, Megaupload : d'innombrables services témoignent de la recherche tâtonnante d'une société moins hiérarchique, moins formelle, moins centralisée.

A-t-on pris la mesure du changement de civilisation que manifeste le fait que plus de 30 % du trafic sur Internet aux États-Unis provienne de Facebook – c'est-à-dire que 30 % des pages vues par des Américains ont été recommandées par un ami ? Ou du fait que 70 % des Français déclarent désormais préparer leurs voyages sur Internet – c'est-à-dire se fier, d'une manière ou d'une autre, aux notes, commentaires et recommandations des autres internautes ? A-t-on pris la mesure de la révolution qu'est Doctissimo, ce site d'information, de dialogue et d'entraide médicale où des médecins sont présents mais ne sont qu'un acteur de ce qui est avant tout une intense conversation entre patients ?

A-t-on pris la mesure de la charge émotionnelle qui entoure Internet, les forums de discussion, la messagerie instantanée ou les sites de téléchargement ? Pour toute une génération, ce fut le seul espace de liberté et de créativité dans un monde globalement organisé pour la préservation des intérêts acquis par les générations précédentes.

Le premier et plus important changement, d'après nous, réside ici. Dans l'émergence confuse, hésitante, d'une société de pair-à-pair[30], de confiance distribuée, de relations horizontales.

Les enfants du numérique se méfient des institutions

Convertis à la culture du pair-à-pair, les enfants de la révolution numérique ne respectent plus les institutions. En tout cas plus de la même manière. Le philosophe Michel Serres le notait avec ironie dans son interview consacrée à cette nouvelle citoyenne qu'il appelle la « Petite Poucette » :

> Souvenez-vous de Domenech qui a échoué lamentablement à entraîner l'équipe de France pour le Mondial de foot. Il ne faut pas lui en vouloir. Il n'y a plus un prof, plus un chef de parti, plus un pape qui sache faire une équipe ! Domenech est en avance sur son temps ! Il faudrait de profondes réformes dans toutes les institutions, mais le problème, c'est que ceux qui les diligentent traînent encore dans la transition, formés par des modèles depuis longtemps évanouis[31].

Vous rappelez-vous des années soixante, soixante-dix ou même quatre-vingt ? De ces « grands hommes » (et quelques « grandes femmes ») qui disaient le droit, l'éthique, le savoir, le bien, le mal ? Tous ces gens bien élevés, un peu sérieux, un peu pompeux, écoutés respectueusement ? Comme nous en sommes loin ! Michel Serres, de nouveau :

> À la génération précédente, un professeur de sciences à la Sorbonne transmettait presque 70 % de ce qu'il avait appris sur les mêmes bancs 20 ou 30 ans plus tôt. Élèves et enseignants vivaient dans le même monde. Aujourd'hui, 80 % de ce qu'a appris ce professeur est obsolète.

Notre époque se défie des institutions. Les individus ne veulent plus subir – ou ils ont désormais les moyens de ne plus subir. Ils ne tolèrent plus les intrusions, n'admettent plus guère de leçons ou de prescriptions venues d'en haut. Les institutions ont donc perdu l'essentiel de leur actif : leur autorité symbolique[32].

C'est sans doute en cela que les Printemps arabes ont été analysés comme symptomatiques de l'ère du numérique. À strictement parler, le *social networking* n'y a pas été plus important que la radio ne le fut pour la Résistance française en 1941 : un outil bien utilisé. Il n'a pas dispensé, hélas, d'actes de bravoure, de combats et de sacrifices. Mais cet outil a permis de contourner la censure des médias, de mesurer de proche en proche qu'il existait une opinion publique et qu'elle n'était pas ce qu'en disaient les officiels. Il a permis de créer un *common knowledge*, une conscience commune, en permettant à chacun de vérifier que tout le monde pensait bien comme lui et que chacun le savait désormais.

Les institutions apprennent progressivement à reconquérir leur force symbolique en demandant la permission, en proposant aux individus des choses à faire, en réagissant à leurs sollicitations. Ce nouveau rapport des institutions aux individus est pour elles la seule façon de se faire respecter dans la société postnumérique. Et cela déborde largement le cercle économique pour transformer la politique, l'administration, l'école, la création artistique. Si elles savent établir ce nouveau rapport, alors les institutions pourront à nouveau solliciter les individus, les interrompre s'ils sont occupés à autre chose, les captiver afin de les garder avec elles. Nous y reviendrons.

Les enfants du numérique sont difficiles à interrompre

Grâce à la révolution numérique, les individus ont acquis une agilité et une vélocité bien supérieures à celles dont ils étaient capables dans le monde ancien. Le numérique a multiplié les points d'accès à l'information, aux produits, aux contenus, mais surtout les possibilités d'échanges, de réponses. Il abolit les distances. Il permet de s'entourer du babil de gens qui nous intéressent, augmentant ainsi le bruit de fond de la conversation mondiale et rendant de plus en plus difficile de le couvrir – ce qui n'empêche pas, en revanche, de l'alimenter. Grâce aux hyperliens, il facilite rebonds et échappements.

Dans la société numérique, il n'est plus question de lecteurs plongés dans des livres, de spectateurs rivés à leur écran, ni même de passants ou de visiteurs plus ou moins contraints de passer par là. Dans la société numérique, les possibilités sont si nombreuses, l'espace si vaste, les contraintes et rigidités si faibles que les individus, plus agiles et véloces que jamais, semblent d'un coup plus fuyants, leur attention plus précaire, leur comportement plus erratique.

Les sollicitations ne manquent pas. Internet offre à chacun la plus grande bibliothèque du monde, la plus grande médiathèque, une pinacothèque, d'infinies possibilités d'échanges et de conversations avec des gens passionnants, des proches, des amis. Il faut atteindre un grand niveau de qualité pour retenir l'attention des gens. Comme le dit Don Draper dans un épisode de *Mad Men :* « Si vous voulez interrompre une conversation, mieux vaut avoir quelque chose d'intéressant à dire. »

Il est délicat de déterminer avec précision la contribution de la révolution numérique à cette nouvelle perception des rapports entre l'offre et la demande. Les consommateurs n'ont-ils pas toujours été versatiles, sans que l'on n'ait jamais bien su le mesurer ? Se sont-ils précipités sur ces nouveaux moyens qui leur ont permis de devenir libres et créatifs comme des enfants dans un jardin public ? Ou encore se sont-ils lassés d'un modèle économique qui avait introduit l'infidélité (envers les produits, les clients, les salariés) au cœur même de la création de valeur ?

Toujours est-il que nous avons là une conséquence majeure de la révolution numérique. Les enfants de la révolution numérique sont difficiles à interrompre car, bien qu'erratique en apparence, leur comportement dans l'économie numérique obéit à une puissante dynamique intérieure : *l'analogie*, qui fait qu'une idée appelle l'autre selon une logique personnelle.

« Je vois ceci, qui me fait penser à cela, qui m'évoque un souvenir personnel, lequel me rappelle que je m'étais promis de consulter autre chose encore » : par construction, l'analogie qui meut les individus est difficile à prédire, à interpréter ou à reproduire. Pour autant, elle ne signifie pas que le consommateur soit indécis et disponible pour être sollicité. Au contraire, l'analogie n'appartient qu'à lui. L'impression de versatilité qu'elle renvoie ne signifie pas l'indécision de celui qui l'opère. Dans l'analogie, rien ne se fait sans une raison précise ; à tout moment, l'individu a un objectif personnel ; toute interruption est une intrusion dans un cheminement réglé par l'opportunité, les sensations, des expériences personnelles, des échéances connues de la personne seule.

Pour tenir compte de cette conséquence de la révolution numérique, les professionnels se sont dotés des outils adéquats et d'une nouvelle conception de leur métier. La mesure et l'interprétation des traces que laissent les consommateurs permettent d'identifier les meilleurs moments pour les solliciter et les meilleures propositions à leur faire. La compréhension de ce qui les anime et du pouvoir que leur donnent ces multiples terminaux et cette infinité d'hyperliens conduit à reformuler les termes mêmes de la sollicitation publicitaire. C'est l'invention du *permission marketing*, un concept forgé et popularisé par Seth Godin[33], qui consiste à demander au consommateur son autorisation avant de lui formuler une proposition publicitaire – et qui s'oppose à l'*intrusion marketing*, moteur du modèle publicitaire lié au *broadcast*, cette diffusion d'un contenu identique à des spectateurs passifs qui est tout le contraire de ce que recherchent les enfants du numérique.

Les enfants du numérique sont exigeants et impatients

La publicité est l'un des secteurs qui a le plus vite compris – ou subi – les conséquences de la révolution numérique. Auparavant massive et intrusive, reposant pour l'essentiel sur du *broadcast*, la publicité est en passe de devenir systématiquement ciblée, personnalisée et subordonnée à l'autorisation préalable de son destinataire. Or, pour cibler et pour personnaliser, il faut connaître le destinataire. Et pour demander une autorisation, il faut disposer d'un canal de communication ouvert entre l'offreur et le consommateur. Dans le monde du *broadcast*, ces impératifs ne pesaient que marginalement.

Les conséquences de la révolution numérique dépassent évidemment le seul secteur de la publicité – car la publicité n'est qu'un média entre une offre et une demande, souvent elle-même intimement liée à une offre de contenus. Ce qui vaut pour la publicité vaut donc en réalité pour l'économie tout entière : il faut savoir faire au consommateur une offre adaptée, éventuellement personnalisée. Il est difficile de le captiver et il n'est plus toléré de l'interrompre dans le cheminement qu'il s'est choisi pour lui-même, ou dans la conversation qu'il a nouée avec d'autres. Ce qui vaut pour la publicité vaut pour les médias, la distribution, les produits, les marques, les services, le divertissement.

Des industries entières doivent donc apprendre à personnaliser leurs offres. C'est là un des aspects rarement soulignés du génie de Steve Jobs, observé par le journaliste politique Matt Bai dans un article du *New York Times* intitulé « Ce que Steve Jobs avait compris et que nos politiciens ne savent pas »[34].

Apple n'a pas seulement innové dans le design des ordinateurs ou dans le marketing. Apple a aussi été la première entreprise à comprendre la demande – en apparence contradictoire – de garantie de qualité et, simultanément, de possibilité de personnalisation. Apple a été le premier constructeur à proposer des ordinateurs paramétrables avec une facilité d'appropriation et une robustesse de développement telles que l'on pouvait les personnaliser très profondément sans prendre le risque de « tout planter ». Le succès paradoxal de ces systèmes fermés et propriétaires vient de ce que ce contrôle par Apple a été mis au service d'une très grande capacité de personnalisation du produit.

La personnalisation est devenue un impératif tant les enfants de la révolution numérique sont devenus exigeants et impatients, difficiles à captiver car les sollicitations sont nombreuses, les échappatoires plus nombreux encore. Des industries entières doivent refonder le rapport à leurs consommateurs, utiliser les outils permettant de mieux les connaître, non pour les solliciter davantage mais pour les solliciter à bon escient, sachant qu'ils peuvent à tout moment s'échapper ailleurs et que les freins qu'on leur oppose (engagement de durée, restrictions d'usage, barrières à l'entrée) leur sont devenus intolérables.

Le monde au bout des doigts, un terminal de paiement dans la poche, les enfants du numérique sont à la fois impatients dans leurs centres d'intérêts et extraordinairement patients dans leur apprentissage des technologies (ils tolèrent l'erreur, l'échec et réessaient jusqu'à obtenir le résultat souhaité). Ainsi, à la différence de leurs aînés, ils peuvent apprendre sans « douleur » des mécanismes complexes qui rebutent les primo-utilisateurs plus âgés. Mais si c'est trop compliqué, ils vont voir ailleurs ; si c'est trop cher, ils décalent leur décision d'achat ou vont consulter pour trouver moins cher ; s'il y a des choses à faire, ça les agrippe et ça les stimule comme des enfants ; si en plus, ça réagit (comme sur Facebook : des *likes*, des commentaires), ça les excite, ça les passionne et ils reviennent.

Il s'agit d'une profonde remise en cause de l'ancienne logique du spectacle et du divertissement, du *broadcast* et du *top-down*. Les activités économiques les plus prospères ne sont pas celles qui disposent de la plus puissante force de frappe publicitaire, mais d'abord celles qui construisent une expérience utilisateur riche et stimulante, celles qui facilitent l'expérimentation ou qui donnent à leurs utilisateurs *des choses à faire*.

Les enfants du numérique aiment les sports de glisse

S'il est finalement une expression courante que nous reprenons à notre compte, c'est « surfer » sur Internet. Tout devient aujourd'hui affaire de flux : les journaux travaillent des flux mouvants de lecteurs, les internautes jonglent avec des flux d'information, les développeurs conjuguent des flux de données qu'ils captent grâce à des interfaces spéciales (les API[35]). On en vient même à concevoir des « bases de données de flux ».

C'est normal : le savoir du monde est désormais disponible, indexé, accessible dans le réseau. Chacun peut y retourner à tout moment. Ce qui compte désormais, c'est ce qui est en train de changer. C'est la déformation en cours (du savoir, de la valeur économique, de l'intérêt des spectateurs) qui porte la plus grande valeur potentielle. C'est là que se concentre la recherche de la valeur maximale, que ce soit pour Google, qui veut placer au mieux ses publicités, pour le *hedge fund,* qui travaille en *high frequency trading,* ou même pour l'utilisateur de Twitter qui – consciemment ou non – travaille son audimat en essayant de dire des choses intéressantes. Or, être intéressant sur Twitter est bien souvent une question de *momentum*. Comme le *kairos* des Grecs, « l'occasion n'a qu'une mèche… une mèche de cheveux » et il est essentiel de savoir la saisir au moment opportun.

Dans cette économie numérique, les individus sont donc en mouvement perpétuel, ils avancent toujours plus vite à mesure qu'on leur propose des outils plus simples et plus puissants pour s'activer. Ils créent ainsi de nouvelles valeurs et de nouvelles hiérarchies. C'est aussi la distinction entre les utilisateurs « passifs » des technologies et ceux qui en retireront un bénéfice social et culturel. Pour Manuel Castells, la fracture numérique « ne sépare pas tant ceux qui ont un accès à l'internet de ceux qui n'en ont pas, mais ceux qui savent quoi en faire culturellement de ceux pour qui ce n'est qu'un écran d'annonces accompagné de passe-temps ludiques[36] ».

Dans le monde hyperfluide, une organisation qui stagne paraît régresser. Une organisation qui bouge à la même vitesse que les individus semble immobile. Pour stimuler les individus, les captiver, il faut bouger, changer, et plus vite qu'eux. Car la sensation de la vitesse s'est émoussée. C'est la vitesse relative, c'est-à-dire l'accélération, qui compte. Pour captiver, il faut, comme Facebook ou Amazon, changer tous les jours, tester, améliorer, stimuler, surprendre. Les institutions qui se sont bâties sur la permanence, un caractère immuable, sont désormais vulnérables dans l'économie numérique. Sauf dimension exceptionnelle, elles risquent de se périmer très rapidement et, tôt ou tard, de disparaître.

Une nouvelle ère industrielle

Toutes ces transformations, ces accélérations et ces redistributions du pouvoir créatif nous ont fait changer d'ère industrielle. Au sens propre. Comme le rappelle souvent le philosophe Bernard Stiegler, nous sommes entrés dans un régime de création de valeur, dans une organisation du travail, dans un fonctionnement économique et social entièrement renouvelés. Et même si les fondamentaux sont désormais en place, le déploiement de ce nouveau cycle ne fait que commencer. Cette révolution numérique a bouleversé la culture, les médias, les télécommunications et les loisirs. Elle aborde la santé, le transport, le tourisme ou l'urbanisme. Elle touchera avant peu l'industrie, la banque, l'énergie, l'assurance et l'ensemble des services.

Au fond, le premier âge industriel a été celui de la production. Il s'agissait de dompter la matière et l'énergie pour produire des biens. La figure emblématique de cette période a été l'ingénieur : celui qui savait dompter les forces de la nature et les organiser pour produire. C'était également l'âge d'or de la propriété intellectuelle. Les plans, les brevets et méthodes étaient au cœur des processus et les processus – appuyés sur le capital immobilisé nécessaire – étaient la clef du développement industriel.

Le premier âge industriel asservit les hommes aux machines. Il *organise* la production autour des plans de l'ingénieur et les hommes doivent s'y adapter. La force physique des producteurs est l'une des ressources avec lesquelles travaille l'ingénieur. Elle est captée, travaillée et transformée dans les usines. L'analyse marxiste y voit une aliénation et cette clef de lecture structure profondément les luttes sociales de l'époque, provoquant l'apparition du mouvement ouvrier.

Mais progressivement en Occident, les besoins élémentaires des consommateurs sont assouvis. Autour de la Seconde Guerre mondiale, le capitalisme de la production commence à s'essouffler. Il faut apprendre à s'occuper sérieusement du consommateur, à lui donner envie de consommer : susciter de nouveaux désirs, contrôler ces désirs[37]. Le travail sur le désir, la transformation de l'utilisateur en consommateur deviennent la grande affaire de l'économie globale. C'est le deuxième âge des sociétés industrielles, âge indissociable du marketing de masse et de son support incontournable : les médias de masse.

Les médias de masse sont le marqueur caractéristique de cette époque. Financés par la publicité, dans leur totalité pour certains, ils constituent en même temps le moteur indispensable aux grandes aventures industrielles de cette période.

Dans de nombreux secteurs industriels – et notamment les « industries culturelles » –, le marketing représente désormais plus de la moitié du coût total d'un projet.

Même si une étape n'annihile pas la précédente, mais s'y ajoute comme une nouvelle couche de complexité, il est clair que la ligne de front de la bataille pour la création de valeur se situe moins, dans ce deuxième âge industriel, dans la production – désormais sous-traitée aux pays émergents – et se déplace vers les marques, le marketing, le *storytelling*[38]. Elle se dote de nouveaux outils de mesure qui entraîneront insensiblement la financiarisation de l'économie et ses conséquences que nous ne connaissons que trop bien aujourd'hui.

Tout comme le premier âge du capitalisme, ce deuxième âge sécrète à son tour ses propres anticorps. De Gramsci à Guy Debord et à leurs épigones respectifs, les rebelles au système – qui en sont toujours les meilleurs marqueurs – se préoccupent désormais de la nouvelle aliénation culturelle. Car cette stratégie du spectacle permanent et ce travail constant et professionnel sur le désir représentent bel et bien une nouvelle aliénation, c'est-à-dire une appropriation de la valeur créée par le travail des autres.

Mais ce deuxième âge s'exténue à son tour. De nombreux signes attestent de ce nouveau changement de modèle. La télévision, emblème de cette époque de consommation légère et insouciante, est engagée dans une suite de métamorphoses évoquées dans le livre de Jean-Louis Missika, *La Fin de la télévision*, qui nous fera entrer dans un paysage du divertissement, du financement de la création et de la réglementation des contours absolument imprévisibles[39].

Car, fondamentalement, nous sommes désormais sortis du modèle du marketing de masse. Ni la planète ni les humains ne peuvent tolérer durablement ce consumérisme naïf. La production devient de plus en plus immatérielle, c'est-à-dire qu'elle manipule des symboles et des relations. C'est le sens des analyses du philosophe Antonio Negri, telles qu'il les a lui-même résumées dans l'une de ses conférences :

> Dans la dernière décennie du XXe siècle, le travail industriel a perdu son hégémonie, et c'est le « travail immatériel » qui a émergé à sa place, c'est-à-dire le travail qui crée des produits immatériels : le savoir, l'information, la communication, les relations linguistiques ou émotives. [...]
> Le travail immatériel peut être pensé sous deux formes principales [...] :
> – le travail défini comme intellectuel ou linguistique [...]
> – le travail affectif [qui] produit ou manipule des affects comme se sentir à son aise, être en forme, être satisfait, excité, éprouver de la passion. [...]
> Le travail immatériel est aujourd'hui dans la position du travail industriel il y a cent cinquante ans – quand ce dernier concernait une petite partie de la production globale concentrée dans une petite partie du monde, mais qu'il exerçait en réalité son hégémonie sur toutes les autres formes de production. C'est à cette époque que la totalité des formes du travail et de la société ont dû s'industrialiser. Aujourd'hui, le travail et la société doivent s'informatiser, devenir intelligents, communicatifs et affectifs. [...]
> Il serait plus juste d'appeler cette nouvelle forme hégémonique du travail de « travail biopolitique », c'est-à-dire un travail qui ne produit pas seulement des objets matériels mais aussi des relations et de la vie sociale. [...]
> D'un certain point de vue, le travail immatériel a un rapport différent – plus intime – avec la coopération que les précédentes formes du travail. La création de coopération, de communication et de collaboration fait partie intégrante du processus de production ; et elle est entièrement entre les mains des sujets qui travaillent[40].

Le rapport à l'« intime » caractérise de nombreuses transformations en cours. Plus les outils et les technologies deviennent intimes, plus le rôle de leurs designers devient important, et plus l'histoire que ces technologies nous racontent devient un facteur crucial dans leur adoption par le plus grand nombre.

Comme l'écrit le designer Jean-Louis Fréchin[41], les enfants du numérique sentent bien que la consommation – toujours plus de consommation – ne peut être le seul horizon de leurs activités. Le pouvoir de création qu'ils détiennent désormais leur permet de mesurer combien certains objets en sont venus à les asservir au lieu de les servir. Ils veulent « reprendre la main ». Mais reprendre la main dans un monde hyperfluide et hyperdense suppose un travail considérable sur la relation entre le producteur et le consommateur, sur l'expérience utilisateur, sur les formes et les situations qui permettront une nouvelle harmonie entre les humains et les choses. Il suppose une réflexion sur l'intentionnalité des propositions de valeur et un respect de l'indirection des objets (qui peuvent être détournés et utilisés aux fins propres des utilisateurs). Ce travail à la fois humaniste et technologique constitue le geste du designer.

Comme l'illustre la saga de la société Apple, nous sommes entrés dans un cycle dominé par le design, c'est-à-dire le travail, non pas sur l'apparence des choses, mais sur l'intelligence des objets et des situations, leur proposition au marché, l'expérience utilisateur, la maniabilité du complexe.

C'est le sens de ce manifeste de designers publié à l'orée de l'élection présidentielle de 2012 :

> L'interdépendance entre institutions, entreprises, marques et activités est visible, commentée et observée. La relation entre producteur et consommateur est changée à tout jamais par la mise en réseau et l'information des personnes...
> Désormais, les hommes parlent aux objets et les objets nous parlent. Ces nouveaux objets relationnels changent notre rapport aux mondes et aux autres.
> [...]
> Pour répondre à ces enjeux et face à ces défis, il est temps de considérer l'apport du design et des créateurs pour ce qu'il est : une force de proposition impliquée et contextuelle, stratégique et créatrice de valeur(s)[42].

De telles aspirations sociales et valeurs humanistes ne sont pas contradictoires avec la logique du succès économique. Ces deux forces participent de la même révolution numérique. Les nouveaux géants industriels sont ceux qui ont su se les approprier et les utiliser pour fonder leur modèle économique et leur stratégie de développement dans une synthèse créative originale. Les nouvelles réflexions progressistes s'attachent à reconstituer une communauté d'innovation aussi soucieuse de son empreinte sociale que de ses résultats. Elles jettent les bases d'un « contrat d'entreprise » orienté vers une pluralité de buts[43].

Tout n'est pas « humaniste » pour autant dans un monde où l'activité économique capte désormais non seulement la force physique du producteur, non seulement le désir du consommateur, mais aussi la puissance créative des enfants de la révolution numérique, la puissance de la multitude.

Une fois encore, ce sont les résistants au système qui nous proposent la lecture la plus acérée des fondamentaux du modèle qui se met en place. Après la critique marxiste, puis la critique de la société du spectacle, nous assistons à la naissance d'une critique postmarxiste, « altermondialiste », comme celle d'Antonio Negri[44], qui reprend le flambeau de cette analyse de la domination du système, notamment dans son analyse du travail immatériel ou encore de la multitude.

Mobilis in mobile

D'autres évolutions massives caractérisent cette époque. La fin des transitions démographiques a ouvert la possibilité d'une éducation massive des populations, augmentant leur potentiel de création. La puissance industrielle a atteint les limites du système-terre, obligeant désormais à une prise en compte des externalités environnementales dans les stratégies politiques et industrielles, suscitant ainsi un nouveau cycle d'innovation. Enfin, la mondialisation a permis l'émergence de nouvelles puissances, nous projetant dans un monde multipolaire et complexe. La transformation numérique en cours, contemporaine de ces phénomènes, nous semble être un point de vue pertinent pour saisir cette complexité.

Les petits-enfants de la révolution numérique risquent fort de penser que Nemo était le nom d'un poisson-clown imaginé par Pixar – ce studio créé par John Lasseter et Ed Catmull, puis développé par Steve Jobs. Nous préférons pour notre part le capitaine Nemo, héros de Jules Verne, le père de la science-fiction. *Mobilis in mobile* était sa devise. Ce devrait être aussi celle de la nouvelle ère industrielle :

– la mutation globale en cours combine à l'infini les flux d'innovation offrant un potentiel de création presque infini ;

– l'accélération des performances technologiques nous a fait franchir ce « point de singularité », au delà duquel l'imagination et l'ambition sont aujourd'hui les seules limites à la création ;

– la baisse des coûts informatiques, la démultiplication de la puissance et de l'intelligence extérieures aux organisations, la transformation de l'innovation en un processus continu inachevable et massif ont dessiné un paysage dans lequel les anciennes règles de management deviennent inefficaces ;

– de nouvelles aspirations sociales, de nouvelles libertés et de nouveaux fonctionnements collectifs se mettent en place ;

– de nouvelles stratégies industrielles, faisant appel au design, à la créativité des consommateurs, à l'intelligence de situations en constante évolution apportent chaque jour la preuve de leur succès devant les anciennes approches fondées sur la production, le marketing de masse et le consumérisme.

C'est dans ce nouveau paysage qu'il nous faut apprendre à agir. Les citoyens, les états-majors, les entreprises et les gouvernements doivent aujourd'hui apprendre à agir dans ce monde hyperfluide et hyperdense.

Quelles sont donc les « règles d'engagement » dans ce nouveau monde ? Et en tête de ces règles d'engagement, qu'est-ce qui, aujourd'hui, crée encore de « la valeur », qu'elle soit économique, ou tout simplement humaine ou sociale ?

Font de ce succès, « le numérique dévore le monde » selon la célèbre formule de Marc Andreessen, le créateur de Netscape et désormais tout-puissant capital-risqueur de la Silicon Valley : les idées et méthodes du numérique, portées par des « *Silicon Valley style startups* » envahissent en toute impunité toutes les filières de l'économie.

III

Valeur et multitude après la révolution numérique

Comment apprend-on l'improvisation ? La seule réponse est de se poser une autre question : qu'est-ce qui nous arrête ? La création spontanée vient de notre être le plus profond, de notre moi immaculé et originel. Ce que nous avons à exprimer est déjà avec nous, c'est nous. Le travail sur la créativité ne consiste donc pas à faire advenir un matériel, mais à enlever les obstacles devant ce flux naturel.

Stephen Nachmanovitch, *Free Play, Improvisation in Life and Art*[1]

Il y a quelques années – nous étions au crépuscule de l'ère des grands portails qui se succédaient tous les six mois sans jamais fixer leur public, et à l'aube de Facebook, du *social networking* et d'une nouvelle stratégie de captation de l'attention des individus – un grand patron de presse nous confiait sa perplexité en ces termes : « Les internautes sont de plus en plus imprévisibles. Ils se comportent comme une volée de moineaux qui s'abattent sur les arbres de manière imprévisible. Le problème, c'est que tout le monde veut nous vendre les arbres. ».

Mêlant incompréhension et prescience, cette formulation attaque au cœur la question pivot de toute stratégie numérique : où est la valeur ? Dans la comparaison avec les arbres et les moineaux, la valeur n'est pas vraiment une propriété de l'arbre. Ce n'est pas non plus tout à fait le moineau – heureusement, on ne possède pas ses clients ! La valeur réside plutôt dans une alchimie subtile qui fait qu'à un moment donné, tous les moineaux se jettent sur un certain arbre. Elle tient aussi, nous le verrons plus loin, à une autre alchimie liée à ce que les moineaux font sur cet arbre, de cet arbre, avec cet arbre...

La question de l'appréciation de la valeur économique des biens intrigue économistes et philosophes depuis des siècles. Jamais épuisée, cette question est toujours relative à un ordre social, qui lui-même évolue au fil du temps, à mesure que la société établit la confiance, assigne de la valeur aux choses et aux personnes au sein d'une symbolique, pense la propriété, la justice, la sécurité, l'honneur ou le prestige.

L'ordre social dans lequel nous vivons aujourd'hui, fondé sur la propriété, l'échange et la possibilité d'équivalence économique entre des objets non comparables, est né avec les Lumières[2]. Trois siècles sont peu à l'échelle de l'histoire humaine. Il n'est donc pas étonnant que notre ordre social soit encore instable. Les deux premières révolutions industrielles l'ont chacune modifié. La première a exigé la concentration du capital et suscité la naissance du prolétariat. La seconde a mis au premier plan les médias de masse et le marketing de masse. La révolution numérique le déstabilise à son tour.

La nature immatérielle du travail, les nouvelles règles de production et de commercialisation, la puissance créative distribuée, les nouvelles aspirations sociales, le potentiel de technologies qui deviennent des technologies de l'intelligence : tous ces phénomènes ont enclenché une transformation qui n'est pas seulement technologique ou sociale. Elle affecte jusqu'à la valeur des choses, des biens et des services. Elle transforme la manière dont les acteurs économiques tentent de capter ou de créer de la valeur, et dont les citoyens attribuent ou reconnaissent de la valeur à ces créations.

Aucune stratégie, économique ou politique, ne tient la route sans la conscience de ce qui fait la valeur des biens et des services produits par la société. Or nous vivons les années charnières d'une profonde métamorphose de la valeur. Pour concevoir et exécuter les stratégies de l'économie numérique, il faut d'abord comprendre les raisons et les conditions de cette métamorphose.

Retrouver la valeur

Dans un article paru en septembre 2011, John B. Judis, journaliste de l'hebdomadaire américain *The New Republic*, qualifie la crise économique qui a frappé les États-Unis en 2008 de « récurrence » de la grande dépression des années 1930. À ses yeux, ces deux crises ont « les mêmes causes et la même trajectoire initiale. [Elles] ont été déclenchées par une crise financière venue s'ajouter, en l'aggravant, à un ralentissement de la production industrielle et de l'emploi qui était antérieur et partiellement causé par une évolution technologique rapide. Les années 1920 ont vu se répandre l'électrification de la production industrielle. Les années 1990 ont vu le triomphe de l'informatisation de l'industrie et des services. Les récessions de 1926 et de 2001 ont toutes deux été suivies de reprises sans emploi[3]. »

Alarmiste, la conclusion de cet article met sévèrement en cause les dirigeants politiques américains. Selon John B. Judis, les élus du peuple se révèlent incapables d'appréhender l'organisation et le fonctionnement de l'économie depuis la révolution numérique. L'incapacité des États-Unis à recréer massivement des emplois depuis 2001 montre que les structures de l'économie ont profondément changé. Comme avec le *New Deal* à partir de 1933, l'intervention de l'État dans l'économie doit donc être réinventée pour s'adapter à cette nouvelle donne. Mais, pour cela, encore faut-il révéler les structures de l'économie numérique et les conditions dans lesquelles les entreprises y créent de la valeur.

La valeur insaisissable

« La politique de la France », déclarait le général de Gaulle lors d'une conférence de presse le 28 octobre 1966, « ne se fait pas à la corbeille ! ».

La mise en cause de la finance et de son rôle dans le déclenchement des crises n'est ni nouvelle ni originale. Les dirigeants de tous bords, dans tous les pays, décrient abondamment le secteur financier, caricaturé en paroxysme de la quête du profit. Dans cet univers, le seul objectif des acteurs est la création de valeur pour l'investisseur. L'attention rivée sur le cours des titres en bourse, la finance n'a pas d'autre propos que de produire de l'argent avec de l'argent.

L'« économie réelle », celle des usines, des commerces, des bureaux et des travailleurs, souffre d'être ainsi mise sous tension par la finance, qui ne s'embarrasse d'aucune considération pour les parties prenantes et rend les entreprises infidèles à leurs salariés, à leurs clients, à leurs produits et même à leur histoire. Pour ceux qui opposent « économie virtuelle » et « économie réelle » ou « capitalisme financier » et « capitalisme industriel », c'est ainsi, dans le divorce entre la finance et le reste de l'économie, qu'ont été réunies les conditions de la crise.

À bien des égards, le numérique intrigue et inquiète autant que la finance : des valorisations gigantesques pour des entreprises qui font comparativement peu de chiffre d'affaires ; des modèles économiques incertains ; un bouleversement de maintes règles que l'on croyait solidement établies, notamment dans le champ de la propriété intellectuelle ; des actifs immatériels difficiles à cerner ; des « bulles » qui éclatent régulièrement et qui, paradoxalement, rassurent les sceptiques en semblant confirmer qu'il n'y a rien de tangible ni de durable derrière tout cela. Pour beaucoup d'observateurs, le numérique comporte les mêmes emballements, les mêmes menaces et la même « virtualité » suspecte que la finance.

Il est vrai qu'à l'instar de la finance, le numérique défie notre conception de la valeur. Comment ramener à quelque chose de tangible cette valeur qui semble créée à partir de rien ? Quel rapport les valorisations de Facebook ou Twitter ont-elles avec les usines, la main-d'œuvre, les circuits de distribution ou même les marques et les brevets ? Nous cherchons en vain les sous-jacents d'une économie qui semble s'être coupée du réel. Et la question se pose à nous comme elle s'est posée lors des précédentes révolutions industrielles : où est la valeur ?

L'idée selon laquelle l'histoire d'Internet est faite de « bulles » constitue le meilleur exemple de cette confusion sur l'économie numérique.

Les « bulles » de l'histoire du numérique ne sont en effet pas des bulles selon l'acception commune de cette expression. Il y eut bien des emballements spéculatifs et des investisseurs ruinés. Mais ce n'étaient pas là des bulles au même sens que le célèbre épisode de « tulipomanie » qui affecta les Pays-Bas en 1637[4]. Dans une « bulle », au sens commun du terme, les gens achètent quelque chose qui ne vaut rien (ou en tout cas bien moins que ce qu'ils paient), simplement parce qu'ils espèrent que quelqu'un d'autre va le leur racheter pour une somme supérieure. Les « bulles Internet » ressemblent beaucoup plus aux paris sportifs. Les investisseurs repèrent l'apparition d'un nouveau marché et parient sur celui qui réussira le premier à l'occuper. Si les investisseurs de Yahoo! ou de Myspace ont fini par perdre de l'argent, personne ne semble pour l'instant regretter d'avoir misé sur Google ou sur Apple.

Plus que de bulles, Internet est l'objet de courses successives. Courses d'entrepreneurs se lançant à l'assaut d'une nouvelle niche de valeur. Courses d'investisseurs tentant de miser sur le futur leader de marchés naissants. Chacune de ces courses, dans lesquelles des sommes considérables ont été investies, compte beaucoup d'appelés et peu d'élus. Mais chacune a laissé des champions solidement en place sur des marchés identifiés : Amazon a gagné la bataille de la vente en ligne, Google celle des moteurs de recherche, PayPal celle du paiement en ligne, Facebook celle du *social networking*. Dans chacune de ces entreprises, quelque chose s'est accompli – mais peu de gens sont parvenus à le discerner avant que la course parvienne à son terme[5].

Ce qui a rendu cet accomplissement si difficile à discerner, c'est l'apparition soudaine des marchés en question et, sur chacun d'eux, la sélection d'un champion en un temps record. Chacune de ces séquences aboutit ainsi à une situation caractéristique de l'économie numérique : une position dominante sur un marché précaire. Par exemple, Bing, le moteur de recherche mis au point par Microsoft, ne menace pas Google sur son cœur de métier, mais Facebook, ou peut-être SIRI, le logiciel de recherche vocale d'Apple le feront peut-être. Demain, les individus feront des recherches en interrogeant leurs amis, ou leur téléphone, plutôt qu'en utilisant un moteur de recherche. La position de Google sur le marché des moteurs de recherche est donc menacée, non par l'apparition d'un concurrent potentiel, mais par la pertinence du service même que rend au grand public son moteur de recherche. Google occupe une position dominante sur le marché des moteurs de recherche – comme Amazon sur le marché de la vente en ligne ou Facebook sur le marché du *social networking* – mais ce marché lui-même encourt la menace de se contracter ou de disparaître, tôt ou tard, du jour au lendemain.

Les « bulles Internet » sont donc ce qu'Antoine Rebiscoul appelait des « crises de comparabilité[6] ». L'innovation est désormais continue, mue par la multitude des internautes tout autant que par les entreprises qui entrent sur le marché. Les produits et les usages se transforment et se périment de plus en plus vite, si bien qu'il est devenu impossible de comparer une entreprise entrant sur le marché à une autre déjà en place. Le marché se déplace et se recompose à mesure de l'entrée de nouveaux acteurs.

La difficulté à projeter la valeur dans l'économie numérique explique le hiatus qui s'est installé entre l'« économie réelle » et l'« économie virtuelle ». Elle explique que les banques ne sachent pas prêter à des entreprises dont elles doutent de la solvabilité, que les grandes entreprises ne sachent pas sous-traiter à des acteurs dont elles ne comprennent pas le savoir-faire, que les États ne sachent plus aider – ou imposer – des secteurs entiers où la valeur, bien que visible, semble insaisissable, que les investisseurs ne comprennent plus les *pitches* des entrepreneurs qui viennent les solliciter. Dans l'économie numérique, la valeur est devenue introuvable, ses sous-jacents sont devenus intangibles et apparemment cantonnés à ce fameux *goodwill* que seuls les financiers semblent savoir toucher du doigt.

Or, la création de valeur dans l'économie numérique ne peut être assimilée à un tour de magie. Il est trop facile de se retrancher derrière le phénomène des « bulles » pour mieux renoncer à expliquer comment se crée la valeur. Il est dangereux de s'en remettre aux seuls financiers pour allouer les ressources dans cette économie. Les spéculateurs sont trop heureux d'être les seuls à voir de la valeur là où elle se crée – après tout, c'est la nature même de leur activité que de deviner ce que ne voient pas les autres. Il n'est pas opportun de leur laisser ce privilège. Il nous faut apprendre à voir ce qu'ils sont seuls à voir. Il nous faut réapprendre à quantifier la valeur dans l'économie, à en révéler les sous-jacents, bref, à redonner à l'économie numérique son intelligibilité.

Le possible et le virtuel

À cette question de la réalité de la valeur dans l'économie numérique, il y a deux manières de répondre. La première est celle de l'« économie réelle » justement, qui s'appuie sur le tangible et cherche à identifier ce qui est réalisable à partir d'une situation donnée : les résultats prévisionnels futurs, les actifs matériels et immatériels, les dettes, les profits. La seconde, c'est celle de l'« économie virtuelle », dans laquelle les financiers les plus doués et les plus inventifs cherchent à cerner la valeur en s'affranchissant des sous-jacents. L'introduction en bourse de Facebook en 2012 a une nouvelle fois illustré les termes du débat qui peut s'instaurer entre ces deux approches[7].

Les deux manières d'appréhender la valeur portent sur le futur. Mais pas le même futur. Du présent au futur, il y a deux chemins possibles, le possible et le virtuel :

– *Le possible se réalise*. Du possible au réel, il y a la reproduction du même geste, la somme des parties, la poursuite d'une tendance, le choix parmi des options connues à l'avance. Le possible est mesurable et sans surprise. « Le possible est exactement comme le réel », écrit Pierre Lévy, « il ne lui manque que l'existence. »
– *Le virtuel s'actualise*. Du virtuel à l'actuel, il y a « création, invention d'une forme à partir d'une configuration dynamique de forces et de finalités. Il s'y passe autre chose que la dotation de réalité à un possible ou qu'un choix parmi un ensemble prédéterminé : une production de qualités nouvelles, une transformation des idées[8]. »

Réaliser du possible, c'est ce que font comptables, commissaires aux comptes, banquiers d'affaires, avocats spécialisés en propriété intellectuelle ou consultants en stratégie lorsqu'ils décortiquent les sous-jacents d'une entreprise pour déterminer sa valeur, projeter son devenir et améliorer sa stratégie dans une économie prévisible. *Actualiser du virtuel*, c'est ce que font les professionnels de la prospective et plus encore les financiers. Comme l'écrit Yann Moulier Boutang, les financiers, « contrairement aux comptables, évaluent non pas simplement les profits, mais la valeur future des entreprises, sur la base de leur confiance dans la création de richesse à venir. [Au-delà de] la somme des profits passés, actualisés et projetés dans le futur, ils vont regarder la survaleur, le *goodwill*[9] ».

Actualiser du virtuel, c'est apprendre à dépasser les chaînes de valeur et les modèles économiques du monde ancien, ceux du productivisme et du consumérisme, pour quantifier la valeur comme le fait la finance : par l'identification de signaux faibles, par des calculs de probabilité, par une évaluation du risque, par l'opération d'algorithmes complexes et, de plus en plus, en temps réel. Si la finance a investi l'économie numérique, c'est par sa dimension spéculative, c'est-à-dire son orientation vers le devenir des sociétés, des biens et des valeurs. Presque toute l'activité financière consiste à spéculer sur les évolutions de valeur ou à calculer le risque de telle ou telle spéculation. Ce faisant, les spéculateurs – les meilleurs d'entre eux, en tout cas – ont touché du doigt, sans le savoir, une dimension essentielle de la révolution numérique : la naissance de nouveaux critères de valorisation, que les comptables ne perçoivent pas mais que comprennent les entrepreneurs audacieux et les financiers avisés.

Actualiser du virtuel est le cœur du savoir-faire de la finance, mais c'est aussi, par exemple, ce que fait Richard Branson lorsque, d'une entreprise spécialisée dans la revente de disques, il fait naître une compagnie aérienne. C'est ce que tente de faire Jean-Marie Messier en transformant la vieille Compagnie générale des eaux en un géant mondial des contenus et du divertissement. C'est ce que font tous les jours les jeunes entreprises qui, en quête de leur cœur de métier et de leur marché, *pivotent* : elles changent la destination de leur produit pour valoriser leur savoir-faire, ou encore elles changent de produit et acquièrent un nouveau savoir-faire pour continuer à servir leurs clients.

C'est également un des puissants sous-jacents des stratégies d'*open data* que mènent de nombreux gouvenements pour favoriser l'environnement, l'expérimentation et l'imprévu.

C'est en quelque sorte créer de la valeur, non pas en suivant les règles, mais en les défiant – parce que ces règles sont devenues inadaptées à l'économie numérique. Actualiser du virtuel, c'est penser et agir, comme le disent les Anglo-saxons, *out of the box* (« en dehors de la boîte »), comme dans le célèbre casse-tête des neuf points à connecter en *quatre lignes* au maximum *sans lever son crayon*.

Pour ceux qui connaissent ce problème, la réponse est triviale. Personne n'a jamais dit que les lignes devaient s'arrêter aux frontières de ces neufs points. Pas plus que personne n'a jamais dit non plus que la valeur devait être créée suivant des modèles préétablis et avec les seules ressources disponibles dans une entreprise ou accessibles auprès de ses fournisseurs.

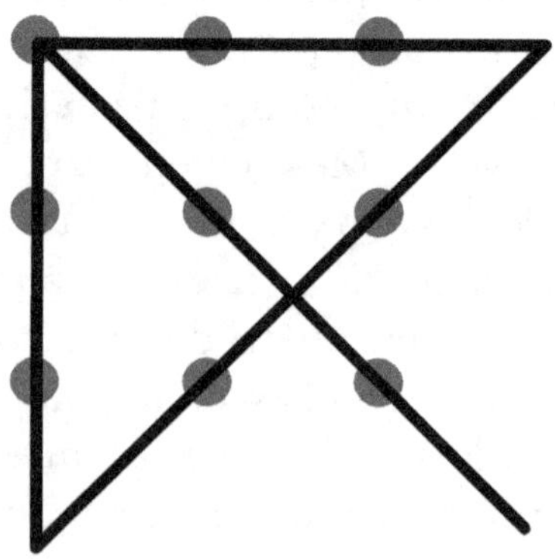

Notre ambition est de retrouver les outils et méthodes pour quantifier la valeur comme nous le faisions jusqu'à la révolution numérique : avec objectivité, sur le fondement d'actifs immobilisés certes immatériels, mais redevenus tangibles. La valeur d'Amazon et de Facebook n'est pas plus mystérieuse que celle d'une société de chemin de fer, d'une chaîne de grande distribution ou d'un opérateur de télécommunications. Encore nous faut-il identifier les facteurs de cette création de valeur et les actifs qui permettent de la faire apparaître dans un bilan.

Lorsque nous nous serons à nouveau munis des clefs pour comprendre comment se construit la valeur dans l'économie numérique, peut-être serons-nous à nouveau capables de réaliser du possible, autrement dit d'éclairer et d'analyser les stratégies de tous les acteurs en nous affranchissant des arcanes de la finance :

- redonner aux banquiers la capacité de déterminer à qui prêter ;
- redonner aux grandes entreprises la capacité de déterminer à qui sous-traiter ;
- redonner aux États la capacité de déterminer qui aider (subventions, avances, apports en fonds propres) et qui imposer ;
- redonner aux investisseurs (*private equity* et marché des actions) la capacité à déterminer dans quelle entreprise investir.

La multitude, clef de la valeur

Pour esquisser la formation de la valeur dans l'économie numérique, il nous faut revenir à une approche simple : la fonction de production, la modélisation de ce qu'une entreprise produit. Dans sa version la plus sommaire, une fonction de production combine les deux facteurs de production que sont le capital immobilisé (l'argent investi dans une entreprise) et le travail (la main-d'œuvre employée par une entreprise). Or, chacun de ces deux facteurs présente des particularités dans l'économie numérique.

Le travail, par exemple, a beaucoup évolué :

– ses contours sont de plus en plus flous : le salaire ne rémunère plus une force de travail mesurée en temps, mais toute une personne – son temps, sa sensibilité, sa créativité, ses relations sociales ;

– il occupe une part de plus en plus faible dans la fonction de production, tant la technologie permet des rendements d'échelle élevés. Les ratios nombre d'utilisateurs d'une application / nombre de salariés de l'entreprise atteignent des sommets.

Directement, l'économie numérique crée donc peu d'emplois. Marc Giget juge en termes sévères un modèle « qui ne tient pas ses engagements » : les entreprises de la *Silicon Valley*, fortement valorisées, emploient comparativement peu de collaborateurs – et détruisent même de l'emploi sur le périmètre géographique concerné[10]. Comme l'observait Thomas Friedman en juillet 2011, il serait possible d'installer l'ensemble des employés de Facebook, Twitter, Groupon, Zynga et LinkedIn, soit une valorisation cumulée de près de 170 milliards de dollars à l'époque, dans les 20 000 sièges de Madison Square Garden à New York – et il resterait de la place[11] !

De même, le capital immobilisé ne peut plus entièrement être pensé à travers les catégories traditionnelles :

– son importance est nuancée. Certaines entreprises lèvent des sommes considérables auprès de fonds de capital-risque, puis auprès du public lors d'introductions en bourse. Mais d'autres connaissent le succès avec des mises de fonds dérisoires, réactualisant le mythe de l'entrepreneur dans son « garage » ;

– il est de plus en plus difficile de trouver au capital immobilisé des contreparties à l'actif d'un bilan. L'économie numérique comporte peu d'immobilisations. Les concepts et le design, composantes essentielles du succès d'une application, ne sont pas brevetables. Le code informatique, assimilé à une œuvre de l'esprit, est soumis à un régime proche du droit d'auteur, quand il n'est pas diffusé sous licence libre.

Si le travail déserte le processus de production, si les bilans des entreprises présentent de moins en moins d'actifs immobilisés, la production continue pourtant d'augmenter, la valeur se crée sous nos yeux, les valorisations boursières atteignent des sommets. Pourquoi ? Parce que dans l'économie numérique, les facteurs déterminants de la création de la valeur ne sont plus seulement les facteurs traditionnels de production, le capital et le travail, qui caractérisaient l'« économie réelle », celles des usines et des immobilisations corporelles. Ces facteurs sont majoritairement immatériels et, de plus en plus, *extérieurs aux organisations*.

La voie de la multitude

Dans un article fondateur paru en 1937[12], qui lui valut bien plus tard le prix Nobel, l'économiste Ronald Coase s'interrogeait sur les conditions d'émergence des organisations. À quelles conditions est-il opportun, pour un entrepreneur, de créer une organisation, c'est-à-dire de recruter des collaborateurs plutôt que de sous-traiter à des fournisseurs ? Si le marché est toujours efficient, comme le suggérait la pensée économique de l'époque, alors il est toujours possible d'y trouver les meilleures ressources au meilleur prix, sans qu'il soit nécessaire d'intégrer ces ressources à une organisation.

En réalité, la sous-traitance présente bien souvent un coût supérieur à l'emploi de collaborateurs. Coase met précisément en évidence les nombreux coûts de transaction qu'implique le recours au marché : coûts d'information et de recherche de fournisseurs potentiels, coûts de négociation avec les fournisseurs pressentis, coûts de protection du secret des affaires, coûts du contrôle de l'exécution de la commande. Lorsque ces coûts de transaction sont trop élevés, alors il est préférable de recruter plutôt que de sous-traiter à un fournisseur.

L'économie du contrat de travail vise justement à incorporer tous ces coûts dans un unique contrat et à les rémunérer par la suite de façon pérenne et récurrente par un salaire convenu à l'avance entre les parties. La contrepartie de ce salaire est la subordination – encadrée par le droit du travail – du salarié à son employeur. Cette subordination est caractéristique d'une organisation. Elle oblige le salarié à réserver son temps d'activité à son employeur et à mettre à sa disposition ce que Gary Becker, autre prix Nobel d'économie, a explicité sous l'appellation de « capital humain », « l'ensemble des capacités productives qu'un individu acquiert par accumulation de connaissances générales ou spécifiques[13] ». La notion de capital humain revêt désormais une importance telle dans l'économie, en particulier dans l'économie du développement et dans l'économie des institutions, qu'il est de plus en plus considéré comme un troisième facteur de production, combiné dans la fonction de production avec le travail et le capital immobilisé.

À l'âge de la multitude, l'alternative posée par Ronald Coase est devenue insatisfaisante. Les deux options envisagées dans son article de 1937 sont de recruter des collaborateurs et de sous-traiter à des fournisseurs. La première option consiste à intégrer du capital humain à l'organisation. La seconde consiste à disposer du capital humain d'un fournisseur pendant la durée de l'exécution d'une commande. Dans les deux cas, l'organisation doit payer : un salaire pour un collaborateur, un prix pour un fournisseur. Mais une troisième option ne pouvait être envisagée alors : celle qui consiste, sans qu'un paiement n'intervienne, à disposer du capital humain de clients, d'utilisateurs ou même d'individus n'ayant aucun lien contractuel avec l'entreprise.

L'ensemble des individus pouvant créer de la valeur dans une organisation sans pour autant être employés ou mandatés par cette organisation, c'est ce que nous avons déjà appelé la multitude. La multitude, du point de vue de ces entreprises, est en quelque sorte du capital humain demeuré en dehors de l'organisation et non accessible dans le cadre d'une relation entre un client et son fournisseur. La puissance de la multitude est faite d'intelligence et de créativité. Elle est issue de l'activité cognitive de centaines de millions d'utilisateurs d'applications et de l'infinité d'interactions entre ces centaines de millions d'utilisateurs.

Comme l'écrit Pierre Lévy pour expliciter la notion de virtuel, « si le déroulement d'un programme informatique, purement logique, relève du couple possible/réel, l'interaction entre humains et systèmes informatiques relève de la dialectique du virtuel et de l'actuel. » Dans l'actualisation du virtuel intervient cette dimension imprévisible et difficile à quantifier – cette infinité d'interactions entre une application et la multitude de ses utilisateurs qui, actualisée, fait la valeur dans l'économie numérique.

Dans l'économie numérique, une troisième voie s'offre donc aux organisations pour accéder au capital humain de la multitude : ni recruter, ni sous-traiter, mais définir une stratégie adéquate de captation de sa puissance – et se doter des moyens de cette stratégie. Capter la puissance de la multitude, c'est l'option privilégiée par les géants de l'économie numérique. Google ou Facebook par exemple, ne vivent quasiment que des traces de nos activités. Sans l'établissement de liens hypertextes par les internautes, plus de moteur de recherche. Sans nos petites conversations quotidiennes entre amis, plus de *social network*. Dans les modèles économiques de ces entreprises, la valeur est déterminée par l'engagement de la multitude, qui submerge les facteurs traditionnels de production, le travail et le capital immobilisé.

En d'autres termes, l'essentiel de la valeur est désormais déterminé par quelque chose qui n'est ni le capital, ni le travail, mais plutôt, pour reprendre l'image du vol de moineaux, cette alchimie liée à ce que les moineaux qui s'abattent sur un arbre réalisent sur celui-ci. Dans la fonction de production s'incorpore traditionnellement du progrès technique – et c'est ainsi que nous avons lu jusqu'ici la contribution du numérique à la croissance. Mais le progrès technique n'est rien en comparaison de la puissance de la multitude. L'économie numérique ne se développe pas tant grâce au progrès technique que grâce à la puissance de la multitude. Les gagnants de cette économie ne sont pas ceux qui réalisent les plus belles prouesses technologiques, mais ceux qui mettent au point les stratégies les plus performantes de captation de cette puissance.

Quelque chose a donc changé dans l'ordre de la valeur des biens, des services et des individus. Ce changement n'a pas annihilé les anciennes dimensions de l'économie. Simplement, une nouvelle dimension de la valeur semble s'y être ajoutée. Dans cette nouvelle dimension, les stratégies ne peuvent consister ni à faire rentrer la multitude dans les organisations, ni à la transformer en un fournisseur rémunéré en contrepartie d'une prestation. Elles doivent viser à incorporer des moyens de capter la puissance d'innovation et de création de la multitude, si possible ses contributions spontanées[14].

La multitude représente donc la ligne de front de la bataille économique après la révolution numérique. Elle est le théâtre de l'affrontement le plus intense, sans doute le plus chargé en conséquences économiques et sociales.

La multitude est désormais la principale externalité positive

Dans une fonction de production, les facteurs de production se combinent avec ce que les économistes appellent la « productivité globale des facteurs », sorte de « tiers facteur » qui reflète, si l'on peut dire, *tout le reste*. Ce « tiers facteur » se conjugue en théorie avec la notion de capital humain. Mais, pour l'essentiel, on y trouve ce qui, depuis l'extérieur de l'entreprise, influe favorablement sur la valeur qu'elle crée en élevant sa productivité.

Derrière la productivité globale des facteurs, il y a les infrastructures de transport, le système d'enseignement supérieur, la fiscalité, la régulation des relations entre clients et fournisseurs – bref, tout ce qui, indépendamment de l'entreprise, détermine les conditions de son activité et, sans contrepartie directe de sa part, l'aide à créer plus de valeur. Une organisation est d'autant plus productive qu'elle est favorisée par l'action de tiers sans avoir pour autant à les rémunérer. La théorie économique appelle ces situations des *externalités positives*.

La théorisation économique du phénomène des externalités positives date de la fable de l'apiculteur et de l'arboriculteur, contée en 1952 par l'économiste James Meade. Elle met en scène un apiculteur installant ses ruches à proximité du verger de l'arboriculteur. Meade met en évidence un bénéfice mutuel qui ne peut, selon lui, faire l'objet d'une transaction de marché : grâce à la proximité du verger, l'apiculteur produit un miel de meilleure qualité qu'il pourra vendre à un meilleur prix ; grâce à la proximité des ruches, l'arboriculteur profite de la pollinisation de ses arbres, ce qui améliore son rendement sans nécessité de recourir à des méthodes de fertilisation manuelles ou chimiques. Chacun des deux acteurs en présence a généré une externalité positive pour l'autre, sans être rémunéré pour cela.

Aujourd'hui, l'illustration la plus utilisée pour expliquer les externalités positives est l'infrastructure : le pont, la route, le réseau de transports, l'équipement sportif ou culturel. Chacun conçoit aisément que la valeur créée par un tel équipement dépasse largement son coût de production, voire la valeur payée par ses utilisateurs. Une infrastructure facilite le trajet des travailleurs de leur domicile à leur travail, l'acheminement des marchandises nécessaires à la production, l'attraction de personnes susceptibles de devenir des clients des commerces établis à proximité. Des immenses ouvrages d'art construits par la Tennessee Valley Authority à l'époque du *New Deal* jusqu'au pont de Normandie ou au viaduc de Millau, les grandes infrastructures ont sensibilisé le public à la puissance des externalités positives et transmis cette leçon bien simple : la valeur ne se fonde pas seulement sur les facteurs de production combinés par une entreprise en son sein – elle tient aussi à ce qu'il y a en dehors de l'entreprise et qui l'environne.

Le magazine *The Economist* le rappelait en évoquant le souvenir du Hoover Dam, le plus grand barrage jamais construit sur un fleuve aux États-Unis :

> Le Hoover Dam a changé la géographie humaine de l'Amérique, attirant des dizaines de millions de personnes dans un Ouest aride qui, sans cela, serait demeuré sauvage. De façon improbable, le fait que le fleuve Colorado ne suffise plus à étancher la soif de métropoles telles que Phoenix, Los Angeles et San Diego est en soi un témoignage du succès du barrage[15].

Toujours considérable, la valeur que créent les grandes infrastructures de transport n'est probablement rien en comparaison de celle qui naît des externalités positives propres à l'économie numérique.

Si certains s'organisent pour capter le plus possible de la valeur créée par les activités spontanées des internautes, c'est aussi – et d'abord – parce que le numérique a apporté à un grand nombre de gens ce formidable désir de contribuer – et les moyens de le faire. Il suffit d'allumer un ordinateur pour le constater. En ligne, beaucoup d'internautes, comme les abeilles (ou les moineaux), agissent (et créent de la valeur) gratuitement, pour le plaisir, la compétition ou la beauté du geste.

Souvenons-nous de la naissance de Wikipédia. Peu de gens croyaient qu'un tel projet soit soutenable. Ils s'interrogeaient sur les raisons qui pouvaient pousser des individus à consacrer une telle attention, une telle méticulosité, à rédiger des textes aussi précis et argumentés. En voyant démarrer ce projet, quelques analystes classiques crurent avoir trouvé l'explication. Wikipédia créait un ordre économique de substitution, où la notoriété tenait lieu de rémunération. Le projet se fondait sur une économie classique. Seule la « monnaie » était différente, les auteurs se sentant rémunérés par le prestige attaché à leur contribution. Tout cela était rassurant... sauf que cette explication n'allait pas résister à l'analyse.

Comme l'a souligné Florence Devouard[16], alors présidente de la Wikimedia Foundation, un rapide examen suffit à révéler que presque 80 % des contributions à Wikipédia sont anonymes. Les utilisateurs les plus actifs corrigent les textes, non pour êtres rémunérés, mais parce que les erreurs et approximations leur sont insupportables et que les précisions ou les corrections leur sont agréables. Pour que l'encyclopédie s'améliore. Pour que le monde soit un peu meilleur.

La propension à rendre le monde meilleur, ajoutée à la distribution au plus grand nombre de nouvelles ressources pour agir, a instauré une nouvelle forme de rapports économiques : non l'échange (marchand), non le don (qui appelle toujours une forme de contre-don différé, et n'est donc pas si éloigné que cela des échanges marchands), mais tout simplement la contribution : « Si tout le monde apporte une petite pierre, pourquoi pas moi ? »

Parfois, cette contribution va plus loin. Le mouvement du logiciel libre a donné naissance à une profusion de développements, dont certains figurent parmi les infrastructures les plus essentielles à Internet (le système d'exploitation Linux, les serveurs Apache, le navigateur Firefox, etc.). Certains développeurs de logiciels libres sont des entrepreneurs ayant fait fortune en choisissant un modèle fondé sur le service plus que sur l'accumulation de propriété intellectuelle. Mais d'autres ne recherchent aucune rémunération. Ils sont tout simplement animés du désir de participer à une belle démarche collective, de contribuer à l'amélioration d'un code informatique, de rendre service à l'humanité ou de desserrer l'étau de monopoles naissants.

Ainsi, dans l'économie numérique, la valeur des entreprises est-elle en grande partie créée par les utilisateurs *via* des effets réseaux (Facebook), l'apprentissage des algorithmes (Google), le partage d'informations (TripAdvisor), la valorisation des traces d'utilisation (BitLy), la connaissance des compétences réelles des élèves (Coursera) – beaucoup plus que par des salariés ou des fournisseurs. Les utilisateurs sont ici l'équivalent des abeilles. Ce ne sont pas des spectateurs passifs cibles de publicités. Ce ne sont pas des auxiliaires rémunérés. Ce sont des contributeurs volontaires qui créent de la valeur à la fois parce qu'ils en ont le désir, parce que c'est devenu plus facile grâce aux technologies numériques et parce qu'une application leur a inspiré la possibilité de le faire. Seth Godin en rend bien compte sur son blog :

> Les idées se propagent quand les gens choisissent de les propager. Voici quelques exemples :
> Je propage votre idée parce ce que cela me fait me sentir généreux.
> ... parce que je me sens malin en partageant avec d'autres ce que j'ai découvert.
> ... parce que je m'intéresse aux conséquences et que je veux votre réussite (ou celle du créateur de l'idée).
> ... parce que je n'ai pas le choix. Chaque fois que j'utilise votre produit, j'en propage l'idée (Hotmail, l'iPad, un tatouage).
> ... parce que j'en tire un avantage financier direct (affiliation à Amazon).
> ... parce que cette idée est drôle et que rire seul n'est pas amusant.
> ... parce que je suis seul et qu'en partageant une idée je règle ce problème, au moins pour un instant.
> ... parce que je suis en colère et que je veux enrôler d'autres personnes dans ma révolte (ou vous mettre à terre).
> ... parce que mes amis et moi en tirerons bénéfice si je partage l'idée (Groupon).
> ... parce que vous me l'avez demandé et qu'il est difficile de vous dire non.
> ... parce que je peux utiliser l'idée pour faire se rencontrer des gens et qu'organiser ces rencontres est à la fois amusant et le moyen le plus rapide de créer des liens.
> ... parce que votre service marche mieux si tous mes amis l'utilisent (email, Facebook).
> ... parce que si tout le monde partage cette idée, je me sentirai plus heureux.
> ... parce que votre idée dit quelque chose que j'ai du mal à exprimer directement (alcooliques anonymes, un billet de blog, un livre).

> ... parce que quelqu'un m'est cher et que cette idée le rendra plus heureux ou en meilleure santé.
> ... parce que c'est marrant de faire ricaner un autre ado avec des trucs lascifs que nous ne sommes pas censés regarder.
> ... parce que ma tribu doit être mise au courant si nous voulons éviter une agression extérieure.
> ... parce que c'est mon travail.
> Je partage votre idée parce que je suis ébloui par votre art et que la seule manière de vous en remercier est de le partager avec d'autres[17].

Notons que « parce que c'est mon travail » et « parce que j'en tire un avantage financier direct » ne sont que deux options parmi les vingt évoquées par Seth Godin. Toutes les autres sont des formes de contributions gratuites d'un utilisateur à un effort global de création de valeur, sans que l'action particulière soit rémunérée dans le cadre d'une convention ou d'un contrat de travail.

Irrépressiblement gentils[18] comme le sont la majorité des internautes, sommes-nous en passe de devenir les auxiliaires bénévoles des grandes entreprises prédatrices, nous les utilisateurs, artistes, journalistes, etc. ? On sent bien que tel est le projet de certains de ces géants – et qu'il y a derrière tout cela une rationalité économique.

Même si cette stratégie a donné naissance à des applications fabuleuses, elle n'est pas seulement une bonne nouvelle. Nous sommes entrés dans un cycle économique où la libre activité des humains, leurs échanges, leurs relations sociales sont ingérés et métabolisés par la sphère économique à un degré jamais atteint. Une lecture optimiste se réjouira de ce monde de pair-à-pair, qui libère la puissance créative des individus et clôt une séquence économique fondée sur la passivité des consommateurs. Une lecture pessimiste s'inquiétera de cette captation de la créativité, de l'identité, voire de l'intimité des mêmes individus. Il est en tout cas essentiel de cerner le nouvel ordre économique qui s'instaure, pour mieux y identifier les ressorts de la création de valeur.

La multitude soutient une économie de la contribution

Les externalités qui résultent de l'activité d'une multitude d'agents économiques indépendants des organisations peuvent être partiellement réinternalisées par ces organisations, c'est-à-dire mesurées et rémunérées.

Au sens strict, le *broadcast*, qui monétise le fameux « temps de cerveau disponible » sous forme de recettes publicitaires, est une première forme d'internalisation. D'où la maxime de ses détracteurs « si le service est gratuit, c'est que tu es le produit à vendre ». De même, une part de l'économie collaborative, chez Airbnb ou BlaBlaCar, monétise explicitement ces échanges spontanés.

L'affiliation est un autre exemple. Des opérateurs d'applications d'audience dirigent du trafic vers des applications marchandes pour y générer des ventes et sont rémunérés à la commission sur les ventes qu'ils suscitent. Dans certains cas – c'est le modèle du *cashback* – l'opérateur de cette application va partager la commission d'affiliation avec l'acheteur, utilisateur de l'application marchande. Dans le même esprit, la valeur que créent certains *blogueurs* influents en mobilisant leur audience et notamment en orientant les décisions d'achat est parfois réinternalisée par des « arrangements » entre *blogueurs* et annonceurs, qui conduisent les seconds à rémunérer les premiers d'une manière ou d'une autre.

Il n'y a rien d'étonnant dans cet effort de réinternalisation des externalités. Ce qui commence comme une externalité se réinternalise peu à peu au fil de la prise de conscience des agents. L'économiste Steven Cheung l'a montré dès 1973[19] en ce qui concerne les apiculteurs et les arboriculteurs, invalidant l'illustration classique du phénomène des externalités proposée par James Meade. Étudiant sur le terrain l'économie de l'apiculture dans l'État de Washington, Cheung a mis en évidence que, loin de s'établir au hasard, les apiculteurs vendaient aux arboriculteurs la proximité de leurs ruches à un prix fixé par le marché.

Mais ces exemples ne doivent pas dissimuler la difficulté à objectiver la valeur dès lors que sa création repose sur la multitude. Dans la majorité des cas, en effet, la valeur ne peut ni être décrite dans les cadres traditionnels de la propriété intellectuelle, ni faire l'objet d'une relation contractuelle éclairée.

De plus, avec le numérique, les individus qui composent la multitude sont désormais connectés dans tous les aspects de leur vie. Grâce au numérique, la valeur créée par la multitude est détectée, révélée, captée, fertilisée, démultipliée, reproduite à plus grande échelle. Avec le numérique, qui met entre les mains de trois milliards d'êtres humains une puissance technologique considérable, les rapports sociaux sont instrumentalisés d'une manière infiniment plus large que dans l'économie traditionnelle, rendant encore plus vain tout effort de réinternalisation, dans un sens ou un autre, des externalités issues de la multitude.

Quelle est la valeur d'une contribution spontanée de l'utilisateur d'une application ? Quelle est la valeur de l'application qui a inspiré, facilité, révélé, démultiplié cette contribution spontanée ? L'individu doit-il payer l'organisation qui opère l'application parce que celle-ci lui a permis d'être plus créatif et plus innovant ? L'organisation doit-elle payer l'utilisateur de son application parce que celui-ci l'a autorisée à capter la valeur de sa contribution spontanée ? Faut-il considérer désormais que « si tu peux agir librement, tu es l'ouvrier » ? La notion d'*économie de contribution* naît de l'impossibilité à toujours assigner une valeur. Et dans les relations complexes entre les organisations et la multitude, cette difficulté existe dans les deux sens.

Dans un sens, il est difficile pour les organisations de *rémunérer systématiquement l'activité de la multitude.* Si l'on tentait de le faire, on détruirait en effet instantanément la valeur qu'elle crée. Car ce que les individus font pour la beauté du geste, ils refusent en général de le faire pour de l'argent. On reconnaît là l'impossibilité structurelle à concilier les normes sociales et les normes du marché[20]. Cela vaut également dans le cadre professionnel. Ainsi d'un phénomène bien connu des professionnels du management : une prime à la performance en complément du salaire motive ceux qui travaillent pour l'argent... et démotive les autres. La productivité des uns s'élève tandis que celle des autres s'effondre. Bien souvent, on dépense plus pour, *in fine*, créer moins de valeur.

Bien sûr, des conditions générales d'utilisation explicitent souvent que la valeur créée par l'utilisateur d'une application ne donne lieu à aucune contrepartie financière – suggérant du même coup qu'une telle contrepartie *aurait pu exister*. Mais la plupart des utilisateurs ne lisent pas ces indigestes conditions générales d'utilisation. Heureusement, d'ailleurs : la *révélation* même de la valeur créée, même sans rémunération, peut décourager la contribution. En ont témoigné, rétrospectivement, les réactions indignées à la valorisation du *Huffington Post* suite à son acquisition par AOL ou, plusieurs années auparavant, l'acquisition par Amazon d'Internet Movie DataBase (IMDB), première base de données collaborative sur le cinéma.

Dans l'autre sens, il est tout aussi difficile de *faire payer la multitude* lorsque son activité spontanée a été facilitée par les organisations.

La crise profonde de l'industrie musicale trouve son origine dans cette difficulté. Les individus qui échangent des fichiers musicaux considèrent l'utilisation des réseaux de pair à pair comme une activité contributive, caractéristique de la multitude. L'industrie musicale y voit plutôt un service qu'elle rend – ou pourrait rendre – en mettant à disposition des reproductions d'enregistrements sonores. Elle attend donc une rémunération pour ce service et, faute de consentement à cette rémunération, s'efforce *d'empêcher la multitude :* par l'attachement aux fichiers musicaux de verrous technologiques, dits *Digital Rights Management* (DRM), censés empêcher leur reproduction ou leur partage, ou par un lobbying actif en faveur de mesures de la part des pouvoirs publics afin de lutter contre le piratage[21].

La difficulté à mesurer et à allouer la valeur créée respectivement par les organisations et par la multitude explique que l'économie numérique représente un défi pour le capitalisme. L'histoire du capitalisme, c'est celle de la captation, de l'organisation puis de la valorisation de la force physique et du savoir des humains, auxquels les entreprises assignent une valeur. Ayant remplacé ou capté la force physique des humains, les stratégies industrielles ont visé à incorporer le maximum de cognitif et le savoir dans les processus de production. C'est ce qui explique l'importance accordée à la propriété intellectuelle dans cette première phase et le considérable raidissement sur ces questions que l'on observe depuis les années 1980, c'est-à-dire depuis que le modèle vacille[22].

Aujourd'hui, tout change. L'enjeu réside désormais dans cette troisième voie que constitue la captation de la puissance d'innovation et de création de la multitude. Or la valorisation explicite de cette captation représente une difficulté souvent insurmontable.

Un brouillage des frontières entre marchand et non-marchand

Dans les débats autour de l'économie numérique, beaucoup voient dans l'économie de la contribution un usage qu'il faudrait isoler pour le protéger de toute recherche de gains. Suivant cette vision des choses, le monde marchand devrait se concentrer sur les activités rémunérant ceux qui y contribuent. Dans un monde parallèle, celui du non-marchand, s'épanouirait l'activité spontanée et désintéressée de la multitude.

Le problème est qu'il est impossible, dans notre vie quotidienne comme dans l'économie, de tracer une séparation nette entre le marchand et le non-marchand. Napster, application pionnière du partage de musique de pair à pair, est souvent considérée comme une application non-marchande. Mais, à bien des égards, le marchand n'a jamais été loin. Pour utiliser Napster, il fallait avoir *acheté* un ordinateur et *souscrit* à un abonnement à Internet. Pour opérer Napster, il fallait avoir levé suffisamment de capital auprès de fonds de capital-risque, en échange d'une promesse de retour sur investissement. Pour imaginer Napster, il fallait la vision de trois entrepreneurs, Shawn Fanning, John Fanning et Sean Parker, dont le projet n'était pas de faire triompher le non-marchand, mais de démontrer que l'industrie musicale pouvait réinventer son modèle économique et asseoir ses revenus sur les échanges entre fans de musique plus que sur les ventes de disques.

Postuler une opposition entre le marchand et le non-marchand, c'est refuser un rapport de force entre organisation et multitude qui est, en soi, créateur de valeur. Enfermer la multitude dans une enclave, c'est l'empêcher de fertiliser une économie de la contribution créatrice de valeur pour l'ensemble de la société.

C'est aussi renoncer à ce que la multitude s'empare de sa puissance, révélée par le numérique, pour reconquérir plus d'autonomie par rapport aux organisations. André Gorz distinguait la sphère de l'hétéronomie, qui comprend le travail socialement nécessaire, et la sphère de l'autonomie, où se développe la libre activité, individuelle ou collective, de chacun. Ensemble, ces deux sphères constituent la vie sociale. Et comme l'explique André Gorz, l'autonomie peut gagner du terrain sur l'hétéronomie :

> L'hétéronomie ne peut, dans une société complexe, être complètement supprimée au profit de l'autonomie. Mais à l'intérieur de la sphère de l'hétéronomie, les tâches, sans cesser d'être nécessairement spécialisées et fonctionnelles, peuvent être requalifiées, recomposées, diversifiées, de manière à offrir une plus grande autonomie au sein de l'hétéronomie [...]. Il ne faut pas imaginer une opposition tranchée entre activités

autonomes et travail hétéronome, sphère de la liberté et sphère de la nécessité. Celle-là retentit sur celle-ci mais sans jamais pouvoir la résorber[23].

Le déchaînement de la puissance de la multitude, débordement de la sphère de l'hétéronomie par celle de l'autonomie, se produit sous nos yeux pour le meilleur et pour le pire. Le meilleur, ce serait un monde plus créatif, plus équitable, donnant plus de possibilité d'agir au plus grand nombre, dans lequel les organisations captent une puissance démultipliée pour créer de la valeur redistribuée à tous. Le pire, ce serait l'aliénation de l'intimité elle-même, un effacement radical des progrès que le capitalisme a apportés à l'humanité.

Le meilleur ou le pire : cette incertitude ne sera pas levée par l'issue d'un affrontement entre le marchand et le non-marchand. Laurent Gille[24] a montré comment l'économie numérique reprenait spontanément certains principes de l'ordre prémarchand. Lorsqu'ils s'activent dans la sphère de l'autonomie, les individus ne créent pas de valeur en échange d'une rémunération monétaire. Les seules contreparties qu'ils attendent sont précisément non monétaires : de la valorisation, des insignes d'honneur, de la notoriété, de l'influence, de l'intégration sociale, le sentiment de sa propre utilité, le plaisir de participer à l'œuvre ou la satisfaction du travail bien fait. L'économie de la contribution, la valorisation de statuts, l'organisation de la circulation des choses, l'essor de formes parfois sauvages de contrôle social : tous ces aspects de la « culture numérique » ont tôt fait d'évoquer les sociétés primitives et de résonner de manière familière pour l'anthropologue.

On le voit, le retour à l'ordre prémarchand est pour le moins ambivalent :

– C'est un retour à une forme de consécration de l'inégalité. L'Antiquité ou le Moyen Âge occidental accordaient beaucoup plus de valeur aux personnes qu'aux objets. L'ordre

non-marchand méconnaissait l'équivalence par l'argent : on s'y intéressait moins à la valeur des choses qu'au rang et à la qualité des individus. Le contrôle social des désirs et des échanges était extrême, tant la possession, la thésaurisation et l'avidité constituaient une menace pour l'ordre social. Paradoxalement, il en résultait une inégalité marquée entre les individus, enfermés dans des ordres sociaux rigides.
– C'est un univers d'*hubris*. Dans son essai *Colère et temps*[25], Peter Sloterdijk classe les pulsions humaines en deux familles. Les pulsions « érotiques » se fondent sur l'impression d'un manque qui pourrait être assouvi : le désir, l'avidité, la possession, exprimés par le chiffre et par l'image, sont les pulsions érotiques les plus répandues. Les pulsions « thymotiques » relèvent quant à elles plus de l'*hubris* : la colère, l'orgueil, la fierté, exprimés avant tout dans le verbe. Selon Sloterdijk, les pulsions thymotiques sont le principal moteur de l'histoire humaine dont elles expliquent les soubresauts et la violence parfois meurtrière. La puissance de la multitude, révélée par l'économie de la contribution, est un retour de ces pulsions thymotiques au sein d'une économie qui, jusqu'ici, était parvenue à les réduire ou à les contenir. La multitude détient une puissance de création. Elle recèle aussi un potentiel de destruction qui peut s'exercer pour le meilleur comme pour le pire.

Bien des incompréhensions suscitées par le numérique prennent un sens nouveau si on les analyse à l'aune de cet affrontement entre deux régimes, deux systèmes, deux ordres : le marchand et le non-marchand, le capitalisme et l'archéocapitalisme. Aucun de ces deux régimes ne va l'emporter sur l'autre, mais une nouvelle articulation entre eux va devoir être ordonnée – entre, d'un côté, un régime qui produit de la considération et du rang et, de l'autre, un régime qui produit de l'utilité et de la valeur. Grâce au numérique, le non-marchand fait irruption dans l'économie, jusqu'à la submerger. Mais l'enjeu n'est ni de faire triompher le non-marchand sur le marchand, ni de le forcer à se plier à tout prix aux règles du marchand, ni même de protéger le non-marchand en l'enfermant dans une enclave. L'enjeu est la recherche d'une combinaison dynamique entre les deux régimes, dans une situation inédite où le marché n'est plus une entité isolée, mais l'un des périmètres que traversent les flux issus de l'activité de la multitude.

Jusqu'ici, l'économie avait travaillé sur une triple réduction de la valeur : réduction des rapports humains à ce qui est fongible, le reste étant tabou et non négociable ; réduction du travail à ce qui s'aliène, l'analyse de cette aliénation fondant la théorie marxiste ; réduction, enfin, de l'économie à ce qui se mesure. Peut-être le marché, qui a toujours fait la preuve de son efficacité pour récupérer ce qui le conteste, reprendra-t-il ses droits dans le monde numérique et parviendra-t-il à réduire à nouveau la valeur suivant une ligne de partage légèrement déplacée.

Mais cette communauté mondiale, qui enjambe les nations, riche de symboles, d'avatars, de nouvelles stratégies d'alliance, de confiance, de nouvelles pratiques collectives et de nouvelles formes de contrôle social, est peut-être en train de rechercher un nouvel équilibre, une autre manière de tracer la ligne entre ce qui s'échange et ce qui ne s'échange pas, entre ce qui se négocie par contrat et ce qui ne peut pas être contractualisé, entre ce qui se négocie et ce qui est non négociable.

Nouvelles stratégies, nouveaux actifs

Une part importante de la valeur d'une entreprise est immobilisée sous forme d'actifs, qui se rattachent à quelques catégories bien identifiées : les terrains, les immeubles, les outils de production et les actifs immatériels.

Les marques, les brevets, les droits d'auteur ou droits voisins sont des actifs immobilisés immatériels. Ils sont identifiables, isolables, imputables en comptabilité par une démarche de valorisation (un titre de propriété intellectuelle tel qu'un brevet ou un droit d'auteur) ou par une appropriation résultant d'une relation contractuelle de travail ou de sous-traitance. Les contrats, les titres de propriété intellectuelle, la comptabilité viennent objectiver la valeur et rendent ces biens commensurables, comparables à des biens matériels, valorisables dans un bilan en tant qu'actif immobilisé.

Bien appréhendés par la comptabilité, ces actifs immatériels sont aujourd'hui considérés comme le cœur de la nouvelle « économie de l'immatériel ». Après plusieurs décennies de maturation dans la comptabilité des entreprises, le rapport Lévy-Jouyet[26] leur a donné leurs lettres de noblesse. En particulier, la création d'une agence pour la valorisation du patrimoine immatériel de l'État[27], et probablement une partie du mouvement d'ouverture des données publiques (*open data*)[28], résultent de la prise de conscience de la valeur de ces actifs immatériels par la puissance publique.

Mais ces actifs immatériels n'englobent pas ce qui détermine pourtant l'essentiel de la valeur d'une entreprise dans l'économie numérique : sa capacité à capter l'externalité positive que constitue la puissance de la multitude. Bien sûr, il peut y avoir dans cette faculté l'attractivité d'une marque – déposée et protégée – ou la puissance d'un algorithme – breveté ou soumis au secret industriel. Mais la faculté de capter la puissance de la multitude tient aussi à maints éléments qui échappent à la propriété intellectuelle : le design réussi d'une application, la capacité à l'itérer, la position dominante sur un marché, la sensitivité, l'ouverture d'une plateforme logicielle – c'est-à-dire la possibilité, pour des développeurs d'applications, de s'emparer de ses ressources à des fins d'hybridation.

Au début de l'année 2015, l'*App Store* permet aux détenteurs d'iPhone de télécharger plus d'un million d'applications payantes ou gratuites. Si chacune de ces applications a exigé une durée moyenne de développement de six mois, ce sont donc plus de

500 000 « années.hommes » de développement qui sont ainsi proposées au public. Pour les rémunérer, il aurait probablement fallu investir une dizaine de milliards de dollars !

La société Apple prélève 30 % des recettes réalisées par l'exploitation de ces applications. En contrepartie, elle propose un référencement, une visibilité, des outils de monétisation et surtout un accès potentiel aux dizaines de millions de détenteurs de ses produits. Tout le monde gagne à cet échange : les développeurs, qui monétisent leurs applications, démontrent leur savoir-faire ou réutilisent leur code par ailleurs, et surtout Apple, qui s'approprie 30 % du chiffre d'affaires, rémunérant un investissement qu'elle n'a pas réalisé elle-même. Pour Apple, la vente d'applications est plus rentable que la vente d'iPhones.

En transformant un téléphone révolutionnaire en plateforme d'applications, Apple, société connue pour ses systèmes fermés et propriétaires, est entrée spectaculairement dans l'économie de la contribution. Ce succès prouve qu'il est possible, dans cette nouvelle donne, de déployer une stratégie efficace. De nombreuses organisations continuent à créer de la valeur dans l'exercice de leur métier traditionnel. Il leur faut simplement apprendre à l'actualiser dans ce nouveau contexte. De plus en plus découplée des facteurs traditionnels de production, la valeur n'est plus celle à laquelle elles sont accoutumées. Elle bouleverse les vieilles industries, qui tentent désespérément de maintenir les catégories de création de valeur auxquelles elles sont habituées. Elle défie la souveraineté des États, qui peinent à appréhender ces formes de création de valeur, que ce soit pour la soutenir ou pour prélever des impôts sur elle. Elle sous-tend les stratégies des géants du numérique, qui étendent cette nouvelle conception de la valeur à tous les aspects de la vie quotidienne.

Devant cette révélation de la puissance de la multitude, l'économie voit apparaître une nouvelle catégorie d'actifs immatériels et peut donc concevoir de nouvelles stratégies. Quatre approches nous semblent particulièrement prometteuses.

Capter l'activité de la multitude

Dans une économie où l'innovation est majoritairement à l'extérieur des organisations, la vie même des individus, avec son pendant numérique, représente l'une des principales externalités dans lesquelles puisent – quasiment gratuitement – les géants d'Internet. Dans ce monde dense en désir et en puissance d'agir, une masse d'œuvres et de contenus, d'échanges, de liens, de données, de bribes de logiciels est créée, en permanence, par des acteurs ne poursuivant aucun but lucratif. Ces ressources considérables ne se limitent pas à l'activité créatrice consciente des individus. Elles englobent même les empreintes de leurs existences. Désormais, l'enjeu consiste à se positionner pour profiter de l'activité, de la créativité et la mobilisation de milliards d'internautes.

Il n'est pas toujours facile de prendre la mesure de cette révolution qui nous contraint à redéfinir en profondeur ce que sont la vie privée, la défense des droits humains et l'activité économique. Songeons simplement à la puissance que recèlent les *sponsored stories* de Facebook, ces liens mis en avant parce qu'ils ont été « aimés » par nos amis. Songeons au fait que 60 % des films visionnés *via* l'application NetFlix proviennent de son moteur de recommandation. De plus en plus d'automobiles intègrent une électronique embarquée qui capte toute l'activité du véhicule, d'abord pour personnaliser la maintenance, mais aussi pour autoriser, sous peu, la développement de nouveaux services personnalisés autour du véhicule.

Les stratégies de ces entreprises sont fondées sur leur capacité à connaître le comportement de leurs utilisateurs, puis à l'interpréter pour leur proposer un service plus personnalisé et correspondant mieux à leurs aspirations. Elles se répandent à mesure qu'Internet devient le réceptacle d'une empreinte presque exhaustive de toutes les activités humaines :

– Les œuvres, commentaires ou *tweets* que nous livrons consciemment dans notre utilisation quotidienne des applications numériques représentent à eux seuls une considérable masse d'informations. Leur puissance est démultipliée depuis qu'ils sont liés à des données relationnelles au sein des plateformes de *social networking* (Facebook, Twitter, LinkedIn) et dans toutes les applications qui – souvent en s'appuyant sur ces plateformes – se sont dotées d'une dimension communautaire (*social*).

– Les traces que nous laissons en utilisant des applications sont également une mine d'or pour qui peut y accéder : « scripts de *login* » sur les différents serveurs du monde entier, trafic retracé par Cisco et les autres équipementiers qui font vivre le réseau, *cookies*[29] utilisés par exemple par Criteo[30] pour présenter à un internaute une publicité vantant les mérites d'un produit dont il a antérieurement consulté la fiche sur un site marchand, données recueillies par les balances Withings qui permettent d'envisager de nouveaux services de santé.

– De façon moins visible, toutes ces données peuvent être complétées par d'autres traces d'activités, plus ou moins contrôlées suivant les législations nationales des différents pays : déplacements physiques repérés par les trajectoires des téléphones portables ou points de paiement par carte bancaire.

– Le mouvement de libération des données publiques ajoute à ces données un grand nombre d'informations statistiques et anonymes, mais susceptibles de compléter et d'améliorer les modèles en question : une carte en temps réel de la pollution urbaine, des « accidents à la personne », des horaires réels du train express régional, des lits disponibles à l'hôpital ou de la consommation électrique peut contribuer à améliorer le service rendu par maintes applications.

– Enfin, le développement de l'« Internet des objets » contribue à déployer un réseau de plus en plus dense d'objets marqués par des puces à communication sans contact[31]. Coordonnées avec ces dernières données, les empreintes des activités humaines sont rapidement intégrées dans une masse d'informations encore plus précises, contextualisées et utiles aux analystes.

En 2010, on estime ainsi que plus d'un zettabyte de données supplémentaires a été ajouté au réseau Internet. Un zettabyte, c'est plus de mille milliards de terabytes : un million de fois plus que tous les mots prononcés par tous les humains depuis l'aube des temps. Pour qui sait les capter et les lire, ces données représentent la source du savoir ultime.

Accompagner la multitude

Dans une économie où l'innovation devient un processus continu et jamais achevé, il est de moins en moins facile de verrouiller sa position, il est de plus en plus nécessaire d'apprendre à conjuguer les forces, à accompagner le mouvement – *mobilis in mobile*. De nombreux aspects de la vie des organisations peuvent désormais être optimisés quasiment en temps réel, ce qui impose une pensée plus systématique que mécanique, plus processuelle qu'organisationnelle. Et l'innovation qui survient à l'extérieur des organisations peut désormais être observée en direct. Elle laisse des traces, on peut la capter, l'intégrer très rapidement à son produit, en capitaliser la valeur, la reproduire à grande échelle. On peut même l'attirer en permanence afin qu'elle converge spontanément vers sa propre entreprise.

Au-delà de la multiplication vertigineuse des données disponibles, les grandes organisations ont désormais la capacité de créer, à très faible coût, les données et les systèmes d'information dont elles auraient rêvé depuis leur création pour optimiser la connaissance de leurs clients et de leurs processus. Il est désormais possible d'analyser tous les tickets de caisse de l'histoire d'un géant de la distribution ou de marquer, avec une puce à communication sans contact, toutes les canettes d'un géant mondial des boissons gazeuses.

En quelques années, le traitement de ces informations a été bouleversé par le développement rapide d'une informatique de traitement de ces données massives : c'est ce que l'on appelle les méga données, ou *big data*. Encore récent, ce mouvement suscite un investissement massif des géants de la nouvelle économie – et d'IBM, qui y voit l'espoir de reconquérir son rang. Il est à l'origine de l'éclosion de nombreuses *start-up*. Il est aussi considéré par beaucoup comme le prochain moteur de croissance économique pour les dix prochaines années. Ainsi, un rapport du McKinsey Global Institute paru en mai 2011[32] annonçait pour 2015 600 milliards de dollars par an de chiffre d'affaires directement issu de l'exploitation des données personnelles géolocalisées ou encore un potentiel d'économies de 300 milliards de dollars par an grâce à une optimisation des processus au sein du système de santé américain.

Déterminées à traiter ses masses de données non structurées au coût le plus faible possible et en temps réel, les entreprises concernées avancent sur plusieurs fronts à la fois :

– elles développent les grands systèmes permettant d'exploiter ces masses de données – d'où l'importance du *cloud computing*, seule option technologique apte à fournir les capacités suffisantes à un coût raisonnable ;
– elles inventent une informatique de traitement parallèle de ces données de masse, avec le *framework* MapReduce issu de la société Google, la technologie de gestion de base de données Hadoop, ou encore la floraison de nouvelles conceptions des bases de données : non relationnelles, en colonnes, en graphe, de flux ;
– enfin, elles mettent au point des standards et des procédures pour faciliter l'interprétation de ces données massives et en faire émerger du sens, avec notamment les enjeux de visualisation.

Avec le mouvement des *big data*, nous entrons dans une « société sans secrets ». Nous n'avons pas pour autant besoin des informations personnelles de uns et des autres pour cerner les réalités économiques et sociales et créer de la valeur. Le savoir statistique et probabiliste qui peut-être construit par l'analyse des traces atteint des niveaux de précision et d'efficacité sans précédent. Pour qui veut définir des règles de communication, planifier l'aménagement du territoire ou conduire une stratégie marketing efficace, il n'est pas nécessaire de suivre les individus un par un : il suffit d'en interpréter les traces agrégées pour en faire émerger du sens et en tirer des conclusions opérationnelles. Il n'est pas non plus nécessaire de tout savoir sur eux pour anticiper leurs actions avec une grande pertinence.

La croissance exponentielle du volume des informations disponibles et leur maniabilité accrue constituent le moteur des stratégies de création de valeur fondées sur l'analyse de comportement de la multitude. Il ne sera plus indispensable d'être un créateur de génie, de disposer de l'intuition d'un grand designer ou de maîtriser une plateforme pour pouvoir jouer avec la puissance disponible chez les individus et dans le corps social. De puissantes stratégies mues par les données (*data driven strategies*), fondées sur cette connaissance exhaustive et en temps réel de ce qui arrive à l'extérieur des entreprises, prennent progressivement le relais de ce mouvement.

Stimuler la multitude

Au-delà du recueil, du stockage et de l'interprétation des données issues de la multitude, il est possible de démultiplier sa puissance, de la stimuler, en lui donnant des choses à faire. Pour cela, la capacité à susciter la contribution, le design des produits, le degré de *hackability* des projets sont des actifs largement aussi importants que l'étaient autrefois la consommation d'énergie ou la résistance de la mécanique.

Le danger, après la révolution numérique, est de retrouver trop vite les réflexes issus des précédentes révolutions industrielles et de chercher la valeur exclusivement dans les positions dominantes, les rendements d'échelle, les verrous de marché, la propriété intellectuelle. Conditionnés par ces réflexes, beaucoup éprouvent une profonde méfiance envers les géants du numérique, soupçonnés d'être les dignes héritiers de la Standard Oil et des autres grands monopoles prédateurs qui ont tant prospéré avant l'élaboration du droit de la concurrence :

- Google, qui exerce un quasi-monopole sur le marché de la recherche et contraint les éditeurs de contenus à déployer des efforts considérables pour améliorer leur référencement ;
- Facebook, qui semble enrôler les internautes du monde entier et concentrer en son sein une part croissante de notre vie sociale ;
- Amazon, ce géant de la vente en ligne, parce qu'on y trouve à peu près tout et que sa puissance de traitement et de stockage lui permet de faire croître sans cesse ses rendements d'échelle ;
- Apple et Microsoft, dont les stratégies d'intégration verticale leur permettent d'exercer un pouvoir de marché considérable sur différents maillons de la chaîne de valeur.

D'autres cherchent à reproduire les stratégies de captation de l'attention caractéristiques de l'économie du *broadcast*, ces médias qui diffusent simultanément la même chose à une audience de masse. Il est vrai que le *broadcast* est déjà une forme de captation de la valeur de la multitude. En publiant des informations intéressantes ou du divertissement, les médias captent l'attention de leur audience et valorisent cette attention pour la vendre à des annonceurs. Mais ils ne captent pas de la puissance, ils captent de la passivité – segmentée, le cas échéant, jusqu'au ciblage individuel dans le marketing direct.

Or, là n'est pas la clef de la création de valeur après la révolution numérique. Dans une économie de la contribution, l'enjeu n'est pas de capter l'attention, mais de donner aux utilisateurs des choses à faire, comme l'a suggéré Pierre Bellanger, président-directeur général de Skyrock, dans une conférence à l'École normale supérieure :

> Dans le monde ancien, on se demande ce que regarde le public, donc on mesure sa passivité. Sur Internet, on ne se demande pas ce que les gens écoutent ou regardent, on se demande ce qu'ils sont en train de faire[33].

En d'autres termes, la valeur se crée là où les gens s'activent, font des choses – et, évidemment, majoritairement en dehors des organisations[34]. Dans une économie de la contribution, la valeur se niche d'abord dans une expérience qui met les utilisateurs dans un état d'esprit propice à la contribution. Bien exécutée, cette expérience utilisateur est simple, valorisante, fluide, rassurante. Elle s'appuie sur des interfaces au design particulièrement réussi. Elle flatte l'intelligence et stimule la créativité des utilisateurs.

Donner des choses à faire, c'est à la fois une proposition de valeur en soi, donc une source de revenus, et une technique de marketing destinée à acquérir ou à fidéliser des utilisateurs en vue d'une proposition de valeur complémentaire. C'est l'origine du modèle *freemium*[35], qui est en passe de devenir le standard de l'industrie du jeu vidéo en ligne.

L'importance de l'expérience utilisateur dans la création de valeur explique que beaucoup d'entreprises en vue dans le numérique ne soient pas des entreprises technologiques. Ni Groupon, leader de l'achat groupé de services, ni Zappos, pionnier de la vente de chaussures en ligne, ne sont des entreprises technologiques à proprement parler. En France, il en va de même avec Eyeka, spécialisée dans la cocréation, AlloCiné, application de référence sur le cinéma, BlaBlaCar, qui organise le partage de véhicules, ou Vente-privee.com, l'une des sociétés les plus emblématiques du numérique en France. Solidement établies sur leurs marchés respectifs, nées avec la révolution numérique, toutes ces sociétés ont davantage innové en matière de design de service que de technologie.

L'importance de l'expérience utilisateur dans la création de valeur explique aussi pourquoi l'Internet mobile est devenu un spectaculaire relais de croissance pour l'ensemble de l'économie. Le mobile est un palier franchi en termes d'expérience utilisateur car, malgré des limites évidentes (taille de l'écran, autonomie de la batterie, dépendance à la couverture réseau), il abat les barrières de l'intimité beaucoup plus que ne le fait un ordinateur. Il est une sorte de raccourci vers l'intimité, une facilité de design, un multiplicateur pour l'investissement de l'intimité que vise toute expérience utilisateur proposée par une application :

- investissement temporel : un *smartphone*, c'est tout le temps avec nous, c'est toujours allumé, ça se manifeste tout seul sans même qu'on le sollicite, jusqu'à nous réveiller la nuit ;
- investissement ergonomique : un *smartphone*, c'est utilisable en station assise, debout, couchée, avec les mains et de plus en plus sans (comme en témoigne l'assistant personnel SIRI) ;
- investissement spatial : un *smartphone*, c'est utilisable en réunion, dans les transports, dans les files d'attente, au lit et ailleurs ;
- investissement individuel : un *smartphone*, ça ne se partage pas, il n'y a qu'un seul utilisateur derrière un téléphone, toujours identifié ;
- investissement sensoriel : un *smartphone* ça s'écoute bien sûr, mais aussi ça se regarde et, de plus en plus, ça se touche.

En résumé, un *smartphone*, ça se « ressent » quasiment comme un organe. Cheval de Troie dans l'intimité de la multitude, le *smartphone* est une spectaculaire promesse de pouvoir mieux capter sa puissance pour créer de la valeur.

L'importance de l'expérience utilisateur dans la création de la valeur explique que le design, le marketing et la communication, disciplines emblématiques de la deuxième révolution industrielle, continuent d'être pertinents après la révolution numérique. Elles ont jadis soutenu le développement économique en investissant la réflexion sur la mode, les marques, le design, l'engagement, l'acceptabilité, le désir. C'est parce que ces notions sont demeurées centrales que les professionnels du marketing exercent une influence considérable dans l'économie numérique – si du moins, comme Seth Godin, ils ont su mettre à niveau leur savoir-faire en intégrant désormais le *permission marketing*, le design comportemental, l'invention de nouveaux codes d'honneur, l'intelligence des rites, la capacité à jouer sur différentes formes de la pression sociale, la compréhension fine des phénomènes de foule, la perception aiguë de l'intimité.

Échanger avec la multitude

Si une combinaison dynamique entre le marchand et le non-marchand est possible, c'est que, même captée par le marchand, la valeur créée dans la sphère de l'autonomie n'échappe pas forcément à ceux qui la créent. Au contraire. L'économie de la contribution est un échange.

Pour bien le concevoir, il faut réaliser que la valeur que nous créons et qui semble nous échapper sans contrepartie dans notre expérience quotidienne du numérique, nous la retrouvons par ailleurs, dans une sorte de grand « donnant-donnant ». Pour quatre raisons, qui suggèrent autant de classes d'actifs et de stratégies pour les entreprises après la révolution numérique.

Un « donnant-donnant » parce que la possibilité d'incorporer un peu de soi-même à un bien ou un service, c'est aussi de la valeur. En quelque sorte, on paie pour le bon accueil fait à ses valeurs, ses idées, sa créativité. Il existe une sorte de transaction qu'il est facile de reconstituer (et qui est à double sens). Comme l'écrivait Antoine Rebiscoul :

> Les entreprises peuvent de moins en moins indexer la valeur d'utilité de leurs biens et services sur leurs coûts de production internes, parce que ce qui fait, de nos jours, la valeur d'utilité d'un bien, c'est l'interaction de ce bien avec le consommateur lui-même. Raison pour laquelle les modèles économiques associables à des forfaits et des abonnements prennent le pas sur l'ensemble des modèles basés sur la seule transaction unitaire. Dit autrement : les biens qui ont le plus de valeur sont ceux qui arrivent sur le marché inachevés, parce qu'ils laissent suffisamment de place à l'inscription de la sensibilité et de la singularité de l'acheteur[36].

Un « donnant-donnant » parce que *tandis que nous rendons service à d'autres, d'autres nous rendent service également*. Il y a dans l'économie de la contribution une forme de gratuité de l'acte – parfois soigneusement imposée par des formes subtiles de contrôle social – qui se retrouve, de façon inattendue, dans la culture d'un réseau par les classes privilégiées[37] ou dans l'impératif de mécénat pour ceux qui ont gagné beaucoup d'argent[38]. Dans maintes situations, le simple fait d'accepter une offre spontanée de service joue un rôle dans la création de puissants rapports d'allégeance. Comme l'observe le journaliste américain Chris Matthews dans un éblouissant manuel de tactique politique, « si vous voulez faire de quelqu'un un ami, laissez-lui vous faire une faveur[39] ».

Nous retrouvons là la dynamique élémentaire de l'économie de la contribution. L'activité spontanée et non rémunérée crée une multitude de rapports d'allégeance et d'amitié, dans lequel tout le monde trouve son compte : ceux qui donnent et ceux qui reçoivent, ceux qui demandent et ceux qui répondent. Ceux qui demandent sont aussi disponibles pour répondre. Ceux qui donnent aujourd'hui recevront demain. Ainsi se bâtit une *communauté* de contributeurs, attirés et fidélisés non par une rémunération monétaire, mais par les liens qui se créent et se renforcent entre eux dans l'intérêt de tous.

Un « donnant-donnant » parce que *l'économie*, de façon empirique, *va continuer à réinternaliser la valeur* au profit des intéressés. Imaginons un monde où l'on ne recrute plus sur le fondement d'un *curriculum vitae,* mais sur celui de l'activité en ligne. Cela ressemble à une intolérable intrusion dans la vie privée. Mais c'est aussi une opportunité de reconnaissance pour les plus originaux et les plus créatifs : « Allez voir les dernières photos que j'ai postées sur FlickR », « Allez voir l'intelligence et l'humour de mes statuts sur Facebook », « Allez parcourir mon book sur Eyeka », « Allez découvrir ce que j'aime sur Pinterest ». Selon cette approche, les supports traditionnels du recrutement – les diplômes, CV et lettres de motivation – passent au second plan et laissent la place à la *timeline* sur Twitter, au *pinboard* sur Pinterest à l'ensemble des traces, des *badges*, des *rankings* et des mesures d'influence stockés ici et là sur Internet. Progressivement, ces données captées et révélées par le numérique deviennent des critères de valorisation qui font sens sur le marché, pour des recruteurs comme pour des clients.

Certains voient dans cette évolution le triomphe de l'inégalité et de la précarité. La qualité d'un blog est en effet un actif plus précaire qu'un diplôme, car son appréciation change avec l'air du temps et des efforts continus sont nécessaires pour la préserver. La notoriété sur Twitter est un défi au principe d'égalité. Certains, qui ont su séduire plusieurs millions d'abonnés, y font la pluie et le beau temps. D'autres s'acharnent pendant des mois pour conquérir un par un les quelques dizaines d'abonnés qui vont enfin leur permettre de se faire entendre. Twitter fonctionne ainsi comme un marché de longue traîne. Comme Chris Anderson[40] en a eu l'intuition, ces marchés bénéficient surtout aux gros *blockbusters,* qui trouvent de nouveaux clients dans les publics attirés par l'abondance de l'offre de petites séries.

Mais la construction et l'exploitation d'une identité plus fidèle à l'autonomie des individus comporte aussi des bienfaits. Les perdants sont les salariés trop dociles. Les gagnants sont les *mavericks* créatifs et dispersés, qui n'hésitent pas à bousculer les choses – parce que c'est ce qu'ils font aujourd'hui à l'extérieur des organisations – et dont les organisations apprennent, progressivement, à reconnaître la valeur.

Un « donnant-donnant », enfin, parce que la captation de la puissance de la multitude débouche sur la mise en place de plateformes qui concentrent la valeur et la remettent à disposition du marché. Par exemple, mon activité quotidienne sur Facebook crée une valeur que capte Facebook pour la mettre à disposition de tiers, les développeurs de maintes applications dans Facebook ou partout ailleurs. Grâce à des données issues de Facebook, ces développeurs vont concevoir et me rendre des services personnalisés et de grande qualité pour beaucoup moins cher que le reste du marché, en me proposant des rencontres, en me recommandant des films à aller voir, en m'assistant dans mes déplacements, en m'aidant à recueillir de bons conseils auprès de mes amis, en me guidant dans le choix de produits d'épargne…

La plateforme Facebook – à ne pas confondre avec l'application Facebook, cette interface qu'utilisent au quotidien ces milliards de personnes – est au fondement de cette économie du donnant-donnant. Elle est l'illustration éclatante de la notion de plateforme, une infrastructure qui capte et stocke la valeur pour la remettre ensuite à la disposition du marché – une plateforme qui constitue un auxiliaire indispensable à l'opération délicate de combinaison dynamique entre le marchand et le non-marchand, entre la sphère de l'hétéronomie et la sphère de l'autonomie.

Dans une économie où l'innovation est accélérée par la baisse des coûts, certaines infrastructures deviennent cruciales, comme un Internet libre et ouvert, l'accessibilité de certaines données ou encore des « infrastructures cognitives » telles que la standardisation et l'interopérabilité de certaines plateformes. La stratégie des entreprises doit composer avec ces nouvelles externalités au moins autant qu'elle s'intéressait auparavant aux infrastructures matérielles.

L'économie s'essaie aujourd'hui à créer de la valeur en exploitant l'énergie même de nos existences. Le temps ne tardera pas où les individus réclameront, en retour, une rétribution pour cette utilisation de leur propre liberté. On sent déjà des traces de cette aspiration dans de nombreux mouvements « hacktivistes », ou dans différents mouvements d'émancipation, comme le *do it yourself*. À n'en pas douter, ce débat risque fort de représenter l'enjeu politique le plus structurant des vingt prochaines années.

IV

Entreprendre après la révolution numérique

Trouver n'est rien. Le difficile est de s'ajouter ce qu'on trouve.

Paul VALÉRY,
« La Soirée avec Monsieur Teste », *Monsieur Teste*

Les effets du progrès technologique ne surgissent jamais là où on les attend. L'économie et la société forment un système complexe, traversé par de puissantes forces d'action, de réaction et de rétroaction : un système cybernétique[1]. Le monde de la multitude est le composé dynamique d'un ensemble d'acteurs hétérogènes qui interagissent, jouent leurs stratégies, défendent leurs intérêts et qui utilisent les propositions des innovateurs comme bon leur semble.

La vision traditionnelle de l'économie numérique repose sur un malentendu car elle méconnaît la mécanique de la diffusion du progrès technologique dans ce système complexe. Elle considère que les spécialistes des technologies numériques sont les mieux placés pour organiser et développer cette économie. Suivant cette vision, les opérateurs de télécommunications, les fournisseurs d'accès à Internet, les sociétés d'édition logicielle devraient être à l'avant-garde de l'économie numérique.

Présent dès l'entrée dans la « nouvelle économie » des années 1990, ce malentendu est à l'origine de bien des échecs industriels : la tentative d'AOL, l'un des premiers fournisseurs d'accès à Internet, pour se diversifier dans les contenus en faisant l'acquisition de Time-Warner ; l'échec de Vivendi dans sa tentative d'intégrer dans un même groupe la téléphonie mobile et la production de musique et de cinéma ; les tentatives toujours avortées des géants du matériel ou du progiciel – les Intel, Sony, Xerox, IBM – pour saisir les courants ascendants de l'innovation. Plus près de nous, l'échec relatif d'Orange, opérateur de télécommunications, à s'implanter comme opérateur d'une chaîne de télévision en témoigne également. Champions technologiques et grands opérateurs d'infrastructures ont presque toujours échoué à se positionner à l'avant-garde du monde hyperfluide. Même IBM, Oracle, HP et autres grandes entreprises d'informatique ne sont pas parvenues à s'imposer comme des acteurs crédibles et incontournables de l'économie numérique – celle que dominent les Google, Facebook, Amazon, Apple et, dans une moindre mesure, Microsoft.

Le même malentendu est à l'origine de l'échec des politiques industrielles sectorielles, qui pensent le numérique comme une filière industrielle semblable aux autres, à l'instar de l'agriculture ou du bâtiment.

Pourquoi ces échecs et ce malentendu ? Parce que la technologie numérique n'est pas à l'avant-garde de la révolution numérique. Loin d'impulser ce mouvement, elle l'a plutôt *libéré* puis, le voyant réussir, s'est mise en position de l'accompagner dans sa croissance exponentielle – répondant à ses sollicitations, relevant ses défis avec toujours plus de capacités et de performances. En d'autres termes, la technologie numérique est nécessaire au développement de l'économie numérique, mais elle n'en est pas le moteur principal.

Apple est la société d'un entrepreneur, Steve Jobs, qui, par la force de sa vision et sa conception radicale du design, a amené un ingénieur, Steve Wozniak, à réaliser le premier ordinateur personnel de l'histoire. Steve Wozniak a quitté Apple très tôt car, si l'on peut dire, Steve Jobs n'avait plus besoin de lui[2] : ayant prouvé qu'un tel projet était possible, disposant désormais des moyens nécessaires pour recruter les meilleurs ingénieurs, il n'a eu de cesse d'asservir la technologie, de la forcer à progresser pour réaliser sa vision, s'appropriant l'architecture logicielle sans pour autant devenir lui-même un technicien du logiciel.

Facebook est la société d'un autre entrepreneur, Mark Zuckerberg, que le monde entier prend pour un informaticien de génie, mais qui possède avant tout une intelligence hors pair du comportement des individus en société. L'affirmation de soi, la soif de reconnaissance, le goût des interactions, la culture de son réseau d'amis ou la recherche de partenaires sont au cœur de l'expérience proposée par Facebook à ses utilisateurs. Mark Zuckerberg a tous les titres pour nous prouver qu'il est bien le porteur de cette vision de l'expérience des utilisateurs de Facebook : à l'université de Harvard, sa majeure (principale matière de spécialisation figurant sur le diplôme) n'était-elle pas la psychologie ? Pas l'*informatique*, mais la *psychologie*.

Quelle que soit la vitesse d'évolution des technologies, la dynamique de l'innovation est ailleurs. Nous avons changé d'ère industrielle, quitté les époques où l'ingénieur, puis le publicitaire, étaient les maîtres, imposaient des produits. Nous sommes entrés dans ce nouveau cycle d'innovation dominé par le design, le travail sur l'expérience utilisateur, la simplification de la complexité, la résonance avec la vibration de la multitude, toutes propriétés qui s'incarnent, non dans des technologies – qui ne font que libérer l'innovation – mais dans des *applications* faites d'expérience et d'interactions. Les applications sont le lieu le plus brûlant de l'innovation car elles constituent l'interface où la technologie, transformée en expérience, rencontre le marché.

Extension du débat entre applications et plateformes

L'économie tout entière est envahie par le numérique, qui se diffuse dans tous les secteurs de l'activité humaine et asservit la technologie aux rêves des innovateurs. Dans ce bouleversement, il n'est pas étonnant de retrouver, dans d'innombrables domaines, la version modernisée d'un débat qui structure l'informatique depuis les années 1970 : l'opposition entre les applications et les plateformes.

L'application, c'est un logiciel ou un service conçu pour un certain usage. Word, Excel, Photoshop, Basecamp ou Google Chrome sont des applications. Une application, c'est une proposition. L'usage d'une application a été pensé par ses concepteurs. Sa valeur d'usage est calculable dans une large mesure et permet de lui attribuer un prix.

La plateforme – bien souvent, au départ, une application – est la ressource qui permet le développement d'autres applications et qui en tire profit. Si elle répond souvent à un besoin repéré par les concepteurs, une plateforme est avant tout une possibilité. Elle est « détournable », « bricolable ». Elle permettra la naissance d'applications que n'avaient même pas imaginé ses concepteurs initiaux. Dans le meilleur des cas, une plateforme – comme le riche sol d'une forêt – devient le terreau de toute une économie, qu'elle rend possible et dont elle s'enrichit. De ce point de vue, Windows est une plateforme informatique couronnée de succès.

En théorie, « une plateforme bat toujours une application[3] » parce qu'elle est quasiment assurée de bénéficier, parmi d'innombrables tentatives, de la meilleure application possible. C'est une forme très élégante de réponse au problème des moineaux qui se poseront sur un arbre encore indéterminé : acheter toute la forêt ! Mais il faut aussi se souvenir que la valeur d'usage perçue par l'utilisateur est bien souvent du côté des applications et que les plateformes dépendent donc, d'un certain point de vue, de la force de développement de ceux qui les utilisent.

Avec la révolution numérique et son extension à l'ensemble de l'économie, le débat s'est enrichi. Il existe une version moderne de chacune de ces deux stratégies. Toutes deux s'adossent à la puissance de la multitude :

– La version moderne d'une application, c'est une application sensitive, qui profite de la possibilité de mesurer toutes les utilisations qui en sont faites pour l'améliorer et l'aligner avec les pratiques des utilisateurs.
– La version moderne d'une plateforme, c'est de sortir d'une logique de prestation à d'autres entreprises pour travailler directement sur la puissance de la multitude. C'est ce que fait remarquablement Facebook.

Nous avons là un débat central de l'économie numérique. Sa compréhension et la qualité des stratégies qui en résultent sont la clef de l'adaptation de la plupart des entreprises matures à la nouvelle donne.

L'économie des applications – La force des propositions

Dans cette économie où la technologie libère, où les positions institutionnelles sont remises en cause, où la multitude submerge les organisations, l'innovation ne peut plus émaner des seuls bureaux d'études ou des études d'opinion ou de marché. La multitude est une conversation mouvante, passionnante et imprévisible.

Pour s'y faire entendre, il faut désormais des propositions fortes, il faut provoquer l'enthousiasme, susciter l'adhésion. La force du propos, le pouvoir de conviction et d'enthousiasme l'emportent désormais sur la finasserie tactique et l'observation des gens. Rien d'étonnant, de ce fait, à ce que certains entrepreneurs ressemblent à des leaders politiques, à des *rock stars* ou à des aventuriers romanesques. Dans l'économie numérique plus qu'ailleurs, le charisme est un instrument de management et de développement.

Une économie des propositions

Quiconque a déjà assisté à une soirée de présentation de projets d'entreprises sait à quel point les temps ont changé : la plupart du temps, un simple coup d'œil sur l'interface d'une application, *l'apparence* d'un projet, permet de déterminer s'il a une chance de réussir. Non que les qualités esthétiques du concepteur aient une quelconque importance. Mais le projet attentif à l'utilisateur, cherchant à lui simplifier la vie, le projet qui a conscience de la perception qu'il renvoie se distingue dès le premier abord du projet autoritaire qui estime que les utilisateurs n'ont qu'à faire l'effort de comprendre comment il marche et à quoi il sert.

Dans la conception d'applications, le design détient les clefs de la création de valeur. L'intention du designer et sa liberté créative sont le seul moyen de faire écho aux exigences et aux attitudes des consommateurs d'aujourd'hui et de demain. Le geste du designer est devenu indispensable pour entrer dans l'intimité d'utilisateurs occupés à interagir avec le reste de la multitude.

Mais pour cela, il y a deux conditions.

Premièrement, le designer doit impliquer l'utilisateur par une forme d'empathie. « J'essaie toujours de garder l'idée que le designer est l'interface du progrès, entre le progrès et l'humanité », déclarait ainsi Paola Antonelli, chargée du design et de l'architecture au MOMA[4]. Cela impose au designer d'être imprégné de la société, de ses valeurs et de son esthétique pour mieux pouvoir entrer en résonance avec les utilisateurs auxquels il s'adresse. Les designers de Facebook ont eu l'occasion d'expliquer ce qui guidait leur geste : non la recherche d'une qualité graphique, que beaucoup trouvent absente de cette interface, mais la reproduction fidèle, dans l'application, des comportements et des événements de la vie quotidienne[5]. Ainsi l'utilisateur de Facebook, qui y retrouve ses amis et peut interagir avec eux comme il le fait dans la vie de tous les jours, éprouve-t-il un sentiment de familiarité. La résonance qui s'instaure entre l'expérience de la vie et l'expérience sur Facebook est ce qui nous incline à nous sentir à l'aise dans cette expérience, au point de l'assimiler à notre intimité.

Secondement, le designer doit aussi surprendre par une proposition forte, une *grande idée*, comme le fait un artiste qui subjugue et émerveille par son art. Céline a un jour déclaré devant l'œuvre d'un peintre cubiste : « Il fait des choses qu'on ne lui demande pas ». Steve Jobs, qui était viscéralement allergique aux études de marché, affirmait que « ce n'est pas le rôle du client de savoir ce qu'il veut... tant qu'on ne lui a pas montré ». Sans doute les clients d'Apple savaient-ils ce qu'ils voulaient. Mais ils valorisaient plus encore un autre service : celui de les surprendre par des produits qu'ils n'auraient jamais imaginé vouloir – tout simplement parce qu'ils n'auraient pas pu les imaginer.

Parce que le geste du designer consiste à formuler des propositions fortes, il doit rencontrer le minimum de résistance avant de se confronter au marché. Les entreprises doivent donc apprendre à ménager au designer la liberté nécessaire pour proposer et, le cas échéant, expérimenter en situation réelle des propositions fortes, des grandes idées, des expériences radicalement innovantes.

C'est ce que font les innovateurs radicaux. Chez Google, un jour par semaine, les salariés peuvent se consacrer à développer le projet de leur choix. Chez Amazon, des projets conçus par l'organisation pour elle-même servent de ferment aux offres qui sont mises sur le marché. Chez Facebook, ce sont des *hackathons* (événements de plusieurs jours au cours desquels des développeurs se réunissent pour programmer de manière publique et collaborative) qui sont à l'origine de certaines des avancées récentes de la société parmi les plus originales, comme la carte NFC comportant l'identité Facebook du détenteur. Chaque année, chez Cisco, un concours interne d'idées innovantes peut vous propulser à la tête d'une nouvelle *business unit*.

La question stratégique qui se pose est donc celle de l'incorporation du geste du designer dans l'activité des entreprises. « Notre histoire sépare résolument l'art de l'industrie », constate Jean-Louis Fréchin, suggérant combien les organisations sont par nature peu accueillantes pour des activités qui, comme le design, procèdent de la création et sont les auxiliaires indispensables à ce qui est devenu un marché d'offre – un marché où la création de valeur est déterminée avant tout par la force des propositions faites aux consommateurs par les entreprises.

Plusieurs secteurs ont appris à réussir cette incorporation du geste du designer aux organisations : la publicité, les industries créatives, le divertissement, le jeu vidéo. Les enseignants, les chercheurs et les créateurs travaillent également dans un esprit proche de celui du designer. À rebours de tant d'entreprises qui vont jusqu'à vouloir organiser, contrôler et minuter la parole même de celui qui s'adresse à leurs clients (fonctions qu'elles sous-traitent, délocalisent et robotisent à outrance), la recherche publique (par essence décentralisée), l'enseignement supérieur (avec la liberté ménagée aux professeurs d'université) ont expérimenté depuis longtemps ces formes d'organisation tolérant la liberté créatrice de celui qui s'adresse au client final.

Malheureusement, l'hyperfluidité du monde rend les positions plus précaires et les décisions plus graves. Une entreprise, tout comme une administration, est une bureaucratie. Et dans une bureaucratie, les décisions les plus graves doivent toujours être renvoyées au sommet. C'est pourquoi le geste du créateur ou du designer ne peut que rarement être exécuté, dans une organisation, avec la liberté qui convient.

Relever le défi d'une innovation tirée par le design ne signifie pas que toute entreprise doive recruter des designers ou s'appuyer sur une agence de design : comment s'assurer, en effet, qu'on recourt aux meilleurs ? Comment articuler ce métier si particulier avec ceux qui sont au cœur de l'entreprise – la banque, le tourisme, la production musicale ? Comment adapter la chaîne de décision à cette exigence de créativité ?

Ce n'est pas non plus parce que les designers portent la dynamique de l'innovation que tous les collaborateurs d'une entreprise doivent devenir des designers. L'incursion des néophytes dans le contenu, le design ou l'expérience utilisateur est à l'origine de bien des échecs, qui sonnent comme une mise en garde pour tous ceux qui se posent la question de l'expérience numérique à proposer à leurs clients ou usagers. Il ne s'agit pas nécessairement de « refonder » l'entreprise, mais de rééquilibrer les relations entre les ingénieurs-codeurs et les concepteurs-designers en replaçant l'expérience utilisateur au cœur de la proposition de valeur.

Quant aux champions de l'économie numérique, ils exécutent le geste du designer avec une perfection telle qu'ils séduisent la majorité des consommateurs et établissent une position dominante sur le marché :

- Google s'est développée grâce à ses ingénieurs mais aussi autour d'une proposition de design unique et épurée, facile à itérer : la page d'accueil de son moteur de recherche, quasiment vide et résolument centrée sur le service rendu ;
- Apple et Facebook, deux entreprises apparemment technologiques, ont en réalité été fondées et dirigées d'une main de fer par des créateurs et designers : Steve Jobs jusqu'à sa mort, Mark Zuckerberg encore aujourd'hui.

Les géants du numérique impressionnent par la radicalité de leurs stratégies et la détermination dont ils témoignent dans leur mise en œuvre : ils cherchent à construire des communautés massives de consommateurs adeptes, fidélisés et prescripteurs. Ils n'ont pas pour objectif de concurrencer les chaînes de valeur traditionnelles, mais de s'imposer, par des propositions fortes, comme des acteurs incontournables de l'expérience et de l'interaction avec les utilisateurs. En se positionnant dans la sphère de l'intime, en conciliant la vitesse avec l'intensité que permet ce positionnement, ils captent une part substantielle de la valeur et cantonnent les autres acteurs loin des consommateurs.

C'est par le design que ces « nouveaux barbares » menacent les entreprises plus anciennes. Détentrices d'un savoir-faire spécialisé dans leur métier, mais incapables de rivaliser dans l'exécution du geste du designer, ces dernières rencontrent d'immenses difficultés dans leurs relations avec les consommateurs, de plus en plus exigeants.

En ignorant les chaînes de valeur existantes, en contournant les marchés matures, les innovateurs radicaux créent de nouvelles expériences, si possible de nouveaux rites, et se mettent ainsi en position d'organiser, tôt ou tard, de nouvelles relations entre producteurs et consommateurs. Ils y parviennent car ils sont en phase avec les attentes des enfants de la révolution numérique[6] et y répondent avec les stratégies de l'économie numérique[7] : recherche du rendement maximal par les économies d'échelle, cocréation de la valeur avec les utilisateurs, alliances originales, refus des exclusivités, reconfiguration des chaînes de valeur, construction d'un récit positif.

Sans design, sans sensibilité créative, sans empathie avec les utilisateurs, il n'y a pas de bonne application. Cette règle était déjà vraie il y a cent ans. Elle est plus impérieuse encore aujourd'hui, alors que les enfants de la révolution numérique sont captivés par leurs propres jeux.

Il existe en revanche une nouvelle méthode qui, elle, est propre à l'économie numérique. C'est celle qui consiste à doubler la sensibilité par la sensitivité. C'est celle qui consiste à essayer de tout connaître de ses utilisateurs et de leurs pratiques.

Une économie de la sensitivité

Dans un petit ouvrage consacré à son expérience de ministre du travail de la première administration Clinton[8], l'économiste Robert Reich relate une expérience singulière survenue à l'époque de la fameuse « extinction de l'administration fédérale » (*government shutdown*), provoquée en 1995 en raison d'un bras de fer entre le président et le Congrès des États-Unis.

À quelques heures de la fermeture *sine die* de tous les services publics fédéraux, Reich erre dans son ministère désert, où le chauffage est éteint et l'électricité bientôt coupée. Soudain, son téléphone sonne. Alan Greenspan, puissant patron de la Réserve fédérale, l'appelle sur sa ligne directe pour lui demander une étrange faveur : maintenir « Cindy » à son poste pendant l'extinction. Interloqué, soupçonneux, Reich hésite à répondre. Qui est cette Cindy ? Et quels sont ses liens avec Alan Greenspan ? Ce dernier finit par l'éclairer : « Mais bien sûr ! Probablement ne la connais-tu pas. Cindy McMann. Elle travaille à la direction de l'emploi et de la formation, plusieurs échelons en dessous de toi. Elle collecte les chiffres hebdomadaires relatifs aux nouveaux candidats à l'assurance chômage et me les communique au téléphone chaque mercredi matin. Des données très utiles ! ». Reich réalise alors que, contournant la chaîne hiérarchique, le vieux banquier central entretient dans toute l'administration un vaste réseau d'informateurs qui lui communiquent chaque semaine toutes les données, parfois confidentielles, dont il a besoin pour « ressentir » l'économie, détecter les signaux faibles, anticiper les tendances, identifier les premiers signes d'éventuelles tensions inflationnistes. Car telle est la mission d'un banquier central : *ressentir* l'économie pour déterminer et conduire la politique monétaire.

Il en va de même dans l'économie numérique. Dans un monde hyperfluide, la bataille de la compétitivité est une bataille de perception. Tel Alan Greenspan, l'entreprise doit déployer ses capteurs, pour anticiper ce qui se passe en son sein, chez ses clients et dans la société tout entière, afin de modeler ses produits, ses services et ses messages en fonction des conditions de leur réception par le marché.

Pour cela, les données produites par l'organisation ou par les clients ont une valeur inestimable. Les organisations doivent apprendre à les collecter et les ressentir. Elles doivent organiser leur sensibilité en déployant les capteurs adaptés partout ou sont sécrétées des données la concernant. L'entreprise sensitive peut percevoir les aspirations diffuses, se couler dans les conversations, personnaliser son offre, accompagner l'intimité de ses clients. Mais il lui faut capter :

– *le savoir diffus dans l'entreprise* – les bonnes pratiques, les ressorts de l'action, les centres d'expertise, les organisations fonctionnelles ou non, les aspirations des salariés, les rêves d'innovation, tous ces savoirs inscrits dans ce que disent et ce que font les salariés ;
– *l'air du temps* – les aspirations d'une époque, les émotions qui circulent, les registres d'analyse, les perceptions des clients, les valeurs montantes, les icônes, toutes ces informations qui gisent dans la conversation permanente des réseaux sociaux ;
– *les perceptions sociales* – les représentations positives et négatives, les alliances et les groupes d'influence, les thématiques pertinentes ou inaudibles, toutes ces perceptions détectables dans les réseaux sociaux pouvant être anticipées par les signaux faibles ;
– *la dynamique économique* – le comportement d'achat d'un groupe donné, les évolutions de la clientèle, les optimums commerciaux, tous ces savoirs pouvant être reconstitués par la corrélation des informations déjà disponibles.

Les entreprises ont toujours cherché à coller à leur environnement. Mais les difficultés sont connues : difficulté à manier des données brutes ou, au contraire, trop affinées ; hétérogénéité de données provenant de sources différentes ; décalage trop important entre abondance et complexité des données disponibles et savoir-faire de ceux que l'organisation charge de les analyser.

La révolution numérique change la donne. Elle donne aux organisations les moyens de ressentir à une échelle sans précédent. Encore faut-il s'en emparer.

Mettre la priorité sur le recueil et la production de données

Les données de vente, les données logistiques, les savoirs diffus dans l'organisation, les conversations partout sur Internet constituent un actif que l'entreprise doit apprendre à mobiliser. Il lui faut recueillir ces données, les rendre exploitables, apprendre à les interpréter. En même temps qu'une entreprise lance une application, il lui faut mettre en place les outils de recueil des données d'utilisation.

Apprendre à détecter les signaux faibles

L'apparition de pratiques innovantes, les changements de comportements des clients, les signaux issus des conversations : toutes ces données permettent à l'entreprise d'itérer ses applications en les imprégnant de ce qu'elle ressent, en améliorant continuellement leur design pour faire en sorte qu'elles s'installent de mieux en mieux dans l'intimité de leurs utilisateurs. Pour l'organisation sensitive, la proposition initiale n'est finalement qu'une manière de créer une résonance, pour ensuite l'entretenir et l'amplifier.

Mettre en place de nouveaux outils de suivi

L'organisation doit apprendre à concevoir et mettre en place des outils intuitifs permettant de naviguer dans une masse d'information, d'en percevoir le sens, de pouvoir prendre des décisions rapides et pertinentes. Le management est alors de moins en moins une science apprise à Harvard ou des recettes copiées sur le voisin ou la précédente entreprise que l'on a dirigée. Les capteurs usuels ne suffisent plus. Le management doit devenir l'expression d'une sensibilité à l'environnement, qui peut être personnelle (celle du fondateur)... ou fondée sur des données. Affranchie des précédents, de l'existant, des habitudes, l'entreprise apprend peu à peu à fonder ses décisions non sur de l'analyse objective, mais sur une sensibilité organique, sur ce qu'elle ressent lorsqu'elle confronte au marché sa vision, ses valeurs, ses propositions.

Mettre en place de nouvelles stratégies de création de valeur

L'entreprise doit enfin cultiver l'écosystème de ses données, susciter de la création de valeur sur ces données par d'autres organisations, jouer l'innovation ouverte. La sensitivité d'une entreprise devient un actif stratégique générateur de ressources qu'elle peut valoriser sur le marché. Dans l'économie numérique, il s'agit d'un avantage stratégique décisif.

Les applications – Une économie d'itération

À la fin d'une rude semaine de travail, quand vous voudrez vous délasser avec une bonne comédie hollywoodienne, vous ne vous frotterez pas au chef-d'œuvre d'un créateur génial. Vous assisterez à un spectacle millimétré, ayant subi de nombreux tests de projections publiques, ayant été monté et remonté à plusieurs reprises, respectant scrupuleusement la meilleure fréquence de gags et de fous rires. Quand vous regardez *House of Cards*, vous regardez le *remake* d'une série choisie par Netflix en fonction des données d'usage, dont le casting a été orienté par ces mêmes données, de même que les investissements de production. La création s'accommode très bien de l'expérimentation. La proposition peut être adaptée à sa réception publique.

Grâce au numérique et aux multiples données qu'il permet de révéler, de collecter et d'interpréter, toute organisation peut faire comme Alan Greenspan. Tout entrepreneur peut « ressentir » le marché, ses utilisateurs, ses clients et son environnement et déterminer de quelle façon il doit faire évoluer son activité, *itérer* l'application qu'il offre sur le marché.

Itérer : la démarche est au cœur de l'économie numérique. Celle-ci ne produit pas des objets physiques issus de chaînes de production, livrés une fois pour toutes à des clients. Une application numérique est inachevée. Elle *doit être* inachevée :

– parce qu'elle s'inscrit dans un processus d'innovation jamais abouti[9]. Dans l'économie numérique, l'innovation ne fait pas que s'accélérer : elle n'aboutit jamais. L'innovation permanente est devenue l'état normal des entreprises dans l'économie numérique ;
– parce que sa principale qualité, si elle prétend créer de la valeur, consiste justement à ménager une place à la sensibilité et à la créativité de son utilisateur, à ne faire qu'une partie du chemin pour mieux le laisser parcourir l'autre partie. Une application au design réussi parvient à s'immiscer dans l'intimité de ses utilisateurs précisément parce qu'inachevée ou incomplète, elle ménage une place pour leur singularité et leur sensibilité ;
– pour pouvoir évoluer dans le temps, changer de jour en jour. Un site Web, une application mobile ou un terminal peuvent faire une forte impression le jour de leur lancement. S'ils restent les mêmes, sans évolution notable, ils lasseront leurs utilisateurs, habitués aux hautes fréquences d'évolution des grandes applications du Web. Les utilisateurs d'applications veulent du nouveau chaque jour – et, s'ils ne le trouvent pas ici, ils vont le chercher ailleurs.

Exigeant et impatient, l'utilisateur d'une application en ligne attend que cette dernière, qui infiltre son intimité, soit aussi évolutive, changeante, réactive, bref aussi vivante que lui. C'est pour répondre à cet impératif que les concepteurs d'applications doivent relever un défi plus difficile encore que la formulation de leur proposition initiale : l'itération de cette proposition pour accompagner l'utilisateur tout au long de son expérience et rester en résonance avec lui aussi longtemps qu'il utilise l'application. Dans le passé, c'était la stabilité des produits qui assurait celle des revenus. Aujourd'hui, c'est l'itération des applications qui assure la stabilité des revenus.

Il existe plusieurs manières d'itérer une application. La première, la plus simple – et la clef de compréhension du *Web 2.0* – consiste à laisser les utilisateurs prendre la main. L'itération n'est pas dans l'application elle-même, mais dans ce qu'en font les utilisateurs. C'est pourquoi certaines applications, peu évolutives d'un point de vue fonctionnel, donnent néanmoins l'impression de se renouveler : parce que les utilisateurs l'enrichissent chaque jour de contenus intéressants, surprenants et stimulants.

La deuxième manière d'itérer, plus contraignante, est de le faire par la production de contenus. Il s'agit là d'une clef de compréhension de la difficulté à monétiser des contenus sur Internet. Lorsqu'une application n'est qu'un contenant figé, l'ajout fréquent de nouveaux contenus n'est pas une offre pour laquelle les utilisateurs sont prêts à payer. Ce n'est que le minimum que les utilisateurs attendent pour seulement commencer à s'y intéresser.

La troisième manière d'itérer consiste à mettre de côté une partie d'une application pour l'enrichir après sa mise en ligne. Les fonctionnalités ajoutées dans un second temps ne le sont pas parce que leur réalisation a pris du retard, mais précisément parce que l'évolution ultérieure de l'application est un impératif de marketing destiné à satisfaire la soif de nouveauté des utilisateurs. Ce qui est souvent une contrainte due à la rareté des ressources – il est impossible de tout faire en une seule fois ou de tenir des délais toujours trop serrés – est ainsi retourné en moyen d'entretenir la flamme des utilisateurs en leur donnant du grain à moudre dans les semaines et les mois qui suivent la mise en ligne. C'est aussi un moyen d'éduquer son public : les premiers utilisateurs prennent en main une application simple, puis en reçoivent des versions successives de plus en plus sophistiquées. Les suivants sont éduqués par les premiers.

Le raffinement d'une stratégie d'itération consiste à cumuler plusieurs de ces démarches. Par exemple, Facebook fait évoluer continûment le design et le périmètre fonctionnel d'une application dont, par ailleurs, l'objet même est de donner la main à ses utilisateurs. Le succès de Facebook récompense cette stratégie. Les centaines de millions d'utilisateurs y reviennent chaque jour, et même plusieurs fois par jour, parce qu'il y a toujours quelque chose de nouveau à y découvrir : soit ce qu'ont partagé les autres utilisateurs, soit les modifications que Facebook elle-même a apporté au design de son application.

Itérer ne veut pas dire se disperser. Au contraire, à l'image de Pablo Casals qui travailla chaque jour pendant des décennies l'interprétation des suites pour violoncelle de Bach, itérer c'est se concentrer sur le même effort, répéter le même geste à l'infini, remettre sans cesse l'ouvrage sur le métier pour rechercher – sans jamais aboutir – cette interprétation parfaite qui fascine tant les musiciens. Dans un registre bien différent, Geoffrey A. Moore détaille dans *Crossing the Chasm*, un ouvrage devenu un classique du marketing des produits technologiques[10], à quel point il est crucial, dès les premiers signes du succès, de redoubler d'efforts dans la concentration sur son produit, plutôt que de se laisser griser par les innombrables sollicitations qui accompagnent le succès. L'itération du produit permet à celui-ci de progresser dans son cycle d'adoption par le marché, depuis ses premiers utilisateurs – les innovateurs et utilisateurs les plus précoces (*early adopters*) – jusqu'à la « majorité tardive » des consommateurs les moins accueillants face à l'innovation technologique. C'est au moment même où les opportunités se multiplient, où le champ des possibles s'élargit dans des proportions inédites, où l'entreprise est tentée par différents segments du marché et différentes stratégies de promotion de son produit qu'elle doit se concentrer sur ce dernier et éviter toute dispersion.

Itérer ne veut pas dire prototyper. Un prototype est un brouillon qui demeure dans l'organisation et n'est pas confronté au marché. Un prototype passionne l'organisation, qui va faire débattre autour de lui les designers et les ingénieurs, les techniciens et les managers, les responsables du marketing et les vendeurs. Mais un prototype n'est qu'une concentration de l'organisation sur elle-même – et une redoutable menace d'affaiblissement de la proposition avant même qu'elle rencontre le marché. Comme l'observe Jean-Louis Fréchin, « l'accumulation de prototypes repousse les choix. On ne passe plus par la maquette blanche, qui obligeait le client et le designer à imaginer ensemble le résultat final. Il y a donc un affaiblissement de l'imagination et de l'objet final ».

Au contraire d'un prototype, qui ne donne lieu qu'à des discussions internes à l'organisation, une proposition forte confrontée au marché permet de tracer une ligne de clivage, de départager les partisans enthousiastes d'un côté, les opposants résolus de l'autre. En d'autres termes, elle permet d'y voir plus clair sur le marché en révélant instantanément ses lignes de partage. Comme l'écrivent les fondateurs de l'éditeur logiciel 37Signals :

> C'est en prenant des positions fortes que vous vous faites les meilleurs amis. Ils vous mettent en avant et vous défendent. Ils répandent la bonne parole plus loin, plus largement, avec plus de passion que n'importe quelle publicité.
> Les positions fortes ont un prix. Vous vous mettrez certaines personnes à dos. Elles vous accuseront d'être arrogant et distant. C'est la vie. Si certains vous aiment, d'autres vous détesteront. Si personne n'est choqué par ce que vous dites, c'est que vous ne vous affirmez probablement pas assez. (Et aussi que vous êtes probablement ennuyeux[11].)

L'itération est une forme d'assurance, qui libère rétrospectivement le designer dans la formulation de sa proposition forte. S'il est possible d'itérer, d'ajuster, de corriger le tir, alors pourquoi se priver de frapper fort ? Dans l'économie numérique, qui rend visible la réception par le marché et permet d'enrichir ou de corriger une application alors même que certains l'utilisent déjà, on a toujours droit à une seconde chance.

Itérer, enfin, présente un dernier avantage : celui d'aiguiser la sensitivité des organisations et de leur permettre de détecter des phénomènes émergents. Nous avons affirmé que tout ce qui est aujourd'hui concevable arrivera, plus tôt et moins cher que prévu, du fait de l'accélération des progrès technologiques, de la baisse des coûts et de la créativité extérieure aux entreprises, du passage de la pénurie à l'abondance. Ajoutons que cette irruption ne se fera pas sur une page blanche. Les signes précurseurs en sont déjà observables pour qui sait les percevoir.

Itérer n'est pas facile, encore moins agréable. L'enthousiasme initial inspiré par l'exécution d'une proposition forte peut s'épuiser à mesure que le designer se lasse, que le développeur ne voit plus les erreurs dans son propre code, que le chef de projet s'autorise un certain relâchement, que le directeur marketing se disperse dans de vains efforts de diversification. C'est pourquoi il est important de fonder l'itération sur les données, permettant ainsi à l'entreprise d'être « mue par les données » (*data driven*) ou « éclairée par les données » (*data informed*). Facebook, par exemple, modifie fréquemment son interface et ses fonctionnalités. Dans les périodes d'innovation intense, cette interface change même quasiment tous les jours – sans préavis, et de façon différenciée sur les différents segments de ses centaines de millions d'utilisateurs. Parfois, la proposition est un échec : elle est alors retirée et n'a pas de suite. Parfois, proposée à une petite échelle – c'est-à-dire, pour Facebook, à l'échelle d'un petit État américain comme le Nebraska ou le Colorado – elle rencontre un succès, mesuré rigoureusement grâce aux nombreuses traces laissées par les utilisateurs, et est généralisée dans le monde entier.

La démarche d'itération a profondément divisé le secteur de l'édition logicielle, entre ceux qui livrent des logiciels aboutis et ceux qui itèrent des logiciels jamais achevés. Ces deux secteurs sont si différents que le premier a inventé un terme pour désigner les pratiques du second et ainsi tenter de s'en inspirer : le « développement agile », affranchi de trop d'efforts de planification et de spécifications. La philosophie de l'agile, résumée en 2001 dans un document intitulé le *Manifeste agile*, consiste à valoriser :

- les individus et leurs interactions plus que les processus et les outils ;
- les logiciels opérationnels plus qu'une documentation exhaustive ;
- la collaboration avec les clients plus que la négociation contractuelle ;
- l'adaptation au changement plus que le suivi d'un plan[12].

L'itération clivera désormais l'ensemble de l'économie. Elle concerne en effet maintes autres dimensions de l'activité de l'entreprise.

Itérer le prix

Le label suédois de musique X5, spécialisé dans l'acquisition de droits master sur des fonds de catalogue, a mis au point un modèle économique consistant à vendre en ligne des compilations thématiques à très bas prix, puis à augmenter progressivement ce prix à mesure que s'accélère le rythme d'adoption de tel ou tel produit. Plus une compilation a du succès, plus elle est vendue cher. Le fondement de ce modèle est facile à identifier. La faiblesse initiale du prix permet d'attirer les premiers consommateurs et de leur faire découvrir le produit. Elle les pousse également à acheter rapidement avant que le prix ne monte. Une fois séduits, ils font découvrir ce produit à d'autres et en parlent dans leurs réseaux sociaux, tandis qu'il acquiert une visibilité liée à son ascension dans les classements des meilleures ventes.

À ce point d'adoption, le principal argument de vente n'est plus le prix mais le succès : de nombreux autres consommateurs sont prêts à acheter, non parce que le prix est bas, mais par effet d'entraînement. L'augmentation progressive du prix, quasiment imperceptible, suppose de suivre au jour le jour, voire d'heure en heure, le rythme d'adoption du produit par le marché. Les performances enregistrées par X5 avec ce modèle sont spectaculaires : le label est devenu un partenaire de premier plan des grands services de téléchargement de musique comme iTunes et Amazon ; nombre de ses compilations se classent dans les palmarès des meilleures ventes de ces applications, y compris dix albums classés dans l'American Billboard en 2010, alors qu'ils ont été exclusivement vendus en version numérique ; Northzone, fonds de capital-risque actionnaire de Spotify, a investi sept millions d'euros dans la société X5 à la fin de l'année 2010[13], validant ainsi la promesse du modèle économique de rupture mis au point par cette société.

Itérer le marketing

De nombreuses entreprises apprennent à mettre en place des capteurs pour apprendre qui sont leurs utilisateurs, comment ils ont découvert leur application, dans quelles proportions ils se sont mis à l'utiliser, s'ils sont fidèles et engagés. Il s'agit d'abord de reconstituer le cycle de marketing, d'identifier les étapes clefs de la montée en engagement des utilisateurs, sur tous les canaux possibles : moteurs de recherche, applications de *social networking*, messageries électroniques. À chaque point où se joue une étape du cycle, les entreprises posent un « capteur » afin de révéler et de recueillir les données relatives à l'activité à ce point précis. Elles qualifient leurs utilisateurs, afin de déterminer lesquels sont les plus actifs, les plus fidèles et les plus prescripteurs. Elles concentrent leurs efforts de marketing sur le point auquel sont recrutés ces utilisateurs les plus engagés. La société Performable a édité en 2010 un passionnant livre blanc consacré à cette démarche[14]. Le fonds d'investissement 500 StartUps[15], créé par Dave McClure – l'un des fondateurs de PayPal – généralise cette approche à toutes les sociétés de son portefeuille, dont il agrège les données pour révéler les meilleures pratiques et les généraliser à l'ensemble.

Itérer les canaux de distribution

Dans le secteur de la musique, le vinyle a duré trente ans, le CD vingt ans, le téléchargement de titres durera dix ans tout au plus (depuis 2004 et le lancement d'iTunes). Le *streaming* lui a déjà succédé pour bientôt laisser la place à la radio personnalisée (*smartradio*) ou à la synchronisation des listes de lecture grâce aux services de *lockers*. Hier, l'Apple Music Store (déjà périmé selon certains). Aujourd'hui, Spotify et le *social networking*. Sur le marché de la musique comme sur d'autres, il n'est plus possible de parler d'un modèle durable autour duquel pourraient se structurer de façon pérenne un mode de production, un réseau de distribution et des canaux de prescription. Désormais, les usages et les modèles se succèdent à un rythme si élevé que l'industrie musicale est confrontée à un impératif de réinvention permanente de ses modes de production, de prescription et de distribution. La consommation culturelle en général, et la musique en particulier, sont des exemples parfaits de cette hyperfluidité qui change tout. L'impératif de réinvention permanente exige une réactivité totale de la part de ces industries. En théorie, il leur faut suivre l'émergence, l'affirmation et l'installation des nouveaux modèles économiques susceptibles d'acquérir des positions dominantes sur certaines niches ou sur l'ensemble du marché. En pratique, il leur faut même anticiper, précéder, voire provoquer ces évolutions afin d'identifier de façon itérative les canaux de distribution de demain et de mieux servir les intérêts de l'amont de la chaîne de création.

L'économie des plateformes – Capter la valeur de la multitude

L'économie numérique n'excelle pas seulement dans le design d'interfaces, de produits et de services, même fondé sur des données. Après tout, l'industrie du luxe, l'automobile et d'autres secteurs industriels ne l'avaient pas attendue pour explorer cette dimension de la création. Elle ne se contente pas de cela. Elle utilise les ressources du design pour sceller une nouvelle alliance dynamique entre ses créations, celles des autres entreprises et surtout la puissance créative qui bouillonne *à l'extérieur* des entreprises. C'est ce qui la projette dans une économie des plateformes.

Le 11 octobre 2011, Steve Yegge, ingénieur informatique, ancien collaborateur d'Amazon désormais employé par Google, publiait par erreur sur son compte Google + un billet passé depuis à la postérité sous le titre *Stevey's Google Platforms Rant* – ou « La harangue de Stevey sur Google et les plateforme ». Vite retiré par son auteur, dont l'intention n'était que de haranguer ses collègues chez Google et non le monde entier, le billet est néanmoins demeuré accessible à tous car il avait entretemps été reproduit et partagé par des centaines d'experts et de développeurs, instantanément passionnés par la discussion ébauchée.

Vivement écrite, pleine de fantaisie et d'originalité, la « harangue » commence comme une critique virulente – et trompeuse – de la personnalité de Jeff Bezos, PDG d'Amazon. Elle s'achève en réalité par un vibrant éloge de la supériorité industrielle d'Amazon sur Google. Comme le relate Yegge avec force détails, Amazon a su dépasser son métier d'origine, une simple application de vente en ligne, pour devenir une plateforme universelle et s'imposer comme l'un des leaders du marché des ressources logicielles, en particulier du *cloud computing*. À l'inverse, Google, malgré ses prouesses technologiques et son écrasante domination industrielle sur le marché de la recherche en ligne, n'a pas su, selon Yegge, se penser en tant que plateforme et ne propose aujourd'hui sur le marché qu'une collection d'applications : Search, AdWords, Gmail, Google Maps, etc. Contrairement à Amazon, Google n'est pas une plateforme qui, en mettant à la disposition du marché ses innombrables ressources dans une offre intégrée, se serait mise en position de domination durable.

Le texte de Steve Yegge, apparemment une discussion pointue d'architecture logicielle et une prise de position dans l'antique débat entre « applicationnistes » et « plateformistes », est en réalité une lumineuse leçon de stratégie industrielle. Il nous permet de mieux comprendre comment, à partir d'une exécution parfaite du geste du designer, une stratégie adaptée permet d'établir durablement une position dominante sur tout un marché.

À bien y regarder, comme l'affirme Pierre Bellanger, les grandes entreprises numériques tendent peut-être à dépasser même ces stratégies de plateforme pour organiser des réseaux de plateformes qui entrent en résonance : des résogiciels...

Le développement de l'*open innovation*

Avec la montée en puissance de la multitude, la révolution numérique n'avait pas attendu les plateformes techniques pour s'intéresser au potentiel de créativité extérieur aux organisations. Depuis les débuts de la révolution numérique, les stratégies d'innovation ont profondément évolué pour essayer d'associer le plus étroitement possible l'extérieur à la stratégie des organisations.

Tout un vocabulaire un peu curieux et tout un ensemble de processus et de méthodes ont ainsi fait leur entrée dans les entreprises. Selon Marc Giget, créateur du club des directeurs de l'innovation, il existe aujourd'hui 37 directeurs de l'innovation parmi les 40 sociétés du CAC 40, alors qu'il n'en existait que cinq dans le monde en 2000.

Les entreprises ont ainsi découvert les charmes de la veille et du *benchmark*. Elles ont commencé à comprendre l'importance de voyager pour découvrir différents systèmes d'innovation. Elles ont travaillé sur la créativité de leurs équipes et sur l'accueil des initiatives de leurs salariés.

Puis – pour les meilleures d'entre elles – elles ont compris qu'elles ne pourraient jamais tirer de leurs organisations toutes les bonnes idées stratégiques possibles. Elles se sont donc tournées vers leur environnement, en mettant en place des stratégies d'*open innovation*[16]. Comme Veolia Environnement, elles ont proposé à de jeunes entrepreneurs d'expérimenter leurs solutions techniques chez leurs propres clients, par exemple de grandes collectivités territoriales. Elles ont accepté de s'impliquer dans la dynamisation des écosystèmes les entourant. Pour certaines, elles ont goûté – parfois à leurs dépens – aux charmes de l'investissement en capital.

Elles se sont également tournées vers leurs propres clients, expérimentant le *crowdsourcing*, avec parfois des succès impressionnants, comme celui de la société Lego, qui a donné un coup de jeune aux boîtes de construction qu'elle propose au monde entier. Les entreprises s'intéressent également à la cocréation avec les utilisateurs, développant de grandes plateformes mariant à la fois l'expérimentation *in situ* et le développement agile.

La même démarche a contaminé – fort heureusement – le monde académique. La plupart des grandes universités et des écoles d'ingénieurs, tout comme les grands réseaux de recherche, disposent aujourd'hui d'interfaces plus ou moins abouties leur permettant de se frotter aux entrepreneurs innovants, de les soutenir et de s'inspirer de cette fréquentation.

Les collectivités locales ne sont pas en reste, la ville de Paris étant probablement la plus avancée, en France, dans l'utilisation de l'espace public, à la fois comme terrain d'expérimentation et comme vitrine pour accélérer la diffusion des expériences couronnées de succès.

Toutes ces démarches sont de bonnes réponses à la transformation numérique. Elles améliorent la réactivité des entreprises, augmentent leurs capacités d'innovation et contribuent probablement à améliorer aussi l'atmosphère à l'intérieur des organisations. Il s'agit de formes non technologiques de plateformes qui ont une utilité précieuse.

Mais pour passer à la dynamique, au potentiel de scalabilité, à la disruption qui caractérisent les champions de l'économie numérique, il faut accepter de passer par la technologie. Il s'agit donc d'intégrer une logique de plateforme technologique au cœur même des processus et des produits de l'entreprise.

Les champions du numérique sont des opérateurs de plateformes

Une plateforme logicielle est un ensemble de ressources (des données, des algorithmes, des méthodes) organisées et documentées, rendues accessibles pour des développeurs, par exemple par l'intermédiaire d'une API (*Application Programming Interface*). Grâce à cette API, un développeur peut développer une application en intégrant le service rendu par la plateforme, sans nécessité de développer à nouveau tout le code correspondant. L'application développée par-dessus une plateforme est ainsi plus robuste et plus rapidement mise sur le marché. Une API, qui donne accès à certaines ressources mais pas au code sous-jacent, est une forme d'ouverture contrôlée centrée sur une proposition de valeur, certes large, mais structurée et documentée[17].

L'API d'une plateforme permet l'interconnexion de deux systèmes d'information : celui de la plateforme et celui de l'entité qui développe une application. Intégrant des ressources issues de systèmes hétérogènes, s'appuyant sur de multiples API, les applications Web sont de plus en plus mélangées (*mashups*). Elles sont hébergées « dans les nuages » sur les serveurs d'Amazon. Elles permettent de se connecter en un clic grâce aux ressources d'authentification de Facebook (*Facebook Connect*). Elles proposent des vidéos qui, en réalité, sont stockées et diffusées par YouTube. Elles se déclinent en autant d'applications mobiles développées à l'aide de ressources des sociétés Apple (pour le système d'exploitation iOS), Google (Android) ou Microsoft (Windows Mobile). Derrière quasiment toutes les applications en ligne se nichent des ressources (données, algorithmes, programmes) issues d'une ou plusieurs plateformes opérées par les géants du numérique – sans compter les ressources qui émanent d'innombrables plateformes plus modestes mais néanmoins populaires telles que Twitter, FlickR, LinkedIn ou Slideshare (rachetée par LinkedIn en 2014).

À certains égards, de nombreux logiciels peuvent revendiquer des fonctionnalités de plateformes. Pour notre part, nous proposons de réserver ce terme aux seules plateformes logicielles qui ont su devenir sur le long terme l'infrastructure profonde d'une économie d'applications. En ce sens, la première plateforme logicielle fut le Macintosh, cette prouesse technologique et industrielle imaginée par Steve Jobs, alliage d'un matériel aux performances sans précédent et d'un système d'exploitation révolutionnaire doté d'une interface graphique. Premier à faciliter la mise sur le marché d'applications logicielles qui s'appuyaient sur les ressources de son système d'exploitation, le Macintosh fut le déclencheur historique du développement de l'informatique personnelle. Il fut cependant vite éclipsé par ce qui devait devenir la plateforme logicielle par excellence, le système d'exploitation Windows. Faisant le succès de Microsoft et la fortune de Bill Gates, Windows suscita une floraison de prospères entreprises d'édition logicielle, lesquelles assurèrent en retour le succès et la pérennité du système d'exploitation vendu par Microsoft.

Aujourd'hui, Apple, avec son *App Store*, est sans aucun doute une plateforme. Facebook semble encore hésiter, puisqu'elle ouvre l'accès à une partie de ses ressources mais conserve pour elle seule deux des éléments constitutifs de la valeur qu'elle contribue à créer : le marché publicitaire et la monnaie de paiement. Enfin, comme le suggère d'ailleurs Steve Yegge, c'est probablement Amazon qui est aujourd'hui la société la plus emblématique de la stratégie de transformation d'une application en plateforme.

À l'origine, Amazon est une simple application, le site Web http://www.amazon.com/. Loin d'être séduisante au premier abord, cette application spécialisée dans la vente en ligne est entièrement conçue au service d'un objectif stratégique unique : une qualité de service telle qu'un client d'Amazon n'a jamais à interagir avec un interlocuteur représentant l'entreprise. Pour une société de vente de détail, cet objectif est crucial : minimiser les sollicitations de ses collaborateurs permet de réaliser des rendements d'échelle suffisants pour autoriser les faibles marges caractéristiques de ce secteur. À l'inverse, un service présentant des dysfonctionnements, ou des produits de mauvaise qualité, impliquent des sollicitations incessantes et imposent la mise en place de coûteux services de support technique et d'après-vente. Pour qu'aucun client ne sollicite jamais Amazon, tout doit fonctionner parfaitement : catalogue offrant le choix le plus large, recherche intuitive, propositions judicieuses, informations pertinentes, mémoire de nos actions passées, paiement en un clic, acheminement rapide, facilités de retour.

Mais au-delà de son application de vente en ligne, le succès d'Amazon repose sur une intuition géniale de son fondateur et dirigeant. Malgré un travail acharné et minutieux sur le design de son application, qu'il suit personnellement et de très près, Jeff Bezos a réalisé un jour qu'il ne pouvait, avec cette seule et unique application, séduire l'ensemble des consommateurs et protéger sa position dominante sur le marché.

Tirant les conséquences de cette intuition, Jeff Bezos a transformé son entreprise en une plateforme et a ouvert ses ressources logicielles pour les mettre à la disposition du marché. Il a ainsi engagé une démarche cruciale, de cocréation : non pas faire lui-même toutes les propositions, ni faire remonter jusqu'à lui toutes les propositions de designers payés par lui, mais mettre les ressources de son entreprise à disposition de tous les développeurs, créateurs et designers du marché pour les libérer dans la pratique de leur geste. Le mémo de Steve Yegge explique finement les conditions de possibilité de cette réforme, conduite à marche forcée, ainsi que les conséquences de cette décision :

- un bouleversement radical de l'organisation et du fonctionnement de l'entreprise ;
- une consolidation remarquable de sa domination sur son marché d'origine ;
- une diversification spectaculaire sur d'innombrables marchés connexes à plus fort niveau de marge – sur lesquels Amazon, pour mieux évincer ses concurrents, s'est même payée le luxe de continuer à réaliser de faibles marges.

Comme Jeff Bezos l'a lui-même expliqué à la rédaction de *Wired* :

> Nous sommes une entreprise habituée à fonctionner avec des marges faibles. Nous avons grandi comme cela. Nous n'avons jamais eu le luxe de marges élevées, il n'y a pas de raison de s'y habituer maintenant. Nous étions déterminés à proposer les meilleurs services du marché, mais à un prix que nos clients ne pourraient jamais trouver ailleurs, même en étant prêts à utiliser des produits de moindre qualité. Les entreprises technologiques ont toujours des marges élevées, sauf Amazon. Nous sommes la seule entreprise technologique à faibles marges [18].

Amazon est un donc cas topique. Entreprise géante, contrainte par un niveau de marge très faible propre au secteur de la vente de détail, elle a dû apprendre à faire mieux que le reste du marché sur toutes les activités nécessaires à l'exercice de son cœur de métier, la vente en ligne, avec pour objectif stratégique la garantie de la plus haute qualité de service. Elle est ainsi devenue plus performante que quiconque en matière d'hébergement de données, d'hébergement d'applications, de gestion de notifications en temps réel, d'envoi de messages électroniques à grande échelle, de calculs sur de grandes masses de données, etc. Elle a enfin décidé qu'elle pouvait utiliser cette infrastructure pour développer de nouveaux services et s'est ainsi positionnée solidement sur une offre de *cloud computing*.

Toute plateforme est issue d'une application

Opérer une plateforme et opérer une application sont deux métiers très différents. Une plateforme exige une parfaite maîtrise des enjeux d'architecture logicielle, une API documentée, l'effort d'animation d'une communauté de développeurs, la capacité à tenir la charge et à garantir la disponibilité, l'intégrité et la sécurité des ressources. Une application exige des efforts considérables de compréhension du marché cible, d'identification des besoins des utilisateurs, un savoir-faire en matière de design et de marketing, de la réactivité, de la flexibilité et, avant tout, de la créativité.

En apparence, une question redoutable est posée à tous les entrepreneurs, qui doivent choisir leur niveau d'innovation : être un Zynga[19] ou être un Facebook ? Entre les Zynga, applications qui se développent à partir de plateformes existantes, la concurrence porte sur les interfaces, le design, l'expérience utilisateur. Entre les Facebook, plateformes qui mettent leurs ressources à disposition des développeurs d'applications, la concurrence se trouve dans la capacité de traitement, la tenue de charge, les temps de réponse, les ressources et les services exposés. D'un côté, ceux qui itèrent vite, pivotent pour trouver la valeur où qu'elle soit, disparaissent et renaissent. De l'autre, les plateformes, infrastructures permanentes du monde hyperfluide.

En réalité, ces deux métiers, application et plateforme, quoique différents, se complètent mutuellement. Les grandes plateformes logicielles sont toutes issues de l'exploitation d'une application couronnée de succès (Amazon, Facebook...). Cette première application a révélé la plateforme aux développeurs du marché qui, dans un second temps, s'en emparent pour implémenter leurs propres applications et les proposer au public. La première application joue un double rôle pour la plateforme : elle la met à l'épreuve fonctionnellement et techniquement (c'est une application pilote) ; et elle contribue à la faire connaître (c'est une application vitrine). Il est donc inconcevable de lancer une plateforme sans réaliser par-dessus celle-ci une première application. Mais il faut apprendre à ne pas développer de produit sans anticiper la plateforme qui le sous-tend – même si cette plateforme est développée par-dessus une autre plateforme, antérieure et plus générique encore, car les plateformes s'ajoutent et s'empilent les unes par-dessus les autres, finissant par se combiner et se mélanger à l'infini.

Réussir à faire naître une plateforme d'une application est une clef du succès et un avantage comparatif décisif. De nombreux exemples en témoignent :

– Amazon est une application (un site de vente en ligne), mais c'est aussi une plateforme qui expose des services et ressources innombrables sur http://aws.amazon.com/ y compris sur des marchés sans lien avec le commerce en ligne, par exemple le service d'hébergement dans le *cloud* disponible sur http://aws.amazon.com/fr/s3/ ;

– Facebook est une application (le site http://www.facebook.com/, utilisé pour échanger et interagir avec ses amis) mais aussi une plateforme documentée sur http://developers.facebook.com/ qui permet à des milliers de sociétés et développeurs du monde entier d'intégrer Facebook à leurs applications ou de développer des applications au sein de Facebook ;

– Apple vend des terminaux (l'iPhone, l'iPad) équipés d'applications mais opère aussi une plateforme mise à

disposition des centaines de milliers de développeurs qui référencent chaque jour de nouvelles applications disponibles (gratuitement ou non) sur l'*App Store*. Voir http://developer.apple.com/ ;
– Microsoft, le premier éditeur logiciel de l'histoire, a depuis longtemps dépassé son métier de développeur d'applications et propose plusieurs plateformes sur son portail « Microsoft Developers Network » (visible sur http://msdn.microsoft.com/) pour intégrer des ressources du système d'exploitation Windows, pour développer des applications Web, pour héberger ses données dans le *cloud* (Azure).

Dans un autre registre, comme le signale Tim O'Reilly dans un article éclairant[20], le GPS est une plateforme née d'une application initialement conçue et développée par l'armée de l'air des États-Unis :

> Dans le « monde merveilleux de la géolocalisation », [...] les terminaux GPS installés dans les voitures renseignent sur les directions à prendre, les applications mobiles vous indiquent quand le prochain bus doit passer et, bientôt, les applications de réalité augmentée informeront sur tout ce qui est alentours. On a vite fait d'oublier que le GPS, comme l'Internet des origines, est un service lancé par l'administration. Voici la clef : l'armée de l'air a initialement lancé des satellites GPS pour ses propres besoins, mais, aux termes d'une décision politique cruciale, a accepté de mettre à disposition un signal moins puissant pour des usages commerciaux. L'armée de l'air est ainsi passée de la fourniture d'une application à la fourniture d'une plateforme, avec pour résultat une vague d'innovation dans le secteur privé.

Une fois la plateforme détachée de l'application, les entreprises concernées envoient (ou recrutent) dans chacun de leurs pays cibles un évangélisateur, ou *ecosystem manager*, chargé de favoriser l'appropriation de cette ressource et de faire émerger un *pool* de petites entreprises susceptibles d'enrichir leur plateforme.

Plus encore que des titres de propriété intellectuelle, la capacité à devenir une plateforme est un élément crucial d'appréciation de la promesse d'une application. De nombreuses *start-up* conçoivent et développent des applications séduisantes, mais indépendamment des plateformes existantes et sans distinguer elles-mêmes, dès le départ, la dimension applicative (le service particulier rendu aux premiers utilisateurs) et l'embryon de plateforme (l'infrastructure sous-jacente susceptible d'être transformée à terme en plateforme). Même si elles réussissent dans un premier temps à conquérir une part de marché significative, il leur est impossible, faute de pouvoir exposer leurs ressources par l'intermédiaire d'une API, d'envisager une accélération de leurs rendements d'échelle. Leur succès ne fait alors qu'inspirer des concurrents plus performants et plus rapides qui rattrapent vite leur retard, soit parce qu'ils se sont adossés à une plateforme existante pour optimiser et accélérer leur exécution, soit parce que, dans la course à la conquête du marché, ils remportent la victoire en devenant la plateforme de référence, celle qui libère le marché et permet d'y multiplier les applications.

Les plateformes sont les infrastructures de l'économie numérique

Transformer une application en plateforme est une grande réussite industrielle.

Cela règle un problème crucial de design

Sur Internet, il est impossible de répondre avec une seule application aux besoins et attentes de l'ensemble du marché. Comme l'écrit Steve Yegge, « le problème est que nous essayons de prédire ce que les gens veulent et de le leur livrer… Il y a eu de rares personnalités exceptionnelles, dans toute l'histoire de l'informatique, qui en ont été capables. Steve Jobs était l'un de ceux-là. Nous n'avons pas de Steve Jobs ici [chez Google] ».

Sauf exception, une application ne peut séduire tout le marché. Devenir une plateforme permet de s'affranchir de cette limite en s'appuyant sur les initiatives et les efforts d'innovation de tiers. Avec les mêmes ressources, une entreprise dotée d'une plateforme peut ainsi soit proposer, soit *propulser* des applications plus nombreuses, plus riches, plus innovantes, plus adaptées aux besoins propres à tel ou tel ensemble d'utilisateurs. En position privilégiée pour observer le marché, elle peut même copier ou acquérir celles d'entre elles qui rencontrent le plus grand succès, constituent une menace pour ses propres applications ou ont développé des ressources qu'il serait utile d'intégrer.

Cela améliore la productivité

Les plateformes exposent souvent à l'extérieur des services et ressources initialement utilisées en interne par les sociétés concernées. Par exemple, le service « Amazon S3 » d'hébergement dans le *cloud* est initialement le service interne d'hébergement utilisé par Amazon pour ses propres besoins dans le monde entier. En ouvrant ce service au reste du marché, Amazon le « met à l'épreuve » et peut ainsi l'améliorer continûment sous la pression du marché, perfectionnant son service pour elle-même tout en réalisant de considérables économies d'échelle.

Steve Yegge évoque cette logique de mise à l'épreuve à l'aide d'une formule imagée : « *eat your own dog food* ». « Imposez-vous de manger ce que vous donnez à votre chien » : c'est la meilleure garantie que vous lui donnerez des bonnes choses à manger. Autrement dit : ne faites pas de différence entre les ressources logicielles que vous utilisez dans l'entreprise, optimisées pour les meilleures performances possibles, et celles que vous mettez à disposition du reste du marché.

C'est d'ailleurs là le principal reproche que Steve Yegge adresse à son employeur, Google. Chez Amazon, les ressources logicielles utilisées en interne sont les mêmes que celles proposées à l'extérieur *via* les API d'Amazon Web Services – à un prix défiant toute concurrence. À l'inverse, Google met à disposition de ses équipes des ressources logicielles hors du commun, mais ne propose au marché, outre ses innombrables applications, que quelques API rudimentaires, éparpillées et mal documentées. Amazon est une plateforme optimisée pour les plus hautes performances au prix le plus bas possible, libératrice pour le reste du marché. Google n'est qu'une ribambelle d'applications opérées en ordre dispersé et ménageant peu de place à la valeur venue de l'extérieur.

Cela permet de consolider une position dominante

Les ressources exposées par une plateforme doivent être centrées sur le cœur de métier de l'entreprise. Les mettre à disposition du reste du marché, c'est distraire de potentiels concurrents qui, plutôt que de devenir une menace sur le cœur de métier de la plateforme, vont d'abord se concentrer sur le design d'une application particulière, seule façon de commencer à capter la valeur créée à l'extérieur de l'entreprise. En attirant de potentiels concurrents sur sa plateforme, une entreprise va améliorer ses rendements et capter des ressources nouvelles, en particulier des données, issues de l'activité de maintes applications.

Autrement dit, une plateforme est entièrement conçue pour capter la valeur créée à l'extérieur de l'organisation. C'est la meilleure stratégie dans une économie où la valeur est désormais majoritairement créée à l'extérieur des organisations, et où elle peut être révélée, capturée, stockée et exploitée grâce au numérique. Une plateforme n'est rien d'autre que l'instrument permettant d'industrialiser cette démarche et d'accélérer les rendements d'échelle nécessaires à l'établissement d'une position dominante sur le marché.

Enfin, c'est un enjeu de marketing et de communication

Dans cette économie de la contribution où une part croissante de la valeur émane de l'activité spontanée d'utilisateurs non rémunérés, la privatisation de cette valeur par une entreprise peut être perçue comme une manœuvre grossière et discréditer l'entreprise aux yeux du marché. Pour une telle entreprise, devenir une plateforme est une manière de restituer cette valeur au marché, d'en faire profiter de nombreuses autres entreprises qui, faisant levier sur cette valeur créée par une multitude d'utilisateurs, leur rendront à leur tour des services au travers de maintes applications.

Les applications iPhone disponibles sur l'*App Store* détournent l'attention des nombreuses contraintes qu'impose aux utilisateurs la relative fermeture du service proposé par Apple. Les applications utilisant les ressources de Facebook, soit en son sein, soit à l'extérieur, jouent un rôle crucial dans l'acceptation par les utilisateurs de Facebook du stockage de leurs données personnelles dans la plateforme. Les clients d'Amazon lui sont reconnaissants de ne pas vendre, sur son site, que les produits qu'elle achemine et d'opérer à titre complémentaire une place de marché sur laquelle n'importe quel vendeur peut vendre n'importe quel produit – ou presque – aux dizaines de millions de clients d'Amazon.

Après tout, si les plateformes sont des opérateurs de création de valeur et d'enrichissement de la société, pourquoi se priveraient-elles de l'affirmer haut et fort et d'en faire un axe de leur stratégie de marketing et de communication ? L'ouverture est toujours un argument bien reçu par le public, en même temps qu'elle est le principal facteur de la création de valeur après la révolution numérique. Telle était l'intuition d'Antoine Rebiscoul :

> Dans ce monde-là, la seule stratégie qui vaille, c'est celle de l'ouverture. C'est reconnaître que la productivité sociale est parfois devenue plus puissante que la productivité organique interne aux entreprises. C'est mesurer vraiment si la circulation des savoirs n'est pas plus profitable à tous que leur « sauvegarde » sous forme de droits de propriété renforcés. C'est ne pas être naïf vis-à-vis des enjeux de marques, qui expriment souvent beaucoup moins une identité « patrimoniale » qu'une cristallisation de virtualités d'action et de puissance[21].

En d'autres termes, les plateformes sont les nouvelles infrastructures de notre économie. L'accroissement de leur emprise est indissociable de la révolution numérique – comme des profondes mutations, positives ou négatives, qu'elle entraîne dans l'économie mondiale.

C'est la thèse que soutient en filigrane l'article de *The Economist* consacré au *Hoover Dam* :

> Nombre de difficultés de l'Amérique d'aujourd'hui, comme la raréfaction de l'emploi pour les travailleurs non qualifiés, sont une rançon du succès. Cela ne rend pas ces difficultés plus faciles à affronter, mais une chose est sûre : elles ne peuvent l'être avec des méthodes d'un autre âge. Quelque chose d'autre [que le *Hoover Dam*] – peut-être un téléphone mobile, peut-être une série de lignes de code informatique – devra s'ériger en emblème des prouesses de l'Amérique de ce siècle.

Il est encore impossible de déterminer si cet emblème des prouesses de l'Amérique sera Amazon Web Services, Facebook, un *App Store* ou le produit d'une société encore inconnue et occupée à designer une application révolutionnaire. Mais il est certain que les plateformes sont les *Hoover Dams* de notre temps, les nouvelles infrastructures génératrices d'externalités positives pour l'ensemble des agents économiques, les déterminants de mutations spectaculaires, les moteurs de la croissance de demain. Elles sont les nouveaux actifs fonciers de ceux qui ont les fonds propres suffisants ou le savoir-faire nécessaire pour s'approprier ces nouvelles terres, les viabiliser et les mettre à disposition des autres, ainsi transformés en métayers. Il n'est que temps de mesurer l'importance des plateformes dans notre économie et de leur contribution, décisive, à la création de la valeur.

Des plateformes pour la multitude

Nous avons vu que la puissance de la multitude permettait d'actualiser la stratégie de développement d'applications, grâce à la sensitivité et à l'itération qu'elle facilite. De même, on pressent aujourd'hui l'apparition de nouvelles formes de plateformes, adaptées à la nouvelle donne : la puissance de création et la connexion des individus.

Au fond, les premières plateformes restent celles d'un âge où la puissance est dans les organisations. Les plateformes de première génération sont – pour l'essentiel – destinées à des professionnels ou, exceptionnellement, à des particuliers particulièrement talentueux. Leur modèle économique est toujours fondamentalement le même : elles offrent des ressources techniques ou un accès au marché à des développeurs d'applications et elles prélèvent des redevances (*App Store*) ou restent gratuites pour les applications, mais sont renforcées par la qualité de ces applications (Windows).

Avec l'émergence de la multitude, nous verrons progressivement apparaître de nouvelles générations de plateformes, « MtoM » (*multitude to multitude*). Des plateformes qui captent la puissance bouillonnante de la multitude pour mieux lui redonner les moyens d'utiliser cette puissance.

Facebook est très proche de cette philosophie. Tout l'intérêt de Facebook repose sur le nombre et la densité des échanges entre ses utilisateurs. Mais, pour le grand public, Facebook n'est pas tout à fait une plateforme. Elle se réserve de très précieuses ressources et n'ouvre que quelques API très contrôlées. En février 2012, alors que Facebook préparait son entrée en bourse, les diligences de la SEC[22] prouvaient d'ailleurs que Facebook et Zynga avaient passé un accord exclusif de coopération pour attirer mutuellement de nouveaux utilisateurs sur leurs activités respectives. Facebook a encore des progrès à faire pour devenir une plateforme MtoM.

Le plus proche de notre modèle MtoM est sans doute Twitter[23]. Comme Facebook, Twitter est une plateforme riche de la créativité et des relations de la multitude. Mais Twitter baigne dans une philosophie d'ouverture et de *hackability* qui a permis, d'une part, aux utilisateurs d'inventer de nombreux usages parfois très sophistiqués et, d'autre part, à des développeurs de réutiliser les ressources issues de ces usages au travers des multiples API mises à disposition par Twitter. Le plus intéressant est que tous ces usages sont remplis avec deux ou trois fonctionnalités élémentaires. De nombreuses fonctionnalités de l'interface actuelle ne sont que la mise en forme graphique de conventions syntaxiques élaborées par les utilisateurs. C'est la multitude qui a défini les formes d'usage de Twitter et qui, à certains égards, déterminera son évolution à venir.

Ces stratégies de plateforme ne sont pas l'apanage du secteur privé. La puissance publique peut apprendre à développer, ou à garantir, des insfrastructures cognitives, de nouveaux biens communs, et à maximiser l'impact social de ses prores ressources. La France emprunte ce chemin avec des projets comme l'État plateforme, l'*open data*, ou le développement de ressources comme OpenFisca ou la base adresse contributive.

Enfin, il est une plateforme qui, par sa structure profondément *end-to-end*, par son accessibilité et son ouverture, par son succès mondial est, par essence, la plateforme de la multitude. Cette plateforme, c'est le réseau Internet lui-même. C'est pour cela que les enjeux concernant sa neutralité, son ouverture et son interopérabilité sont si importants[24]. Pour la multitude, Internet est un bien commun.

Quatre préceptes stratégiques pour la transformation numérique

Une première réponse à la révolution numérique consiste à devenir designer pour coller aux flux, aux mouvements et aux nouveaux désirs et y apporter une réponse adéquate. Une deuxième réponse consiste à devenir plateforme, pour capter et exploiter cette créativité ambiante. La réponse parfaite est de réussir à concilier une expérience utilisateur s'introduisant suffisamment dans l'intimité et la faculté à capter la valeur ambiante.

Mais ces beaux principes ne suffisent pas, à eux seuls, à définir les règles d'organisation et de management des entreprises. Il y a beaucoup à faire avant de devenir aussi efficace que les innovateurs radicaux.

Renaître comme plateforme

Les entreprises matures, aujourd'hui ébranlées par l'économie numérique, ont longtemps dominé leur marché en maîtrisant à la fois l'expérience utilisateur et l'infrastructure sous-jacente – en étant à la fois une application et leur propre plateforme. Mais, dans le nouveau monde industriel, l'ascendant est vite perdu sur le marché des applications. Nombre de ces entreprises matures restent focalisées sur leurs applications qui déterminent en général la valeur d'usage et donc le prix de vente. Elles peinent à identifier leur potentiel de plateformes, car l'intégration verticale qu'elles héritent de leur histoire leur a fait perdre de vue les maillons de leurs chaînes de valeur.

Une maison de disques n'imagine pas de séparer ses activités de plateforme (la production et l'édition phonographique) de ses applications (la promotion des artistes et la distribution de leurs enregistrements sonores). Un grand distributeur conçoit mal qu'il puisse exister une discontinuité entre sa plateforme (la logistique de son circuit d'approvisionnement et de distribution) et son application (l'accueil de ses clients dans des magasins). Il peut mettre sa logistique à disposition de certains concurrents, mais il n'imaginera pas en autoriser le détournement par des API.

Or, comme l'écrit Steve Yegge : « une plateforme bat toujours une application ». Une entreprise qui ne remet pas la valeur concentrée à disposition du plus grand nombre d'acteurs sur le marché est condamnée à disparaître. Pour assurer sa position sur le marché, il faut devenir une plateforme. C'est à la fois le seul moyen de combattre une plateforme et le meilleur moyen d'empêcher les autres concurrents d'émerger : lorsqu'un équilibre de marché existe entre deux plateformes (iOS et Android par exemple), même des acteurs majeurs comme Microsoft ont toutes les peines du monde à les concurrencer. En ce sens, il devient nécessaire, pour concurrencer une plateforme, d'inventer la suivante plutôt que d'en créer une autre en parallèle. C'est le cas pour Apple avec SIRI et avec les nouvelles générations d'objets connectés qui, progressivement, pourront s'affranchir des plateformes existantes et créer leurs propres plateformes[25].

Pourtant, face aux « nouveaux barbares », les entreprises civilisées, loin de se transformer en plateformes, tendent souvent à intensifier leurs anciennes stratégies.

Les tentatives pour concurrencer directement les nouveaux entrants par de nouvelles applications se soldent systématiquement par un échec. En témoignent, par exemple, les tentatives avortées de l'industrie musicale pour réinventer la vente de musique en ligne au travers des applications PressPlay ou MusicNet, qui n'ont jamais rencontré leur public et ont été éclipsées par le succès d'iTunes. Même l'acquisition d'applications à succès *via* des opérations de croissance externe ne parvient pas à remettre en selle les entreprises civilisées, tant l'acquisition par l'une d'elles semble tuer instantanément la dynamique d'innovation au sein de l'entreprise rachetée. Ainsi Myspace, ancêtre de tous les réseaux sociaux créée en 2003, a-t-elle été acquise en 2005 pour la somme de 560 millions de dollars par News Corporation, le groupe de presse de Ruppert Murdoch. Myspace a ensuite culminé à 230 millions d'utilisateurs avant de connaître une profonde désaffection du grand public, de décliner et d'être revendue en 2011 pour une somme seize fois inférieure à son prix d'acquisition.

Les partenariats entre les acteurs des deux mondes se révèlent eux aussi déséquilibrés et peu concluants en termes financiers ou industriels. Ainsi, l'application Vevo, née d'un accord entre YouTube (Google) et les majors du disque Universal Music Group et Sony, peine à trouver son équilibre et à servir les intérêts de l'industrie musicale. L'une des raisons en est que, sur le marché des services numériques, la valeur du service progresse souvent plus vite que le nombre d'utilisateurs, privilégiant ainsi le plus gros acteur. Vevo est aujourd'hui une source de trafic pour YouTube – donc pour Google – plus qu'un instrument de prescription ou une source de revenus pour l'industrie musicale.

Une troisième option de positionnement vis-à-vis de l'économie numérique est la concentration. Sur le marché des applications, ce sont les utilisateurs qui arbitrent et ils le font toujours en faveur de l'entreprise dont la proposition est la plus forte, l'itération la plus dynamique, la sensitivité la plus aiguisée. Un cartel de vieilles entreprises matures est probablement l'organisation la moins bien placée pour relever ce défi. Hulu[26], une application mise au point par plusieurs entreprises du secteur audiovisuel américain et qui rencontre un succès (relatif) auprès du grand public, est finalement l'exception qui confirme la règle.

Quelle que soit l'option retenue, la stratégie consistant à rétablir un contact perdu avec le consommateur final *via* les applications est le plus souvent erronée. Les entreprises malmenées sur le marché des applications doivent apprendre à opter pour une stratégie différente : se concentrer sur leur savoir-faire sous-jacent pour vite se transformer en plateformes. Ce n'est qu'en devenant elles-mêmes plateformes qu'elles éviteront que leurs nouveaux concurrents sur les applications ne mûrissent et ne grandissent suffisamment pour les concurrencer jusque sur leur cœur de métier – comme Amazon concurrence désormais sérieusement les grands distributeurs sur le marché de la logistique. Une application peut mourir, mais la plateforme qui la sous-tend peut lui survivre et donner naissance, demain, à d'autres applications.

Pour prospérer dans une économie numérique où leurs vieilles applications deviennent obsolètes, les entreprises matures doivent donc devenir des plateformes. Le monde ancien ne résistera à la déferlante des innovateurs radicaux que s'il peut s'appuyer sur des plateformes issues de ses rangs. Le *Guardian* est devenu une plateforme, EMI est en train de devenir une plateforme, Salesforce (éditeur logiciel) est depuis longtemps devenu une plateforme. Mais il faut aller plus loin. Le journal *Le Monde* peut devenir une plateforme. Universal Music peut devenir une plateforme. Carrefour ou Auchan peuvent devenir des plateformes. La Poste peut devenir une plateforme. Même l'État français doit devenir plateforme.

Bien sûr, toutes ces organisations rencontrent des obstacles bien connus : les rigidités imposées par leur circuit de distribution, leur méconnaissance de l'économie numérique, les mauvais conseils de diversification sur Internet dispensés par nombre de consultants ou d'agences et surtout la crainte terrible de perdre le contact avec ses consommateurs.

Organiser la « sur-traitance »

En 1960, le grand publicitaire David Ogilvy fut quasiment mis au ban de *l'American Association of Advertising Agencies* pour avoir imposé à ses clients le principe d'une rémunération de ses services à un prix forfaitaire. Ce faisant, Ogilvy rompait avec l'usage du prélèvement, par les agences, d'une commission de 15 % sur les achats d'espace pratiqués pour le compte de leurs clients.

Les arguments d'Ogilvy étaient convaincants : les agences percevaient une commission sur les achats d'espaces, mais pas sur les opérations promotionnelles – ce qui introduisait un biais en faveur de la communication au détriment du marketing. Or, Ogilvy souhaitait pouvoir conseiller à ses clients d'acheter moins d'espace publicitaire sans être lui-même pénalisé financièrement.

Initialement rejeté par toute la profession et de nombreux clients, le principe de la rémunération forfaitaire s'est finalement imposé grâce à la force de la démonstration d'Ogilvy, contribuant ainsi à une révolution dans la relation entre des fournisseurs, les agences de publicité et leurs clients.

C'est aujourd'hui la même révolution à laquelle nous assistons dans l'économie des plateformes et des applications. Le paradigme de la plateforme nous permet en effet d'imaginer une autre organisation de la relation entre clients et fournisseurs.

L'entreprise qui opère une plateforme met différentes ressources à disposition de celles qui opèrent des applications : des données, une marque, des produits, des circuits de distribution. En cela, elle est un facilitateur et un libérateur d'innovation : « Voilà tout ce que j'ai. Faites-en bon usage. Nous mesurerons si vous faites du bon travail. » C'est aux antipodes du comportement d'un client habituel, qui pratique de la rétention, inflige à son fournisseur les conséquences des conflits et rivalités internes à l'organisation, se montre peu réactif, fait remonter trop de décisions à un arbitrage de trop haut niveau – et tout cela sans forcément comprendre mieux les consommateurs et leurs attentes.

La relation entre plateforme et applications s'accommode mal des régimes d'exclusivité. Lorsque la société Apple décide de proposer directement des applications téléchargeables à tous les utilisateurs d'un iPhone, elle ne fait pas un appel d'offres pour sélectionner des prestataires chargés de développer ces applications. Elle met en place une plateforme qui permet à tous les créateurs et designers du marché de développer des applications qu'ils vont ensuite s'occuper eux-mêmes de vendre aux clients d'Apple. Une plateforme s'en remet à une multitude d'entreprises ou de développeurs pour mettre au point des applications avec ses ressources.

L'économie des plateformes permet d'éliminer ou, à tout le moins, de maîtriser les coûts transactionnels entre, d'un côté, les créateurs et designers et, de l'autre, ceux qui détiennent les ressources nécessaires pour permettre aux premiers d'exécuter leur geste. Une plateforme documente ses ressources, publie des conditions générales d'utilisation, normalise des procédures d'agrément ou de certification. En d'autres termes, elle réalise dès le départ et une fois pour toutes les tâches nécessaires à l'établissement de partenariats, qui peuvent ainsi se concrétiser par centaines, voire par milliers ou centaines de milliers. L'économie des plateformes n'est pas l'économie des appels d'offres, des contrats de gré à gré, encore moins des fusions-acquisitions. Elle est l'économie de la concentration sur son métier et de l'accessibilité des ressources pour le reste du marché.

Dans ce nouveau régime, c'en est fini de la livraison, de l'exécution dans la soute dans le cadre d'un contrat de gré à gré longuement négocié et truffé de clauses spécifiques. Désormais, tout ce que l'on réalise peut être testé grandeur nature sur Internet, puis itéré. On recherche une relation durable entre le client et son fournisseur, rémunérée de façon récurrente, avec un partage des risques fondé sur la performance : seule une relation durable permet de prendre des risques ; seule une rémunération à la performance permet de garantir l'alignement stratégique entre le fournisseur et son client, entre la plateforme et l'application.

Mais s'agissant des plateformes et des applications, ces catégories sont-elles si claires ? La plateforme n'est pas un client car elle rend un service à l'application et est souvent payée en retour. La plateforme n'est pas non plus un fournisseur car l'application lui rend aussi un service, celui de la rendre plus visible, de la fertiliser en données, d'investir l'intimité d'un plus grand nombre d'utilisateurs, de capter la valeur ambiante à une échelle démultipliée.

L'application, de son côté, n'est pas sélectionnée *a priori* par la plateforme et elle ne bénéficie d'aucun régime particulier[27] : elle accède à des ressources qui sont documentées dans le cadre de conditions générales et elle rémunère la plateforme aussi bien en données qu'en monnaie. Elle n'est donc ni un client de la plateforme, ni son sous-traitant. Elle mérite qu'une nouvelle notion soit forgée pour décrire les particularités de cette nouvelle économie : nous les appellerons des « sur-traitants » des plateformes, sur-traitants dont l'activité consiste à s'emparer des ressources mises à disposition par une plateforme pour « refaire » le service qu'elle rend et, le cas échéant, le combiner à d'autres.

Comme Ogilvy et ses clients à l'époque, plateformes et applications parviennent à un alignement stratégique radicalement nouveau, dont la résultante est plus d'efficacité – en d'autres termes, plus de valeur créée.

De la marque comme plateforme

Peut-on étendre la stratégie de plateforme ouverte à une marque ? Cette question, iconoclaste pour la plupart des responsables, appelle l'examen d'un petit exemple.

En 1984, deux entrepreneurs de la *Silicon Valley*, Richard Saul Wurman et Harry Marques, lassés des interminables conventions, eurent l'idée de lancer un nouveau format de conférences : les « TED[28] ». Pour garantir l'impact maximal de leur événement, ils ne se contentèrent pas d'inviter les intervenants les plus brillants de la planète. Ils définirent un format bien particulier : des interventions de 18 minutes, travaillées et répétées sans relâche par les orateurs, avec un ton particulier et reconnaissable entre tous. Nous avons tous vu, sur Internet, telle ou telle conférence TED, et nous savons tous à quoi nous attendre lorsqu'un ami nous recommande une « *TED Conference* ». Il y aura de la vision, du paradoxe, une idée neuve et claire et de l'enthousiasme.

Dès 1990, l'événement devint annuel et les vidéos furent ensuite partagées gratuitement sur Internet, bien souvent traduites en plusieurs langues grâce à la contribution bénévole des internautes, ce qui n'étonnera pas nos lecteurs. TED est désormais une marque exceptionnelle, d'une grande valeur. Tout entrepreneur normalement constitué aurait envisagé de transformer cette marque en franchise et d'en tirer de confortables royalties. C'est exactement l'inverse que firent les organisateurs. Ils décidèrent de créer une licence TEDx, autorisant entreprises, associations, écoles ou toutes sortes de communauté à créer leurs propres événements, sans rien payer à la marque TED, à condition de respecter le cahier des charges des conférences. L'événement est désormais planétaire et la France elle-même en a accueilli une cinquantaine entre 2010 et 2015.

Quel directeur de marque, quel *brand manager* aurait eu un tel culot ? Aucun à notre connaissance. En effet, si la prise en compte de la valeur immatérielle a considérablement progressé[29], elle s'est focalisée à l'excès sur la lecture comptable de la valeur, celle de la réalisation d'un possible. Elle comptabilise les droits et les marques, mais elle les transforme en stocks, statiques, « immobilisés ».

Ceci est particulièrement net pour les marques. Elles sont perçues comme l'immuable au cœur de l'identité de l'entreprise, la signature la plus pérenne, le point de focalisation de toute l'histoire de la société. « Ne touchez pas la hache », dit à Armand de Montriveau le gardien de l'arme qui a servi à trancher la tête de Charles Ier. « Ne touchez pas ma marque », disent aujourd'hui les entreprises à leurs collaborateurs, leurs partenaires et leurs clients.

Le lancement spectaculaire de l'offre de téléphonie mobile de Free, début 2012, constitue un bon exemple. Tout le monde semble ignorer que de nombreux opérateurs avaient testé le principe d'un forfait à 20 euros par mois et y avaient renoncé, en constatant le faible intérêt de leurs clients. Simplement, leurs offres étaient chiches, contraintes, cachées dans le vaste océan de leurs grilles tarifaires. En concevant son offre, Free y a d'une part investi toute sa philosophie, toutes ses valeurs, toute son identité et y a, d'autre part, injecté toute la lisibilité de sa stratégie, toute l'identité de sa marque et de son fondateur. Le succès fut sans précédent en France.

Le groupe La Poste fournit un autre exemple intéressant. La Poste est probablement en France la société qui bénéficie du meilleur capital de confiance. Elle peut compter sur une longue tradition et sur un imaginaire qui nous ferait convoquer les mânes de l'Aéropostale ou d'Olivier Besancenot. Ce capital est même renforcé par certains conservatismes du groupe : on imagine mal la Banque postale spéculer sur d'obscurs marchés imaginaires.

Suivant une démarche traditionnelle, la société envisage d'utiliser ce capital de confiance pour développer des offres de « tiers de confiance », telles que la sécurisation des transactions ou un service de coffre-fort virtuel. Mais, à ce jour, ces offres n'ont pas encore rencontré leur public. Il est difficile de les identifier, elles sont difficiles à promouvoir. Alors qu'une sorte d'« *App Store* » de La Poste, fondé sur une ouverture partielle des données à sa disposition, aurait sans doute permis à la fois de multiplier les offres de cette nature et de construire la notoriété nécessaire à ces applications...

Depuis quelques années, en revanche, La Poste semble donc plutôt s'orienter vers des métiers dans lesquels la confiance est en passe de s'éroder. Par exemple, le lancement de son offre de téléphonie mobile sans contrainte a connu un grand succès. Fin 2011, elle a décidé de s'essayer à l'innovation ouverte. Un simple formulaire d'appel à contribution, mis en ligne sur l'espace fournisseur de son site, a suscité plus de 2 000 consultations et de nombreux téléchargements en quinze jours. On accepte de partager ses idées avec La Poste. C'est aussi une composante de la valeur de sa marque, au moins aussi importante que la couleur de son logo.

Une marque, aujourd'hui, c'est un support d'action. Il devient nécessaire de la penser comme une plateforme, comme une ressource ; peut-être d'en faire une API. On attend avec impatience la première marque de prestige qui mettra en ligne, pour différentes communautés créatives, des logos, des données, des systèmes d'information, et qui consentira l'investissement nécessaire à faire naître, et vivre, la communauté créative et imprévisible de ses utilisateurs.

Si les marques des entreprises installées tardent à le faire, les nouveaux entrants n'hésitent guère, pour leur part, quand ils conçoivent leurs stratégies de plateforme. L'ancien monde s'acharne à organiser une sous-traitance la plus rigoureuse possible, multipliant les chartes graphiques, les cahiers des charges et les définitions objectives des valeurs de la marque. L'économie numérique invente au contraire la sur-traitance. Des ressources mises à disposition – qui dissimulent des règles du jeu : nous savons que le code fait loi. Des incitations à créer, quelques règles juridiques, et l'on entre dans un nouveau monde ou ce sont les sur-traitants qui créent l'essentiel de la valeur de la plateforme, et donc de la marque. Facebook et, dans une moindre mesure, Google, sont des marques universellement présentes sur Internet aujourd'hui, immédiatement visibles et reconnaissables sur une immense proportion des pages que visitent quotidiennement les utilisateurs.

Opter pour un management radical

La transformation en plateforme illustre finalement l'impératif central qui s'impose aux entreprises après la révolution numérique : savoir s'ouvrir sur l'extérieur. Pas seulement pour y écouler leurs produits ou y recruter leurs collaborateurs, mais pour capter la richesse que crée la multitude. Il s'agit d'ouverture lorsque, grâce au design réussi d'une application, une entreprise parvient à s'imposer dans l'intimité de ses clients ou utilisateurs et, dans cette intimité, à cocréer avec eux de la valeur. Il s'agit d'ouverture lorsque, ayant mis en place une plateforme, une entreprise met certaines de ses ressources à disposition du marché afin que d'autres s'en emparent et, avec elles, créent de la valeur. Comme l'écrit Jean-Louis Fréchin, « les entreprises doivent désormais exprimer un discours et des propositions qui expriment la richesse de ce qu'elles font ». Les collaborateurs d'une organisation font partie de la multitude. Elle doit en profiter. Pour attirer et stimuler une multitude, rien de tel qu'une autre multitude.

Or l'ouverture n'est jamais anodine pour une entreprise – comme, d'ailleurs, pour toute organisation. Une entreprise a certes de multiples parties prenantes dans toute l'économie, avec lesquelles elle entretient des liens privilégiés qui sont autant de connexions avec l'extérieur. Mais la nature même d'une organisation ne la prépare en rien à la démarche radicale d'ouverture résultant des préceptes stratégiques d'après la révolution numérique. Le principe même d'une organisation, c'est d'opposer des résistances. La dynamique d'une organisation, c'est d'itérer plus lentement. La culture d'une organisation, c'est de se fermer sur elle-même. L'ouverture, pour une organisation, est une transformation radicale. Et pour conduire une transformation aussi radicale, il faut un management radical[30].

Du chemin a déjà été parcouru par les entreprises qui, dans certains secteurs du moins, ont appris à faire levier sur la multitude de leurs employés pour créer de la valeur. L'approche est aujourd'hui si généralisée, notamment dans le secteur tertiaire, qu'elle finit presque par échapper à notre attention. Comme l'écrit André Gorz, « l'idéologie de la "ressource humaine" prépare l'instrumentalisation par la rationalité économique des aspirations non économiques, parce qu'elles sont des facteurs de productivité et de "compétitivité" d'un genre particulier[31] ». Dans l'économie contemporaine, ce n'est plus seulement une force de travail que les salariés mettent à disposition de leur employeur : c'est aussi leur créativité, leur désir, leur singularité, voire leur intimité. C'est leur vie dans toutes ses dimensions. Les salariés des entreprises d'aujourd'hui sont d'abord des membres de la multitude. Et les entreprises ont depuis longtemps appris à cocréer la valeur avec cette multitude.

L'évolution la plus marquante dans cette approche n'est guère récente : il s'agit de la profonde transformation des modes de production par l'industrie automobile japonaise à partir des années 1970. Le « toyotisme » est une démarche qui prend le contre-pied de l'organisation tayloriste de la production et parvient à la battre sur les deux indicateurs de performance d'une chaîne : sa productivité et la qualité des produits qui en sortent. Le « toyotisme » tourne le dos à l'individualisation des tâches et à leur standardisation par les manuels de procédures, les cadences imposées et le chronométrage. Il consiste au contraire à assigner des objectifs à des équipes – produire le plus possible, au plus haut niveau de qualité – et à laisser celles-ci s'organiser pour allouer les ressources en leur sein, de façon dynamique, en améliorant continuellement l'efficacité et la qualité de la production. Le *kaizen* ménage aux équipes une autonomie. Le cercle de qualité permet d'orchestrer l'amélioration continue de la qualité de la production. Les équipes d'une usine organisée selon les principes du « toyotisme » fonctionnent peu ou prou comme la multitude. Elles sont partiellement affranchies des liens de subordination hiérarchique qui irriguent l'organisation et contribuent à la rigidifier.

De même, dans leur livre consacré à l'écosystème des *start-up* israéliennes[32], Dan Senor et Saul Singer insistent sur un état d'esprit caractéristique de nombre des entrepreneurs de ce système d'innovation : la *chutzpah*, mélange d'irrévérence, de malice, de culot, qu'ils estiment extrêmement précieux pour le succès de ces entrepreneurs (Israël est le deuxième pays au monde en termes d'introduction en Bourse au NASDAQ, juste après les États-Unis). Et ils suggèrent que cette approche des situations est renforcée par la méthode de l'armée israélienne, qui encourage de petites unités extrêmement solidaires à se focaliser sur leur mission, sans insister lourdement sur la discipline formelle.

Le fonctionnement de Google, qui ménage à ses ingénieurs la possibilité de consacrer une partie de leur temps de travail à des projets laissés à leur initiative, est en quelque sorte une tentative de prolonger la démarche du toyotisme en l'adaptant à la sociologie des ingénieurs informatiques. L'autonomie n'est désormais plus seulement offerte à des équipes, mais aux individus. Les meilleures idées qui naissent de cette autonomie ne viennent pas améliorer un maillon d'une chaîne normalisée, mais peuvent déboucher sur le lancement d'une nouvelle chaîne : c'est de ce temps libre ménagé aux ingénieurs de Google, de cette stimulation de leur créativité individuelle que sont nés des produits comme Google Maps ou le vérificateur d'orthographe.

Le toyotisme a été interprété – à tort – comme une forme d'émancipation des travailleurs. Il n'est en réalité que l'émancipation par rapport à la rigueur de l'organisation tayloriste du travail, pour mieux servir les intérêts stratégiques de l'entreprise : la productivité et la qualité. De la même manière, le fonctionnement original de Google est une démarche qui combine de façon innovante l'hétéronomie – qui résulte du rapport de subordination entre les ingénieurs de Google et l'entreprise qui les emploie – et l'autonomie. Ce fonctionnement ménage du temps pour inventer, créer, s'épanouir. Il donne lieu à des innovations radicales qui viennent élargir la panoplie des applications opérées par Google. La démarche se pare des atours de la bienveillance et de la générosité, en cohérence avec la revendication de la société : « ne fais pas de mal ».

Mais même après la révolution numérique, l'ouverture d'une organisation n'est pas une démarche nécessairement naïve, généreuse et bienveillante. Elle exige aussi une détermination managériale absolue, qui peut se traduire par la plus extrême dureté. Ainsi, la transformation de l'application Amazon en plateforme, telle que la relate Steve Yegge dans sa « harangue », a été pour les employés d'Amazon un chemin de croix :

> À peu près en 2002, Bezos a édicté un ordre [...] dont les termes étaient plus ou moins les suivants :
> 1. Toutes les équipes exposeront dorénavant leurs données et fonctionnalités par l'intermédiaire d'API[33].
> 2. Les équipes ont l'obligation de communiquer les unes avec les autres à travers ces API.
> 3. Aucun autre mode de communication entre équipes ne sera autorisé. [...] La seule communication autorisée est à travers des appels à ces API via le réseau.
> 4. Peu importe la technologie utilisée. HTTP, Corba, Pubsub, protocoles spécifiques – peu importe, Bezos n'a que faire de cela.
> 5. Toutes les API, sans aucune exception, doivent être conçues dès le départ pour être rendues accessibles de l'extérieur. Cela signifie que chaque équipe doit planifier et concevoir de façon à pouvoir exposer son API à des développeurs du monde extérieur. Aucune exception.
> 6. Quiconque ne se conformera pas à ces ordres sera renvoyé.
> Le point 6 était si vrai que tout le monde se mit au travail. [...] Tout le monde fit BEAUCOUP de progrès et s'assura que [la hiérarchie] en était bien informée.

L'ouverture à l'extérieur, si essentielle, est tellement contre-intuitive pour des organisations qu'elle appelle des formes de management bien particulières. C'est le paradoxe qui a initié ce livre : pourquoi ces mêmes individus qui, dans leur vie privée, sont d'avides consommateurs d'innovation et laissent des applications disruptives bouleverser leur intimité, deviennent-ils si frileux lorsqu'il s'agit d'innover pour leur entreprise ? Parce que telle est la malédiction d'une organisation : spontanément, elle ne s'ouvre pas sur l'extérieur. C'est même tout le paradoxe de l'institutionnalisation, qui a été amplement travaillé par la sociologie des organisations[34].

Les managers des grandes entreprises comprennent les enjeux de la nouvelle civilisation industrielle. Mais, responsables de maintenir et développer ces grandes institutions, ils reviennent toujours aux anciennes rigidités, souvent confortés par leurs clients, leurs actionnaires, les systèmes d'aides publiques, voire l'opinion ou la presse. Tous exercent sur l'organisation des forces conservatrices : la volonté d'établir des positions dominantes « à l'ancienne », le fantasme de la propriété intellectuelle sur l'ensemble de la chaîne, la fierté d'être celui qui maîtrise le métier, la volonté de disposer d'une organisation lisible et rigoureuse, ou une culture informatique datée. Car l'économie des plateformes n'a rien à voir avec l'informatique des grandes entreprises. La vertu cardinale d'une plateforme, c'est l'accessibilité. Le savoir-faire d'une direction des services informatiques, c'est la sécurité. Et ces deux objectifs s'opposent.

Les bonnes pratiques de management ont épuisé des générations d'auteurs, de Peter Drucker à Guy Kawasaki. Il serait difficile aujourd'hui de départager Google et Amazon, Apple et Facebook, tant le succès de toutes ces sociétés est éclatant. D'une certaine manière, les profondes différences de style et de vision entre leurs dirigeants montrent qu'il n'existe pas de recette miracle pour ouvrir une organisation. Si l'objectif est le même, s'ouvrir sur la multitude, les actions à entreprendre peuvent dépendre de l'entreprise, de son histoire, de sa sociologie, de son secteur d'activité et, bien sûr, de son dirigeant. Après tout, la principale dynamique à l'œuvre dans une organisation n'est-elle pas l'imitation du chef quand il est fort ou la résistance au chef quand il est faible ?

La dureté de Jeff Bezos, évoquée par Steve Yegge, est finalement de la même teneur que celle de Steve Jobs, qui était connu pour malmener et humilier ses collaborateurs – dur en affaires, dur en management, intransigeant en design, dur avec ses propres associés[35] – ou de Mark Zuckerberg, dont le film *The Social Network* nous rappelle qu'il a parfois usé de la formule « c'est moi le PDG, salope » pour rappeler que lui seul prenait les décisions stratégiques et qu'il pouvait imposer ses décisions à l'organisation. Chez Cisco, John Chambers n'a pas la même réputation tyrannique, mais l'entreprise revendique fièrement de licencier chaque année le *bottom five*, c'est-à-dire les 5 % de salariés les moins performants.

Dans bien des cas, ce sont des fortes personnalités, charismatiques ou redoutées, qui expliquent les choix de management de ces organisations parvenues à s'ouvrir sur l'extérieur, à séduire un nombre considérable d'utilisateurs grâce à une application, puis à se transformer en plateforme. Steve Jobs et Steve Wozniak, Bill Gates et Paul Allen, Mark Zuckerberg, Larry Page et Sergey Brin, Jeff Bezos, John Chambers, Jimmy Wales... La litanie des « grands patrons » du numérique représente une sorte de version moderne des *Vies des hommes illustres*, à tel point que les commentateurs réduisent parfois l'histoire du numérique aux biographies, aux egos ou au management si particulier de ces nouvelles icônes[36].

La biographie officielle de Steve Jobs est très éclairante sur ce point. On ne peut la lire sans être frappé de la similitude entre le comportement du fondateur d'Apple et celui d'un artiste obstiné, capricieux et égocentrique. Cette économie de propositions qui doit s'imposer à la foule, ce travail de plus en plus immatériel, qui manipule de plus en plus de symboles, voire d'affects, autorise une posture de création beaucoup plus proche de celle de l'artiste, ou du chercheur, que du manager traditionnel. Se contente-t-elle de l'autoriser, ou l'exige-t-elle ? Ce sera la grande question de la prochaine décennie.

En tout état de cause, le management doit adopter une radicalité à la hauteur des enjeux. Après la révolution numérique, une organisation pourra de moins en moins concevoir, avec ses seules forces internes, une application suffisamment réussie pour conquérir durablement les parts de marché nécessaires à sa survie[37]. Il lui faudra se mouvoir et s'ouvrir pour devenir une plateforme. Sur un marché donné, il n'y a qu'une place à prendre, de la place seulement pour une plateforme. La concurrence est féroce et les dynamiques de concentration souvent extrêmes. Un seul grand distributeur deviendra la plateforme de référence pour le développement des applications de grande distribution en ligne. Une seule maison de disques exercera un ascendant sur ses concurrentes parce qu'elle les aura devancées en devenant une plateforme. Les acteurs de ces marchés s'observent déjà les uns les autres. Un seul partira le premier, qui choisira de basculer dans l'ouverture à la multitude.

Financer l'économie de la multitude

La difficulté à appréhender la révolution de l'économie de la multitude ne concerne pas seulement les industries matures. En 2015, la difficulté à financer l'innovation reste majeure[38].

Du côté des sociétés cotées, la pression des marchés financiers constitue un handicap pour l'innovation. Une activité de recherche et développement incrémentale, donnant matière à des brevets tangibles et soutenue par le crédit d'impôt recherche, peut encore passer. Mais un investissement à risque, une approche itérative rentabilisée sur un grand nombre d'initiatives sont délicats à justifier face à la Bourse, marché secondaire qui privilégie structurellement le court terme.

Pour de multiples raisons, le capital-investissement – l'investissement en capital dans des sociétés non cotées – n'est guère mieux loti. L'une des raisons est la difficulté à allouer ses fonds à une activité encore un peu artisanale. S'il existe quelques fonds efficaces, la rentabilité moyenne de cette activité est faible et la dispersion des résultats est forte. Les détenteurs de capitaux sont donc enclins à allouer leur argent à des activités plus prévisibles et rassurantes, jouant sur de plus grands volumes. Le renforcement des règles de sécurité financière, dans la lignée des accords dits « Bâle 3 », viendra malheureusement renforcer cette tendance.

Un grand groupe peut-il prendre un risque d'innovation ?

Vis-à-vis des sociétés cotées, la Bourse semble avoir trop bien intégré la promesse implicite du grand groupe : la grande taille permet d'exercer un tel pouvoir de marché qu'il est plus facile de garantir le rendement de l'activité. Prisonnière de ce préjugé, la Bourse attend donc des grands groupes une prévisibilité, une fiabilité qui sont un peu le contraire du risque d'innovation, toujours chargé d'aléas.

C'est d'ailleurs le fondement du droit de la concurrence, structuré par l'idée que les autorités doivent prévenir les blocages du processus concurrentiel procédant des concentrations. Comme l'expliquait Louis Brandeis, juge à la Cour suprême des États-Unis :

> L'efficacité dans une entreprise ne peut pas croître indéfiniment avec la taille de l'entreprise. Très souvent, une entreprise grandit en efficacité à mesure qu'elle développe son activité. Mais il y a une unité de plus grande efficacité possible dans toutes les entreprises, à tout moment, et une entreprise peut devenir trop grande pour être efficace, aussi bien qu'elle peut être trop petite. Les profits ne sont pas toujours dus à l'efficacité mais parfois au contrôle du marché, ou à la maîtrise par un petit groupe du pouvoir souverain de taxer[39].

Comme l'observe Clayton Christensen[40], un grand groupe est une entreprise qui a exploité son pouvoir de marché pour accroître son niveau de marge. Un grand groupe doit croître chaque année, à la fois pour satisfaire les attentes de ses actionnaires, garantir la fluidité du processus interne d'allocation des ressources et en particulier ménager à ses collaborateurs les marges de progression qui vont permettre de garantir leur fidélité et leur productivité.

Or, l'innovation est une activité initialement peu rentable. Nous sommes donc souvent victimes d'une illusion d'optique. Les grands groupes investissent massivement dans des activités de recherche et développement. Mais ils investissent peu dans l'innovation. L'innovation est par définition un processus qui rencontre son marché. Qu'elle provienne de la recherche et développement, de l'innovation ouverte, du design ou de toute autre origine, l'acceptation par le marché est son seul critère. La souris, par exemple, cette interface utilisateur qui a révolutionné l'expérience du micro-ordinateur, est issue des activités de recherche et développement de la société Xerox, un grand groupe. Mais c'est Apple, une jeune et petite société obsédée par la disruption, qui s'est emparée de cette invention pour en faire une innovation. C'est Apple qui s'est s'emparée de la souris et a pris tous les risques pour lui faire rencontrer un marché.

Clayton Christensen analyse de façon limpide, à l'aide de cinq grands principes, pourquoi la plupart des grands groupes, même florissants et remarquablement gérés, échouent à produire des innovations de rupture, celles-là mêmes qui font la valeur après la révolution numérique.

Les grands groupes sont structurellement dépendants de leurs clients et de leurs actionnaires, dont proviennent leurs ressources. Leur propension est de parvenir à un alignement stratégique avec l'une ou l'autre de ces parties prenantes, voire les deux en même temps. Ils deviennent progressivement incapables de servir des objectifs ne respectant pas cet alignement stratégique. Or, par définition, les innovations de rupture représentent un risque pour l'actionnaire et une proposition de valeur incompréhensible pour le client – du moins dans un premier temps.

Les marchés de niche, les seuls sur lesquels prospèrent les innovations de rupture, ne peuvent satisfaire les besoins extraordinaires de croissance et de rendement des grands groupes, qui ont donc tendance à les ignorer. Un marché de niche ouvert par une innovation de rupture peut évidemment s'élargir en un marché de masse. Mais il est souvent impossible d'anticiper cet élargissement, encore moins de le garantir. Or un grand groupe n'alloue pas de ressources sans un minimum de garanties.

Dans bien des cas, les marchés de débouchés des innovations de rupture n'existent pas : ils sont précisément ouverts par cette innovation. Microsoft a créé son marché. Amazon a créé son marché. Google a créé son marché. Facebook a créé son marché. Apple a créé plusieurs de ses marchés, à commencer par celui du micro-ordinateur personnel. Or, un marché qui n'existe pas ne peut être analysé pour planifier une stratégie, démarche qui constitue pourtant un prérequis fréquent au lancement d'un chantier d'innovation dans les grands groupes.

La force d'une organisation est aussi une faiblesse. Un grand groupe est une organisation qui, à force de se recomposer et de se modeler autour d'une activité progressivement identifiée comme son cœur de métier, a pris son autonomie par rapport aux individus qui la composent. L'organisation finit par porter son propre projet que même les innovateurs les plus radicaux en son sein ne peuvent méconnaître, encore moins contrer. L'exemple de Hulu, application de contenus audiovisuels coentreprise par les grands réseaux américains NBC-Universal, Walt Disney Company et News Corporation ou l'exemple de Soon la Banque mobile lancée par Axa en 2014, montre comment une innovation de rupture n'a pu être menée à bien qu'au sein d'une filiale délibérément affranchie et éloignée de ses maisons mères. Si le même chantier avait été entrepris en interne, il aurait été entravé, de crainte que l'application de rupture que constitue Hulu, initialement peu rémunératrice, ne vienne cannibaliser sur leur marché les activités matures génératrices de fortes marges[41].

Le progrès technique auquel s'astreignent les grands groupes dans leurs efforts d'innovation incrémentale finit souvent par dépasser les attentes de leurs clients. Soucieux d'accroître leurs marges en vendant des produits toujours plus performants et sophistiqués, les grands groupes finissent par déserter les entrées de gamme et par ménager un espace propice à l'entrée de concurrents disruptifs. Profitant de cet espace déserté, de nouveaux entrants font alors levier d'innovations de rupture pour provoquer une concurrence par les prix qui leur permet de changer les conditions de la compétition, puis de prendre le marché. Ainsi de l'invention de l'abonnement *triple play* à 29,99 euros par le fournisseur d'accès à Internet Free ! En d'autres termes, les grands groupes éprouvent un désintérêt structurel pour les activités à faibles marges. Or, les applications issues d'innovations commencent bien souvent par être des activités à faibles marges, avant d'améliorer leurs rendements d'échelle.

Nous pourrions ajouter que les grands groupes sont souvent victimes d'une faiblesse plus élémentaire encore : ils ne disposent tout simplement pas des ressources pour innover. L'innovation est à la fois un savoir-faire et un état d'esprit, qui n'a pas grand-chose à voir avec la recherche et le développement. Innover, c'est rencontrer un marché. Et pour rencontrer un marché, il ne faut pas seulement des chercheurs ou des ingénieurs. Il faut également des concepteurs, des designers, des professionnels du marketing, des financiers, des dirigeants visionnaires animés d'une détermination absolue. Il faut surtout une culture de l'entrepreneuriat, dramatiquement absente de la formation de nos élites économiques et administratives.

Nous avons donc une contradiction intrinsèque. Les grands groupes industriels, qui pourraient en théorie devenir de grandes plateformes structurantes et ainsi apprendre rapidement à composer avec leur environnement[42], ont généralement une structure de financement qui leur interdit de prendre un risque d'innovation.

Nous n'avons pas de solution miracle à ce problème bien connu. Mais il est déjà possible d'esquisser quelques pistes qui méritent réflexion :

– d'une part, on constate aujourd'hui un regain d'intérêt des grands groupes pour l'investissement en capital-risque (on parle de *corporate venture*). Mise en œuvre avec habileté – c'est-à-dire plus comme un capital-risqueur que comme un fonds souverain, en restant attentif à la respiration des écosystèmes et à la nécessaire mobilité des jeunes entreprises innovantes – cette approche peut être extrêmement féconde, en polarisant tout un écosystème autour du groupe ;

– d'autre part, on sent l'embryon d'une réflexion autour de nouveaux véhicules de financement de l'innovation. Ces nouveaux véhicules sont conçus pour « *extourner* » le risque afin qu'il n'introduise pas d'imprévisibilité dans le plan stratégique de l'entreprise, le structurant pour en gommer les aléas, créant des *pools* de brevets ou même de portefeuilles pour pouvoir travailler sur des bases statistiques. L'ingénierie financière de l'innovation est sans aucun doute l'un des prochains terrains de l'innovation elle-même ;

– enfin, c'est notre thèse centrale, nous recommandons une réflexion approfondie sur le potentiel de plateforme de chaque activité industrielle. Chaque directeur de l'innovation devrait se demander aujourd'hui si ses produits, sa logistique, ses boutiques, ses produits eux-mêmes ne peuvent être transformés en une plateforme. Investir sur la transformation de ses applications en plateformes est un risque d'innovation d'un ordre bien différent de celui de l'activité nouvelle. On investit à coût marginal sur une activité déjà maîtrisée et rentable. C'est sans aucun doute l'une des réponses à la question des divergences entre l'envie d'ouverture et la structure du financement des grands groupes.

Le *crowdfunding*, recours à la multitude

La communauté économique américaine s'intéressait beaucoup, début 2012, à une initiative de l'administration Obama : le *Crowdfunding Bill,* qui modifie la loi sur l'accès des entrepreneurs au capital.

L'objectif du texte est simple : faciliter les levées de fonds des *start-up* en assouplissant la possibilité de recourir aux petites sommes versées par des particuliers, jusqu'à concurrence de deux millions de dollars. En deçà de ce plafond, les contrôles de la Securities and Exchange Commission (SEC), si drastiques en cas d'introduction en bourse et interdisant quasiment de procéder à des levées de fonds *via* les réseaux sociaux, pourraient être considérablement assouplis.

En 2014, la France a également assoupli sa législation pour faciliter cette forme d'investissement.

Ces approches suscitent de passionnants débats. Le *crowdfunding* (littéralement « financement par la foule ») est une idée naturelle pour les enfants de la révolution numérique. La tradition est pourtant plus ancienne. Faire financer son film ou son livre par souscription ou par appel à l'investissement des particuliers n'est pas si iconoclaste. On associe d'ailleurs spontanément le financement par le public aux industries culturelles, à la fois parce que le public est supposé comprendre immédiatement l'intérêt d'une œuvre qui s'adresse à lui et parce que la dimension de divertissement rend passionnant et gratifiant de financer une œuvre, même si elle ne rentabilise pas les investissements consentis.

Mais le *crowdfunding* est depuis longtemps sorti du seul financement artistique et connaît un développement rapide dont la France n'est pas absente. La palette des formats proposés par ce mouvement est vaste. Elle va de l'organisation du financement entre amis à l'investissement quasiment professionnel, en passant par des projets comme MyMajorCompany, qui vous propose de coproduire un album, ou comme Ulule, qui propose d'aider au financement de projets en échange de contreparties non marchandes, ou comme Kiss Kiss Bank Bank et sa plateforme Hello Merci.

L'implication de l'administration Obama montre que cette approche a aussi une dimension politique importante. Qui mieux que cette équipe connaît le pouvoir de petites sommes apportées par des millions d'individus ? Le *crowdfunding* est comme un écho de la façon dont Barack Obama avait financé sa campagne présidentielle, en sollicitant auprès de milliers de petits donateurs ces *Pennies from Many* évoqués dans un article du *New York Times*[43].

L'objectif de l'administration Obama n'est pas seulement de drainer de nouvelles sommes vers l'économie des *start-up*, en soi une grande cause nationale. Il ne consiste pas seulement à prouver son engagement au côté des *start-up*. Il s'agit également de desserrer l'étau d'une industrie de la finance qui s'est arrogée le rôle d'intermédiaire entre l'épargne et les entreprises jusqu'à abuser de sa position et à précipiter la crise. Geste politique ou désintermédiation de l'économie ? Difficile de le dire en l'état.

La révolution des « Fin Tech » qui tenteront de disrupter l'industrie de la finance, démarre à peine début 2015.

Le Web inventera-t-il des formes d'actions collectives suffisamment élaborées pour que le *crowdfunding* devienne une industrie efficace ? Et pourquoi pas un marché de prédiction d'une efficacité supérieure à celle des investisseurs professionnels ?

Si tel est le cas, l'enjeu dépassera rapidement celui du financement de quelques *start-up*. C'est toute l'économie qui basculera et la place financière qui devra s'interroger sérieusement sur ses méthodes et son utilité sociale.

V

La politique du nouveau monde industriel

En général, l'ordre ne résulte pas des mouvements qu'imprime la force. Rien n'est réglé que ce qui se meut par soi-même et obéit à sa propre harmonie : la force ne doit écarter que ce qui est contraire à cette harmonie.

Louis-Antoine de SAINT-JUST,
Discours sur la Constitution à donner à la France

Nous connaissons désormais les tenants et aboutissants de la troisième révolution industrielle :

- l'accélération du progrès technique, la baisse continue du coût des technologies nous ont fait entrer dans un monde hyperfluide. Le changement et l'imprévisibilité y sont la norme ;
- la banalisation des technologies a libéré le potentiel créatif spontané du plus grand nombre : il y a désormais plus de puissance mobilisable dans la multitude qu'au sein de n'importe quelle institution. Une société-enfant s'empare avec joie de ce pouvoir d'agir et expérimente sans fin de nouvelles règles de fonctionnement ;
- l'ordre économique a changé : le désir et le pouvoir d'agir des individus deviennent de nouvelles externalités avec lesquelles les sociétés doivent apprendre à compter ; la

capacité à capter ce désir, l'ouverture d'une plateforme, la confiance inspirée par un design réussi sont de nouveaux actifs ;

– de nouveaux entrepreneurs, jouant des stratégies inédites, ébranlent l'ordre industriel ancien, créent de nouveaux services et accumulent un pouvoir immense. Ils changent le monde mais font aussi monter de nouveaux périls : sur la vie privée, sur les libertés individuelles et publiques, sur la liberté d'entreprendre aussi, puisqu'ils atteignent, en toute légalité, des positions dominantes d'un nouveau genre.

La révolution numérique doit donc être couronnée par une révolution politique, faute de quoi elle pourrait déboucher sur un monde profondément inégalitaire, étroitement surveillé et refermé à nouveau sur un consumérisme manipulé par la maîtrise de nouveaux médias. Le politique – comme l'entreprise – est saisi en bloc par une révolution qui ignore les silos. Le pacte de non-agression entre la culture, l'éducation, l'industrie, l'économie, la diplomatie et les droits de l'homme est caduc.

L'enjeu éducatif

En tête des enjeux politiques, comme souvent, se pose la question de l'éducation, de la manière dont la société a choisi d'organiser – d'industrialiser – l'éducation de masse.

Il y a deux générations à peine, seulement 5 % d'une classe d'âge atteignait le baccalauréat. Pour nombre d'enfants, l'instituteur était le seul accès au savoir. La société industrielle était stable. Il était possible de passer toute sa carrière dans la même entreprise, avec les technologies apprises dans sa jeunesse. La création de valeur était concentrée dans les machines des ingénieurs. Les ressources de production immatérielle étaient rares et concentrées. Les échanges entre humains étaient rares et lents.

Aujourd'hui, plus de 70 % d'une classe d'âge atteint le baccalauréat. L'université compte plus d'enseignants qu'elle ne comptait d'étudiants en 1950. Il y aura 200 millions d'étudiants dans le monde en 2015, contre 100 millions en 2000. La plupart des nouveaux étudiants proviendront des pays émergents, dont 70 millions d'Asie.

Les médias sont omniprésents mais les échanges interindividuels sont devenus dominants, les remplaçant en partie. La puissance du nouveau marketing et de la nouvelle communication, fondée sur les innombrables informations personnelles, appelle un surcroît d'éducation pour garantir la liberté des personnes. Surtout, nous voyons déferler la puissance de la multitude, cette puissance créatrice extérieure aux institutions qui ébranle les ordres établis.

L'éducation des générations montantes ne saurait s'abstraire du fait qu'elle doit préparer les citoyens de ce monde-là. Comment relever un tel défi sans exploiter les outils les plus avancés dont dispose notre époque : ceux de la révolution numérique ?

Le mandarin, le Jésuite et la révolution industrielle

Il est important de comprendre à quel point notre système éducatif reflète la vision du monde de la révolution industrielle.

L'éducation dans les pays développés est d'abord l'héritière d'une longue histoire de normalisation des savoirs et des esprits, qui est aussi une histoire de maintien (ou de reproduction) de l'ordre social. Ainsi l'université, les concours de recrutement de la haute fonction publique et les grandes écoles reposent-ils sur un modèle – honorable – de méritocratie. Mis au point en Chine dès le IIe siècle avant notre ère, ce modèle visait à unifier l'Empire en recrutant une classe de fonctionnaires compétents, indépendants des luttes de clans et surtout dont les mentalités et les valeurs devraient être unifiées autour du confucianisme. Parvenu en Europe par l'intermédiaire des Jésuites, le même modèle fut considérablement étendu par Napoléon Bonaparte. Il n'est donc pas étonnant qu'il forme des « mandarins »[1]. La technicité, l'apparente objectivité et la rationalité des concours découlent de cet objectif de recrutement. Si l'on avait cherché à recruter des innovateurs radicaux, ils auraient évolué autrement. Mais on cherchait à l'époque à unifier l'État. La Chine impériale était d'ailleurs plus « neutre » encore que notre époque, puisque les copies d'examen, anonymes comme les nôtres, étaient recopiées par un tiers pour empêcher que l'on puisse reconnaître l'écriture de leur auteur.

Après la Révolution française, pendant la révolution industrielle, l'école s'est donc progressivement confrontée à la double problématique de la massification et de la normalisation. Tenue de garantir l'égalité entre tous les individus et entre tous les territoires, elle a relevé ce défi avec les outils, les méthodes et les valeurs de son temps. Elle reflète donc bien, sans l'avoir particulièrement cherché, les besoins en ressources humaines des entreprises de ce modèle industriel.

En 1833, par exemple, la loi Guizot fait obligation aux communes de plus de 500 habitants d'entretenir une école primaire de garçons et de créer les écoles normales d'instituteurs. Elle standardise « l'instruction morale et religieuse, la lecture, l'écriture, les éléments de la langue française et du calcul, le système légal des poids et mesures ». Elle s'appuie sur les développements de l'édition[2], qui ont à la fois bénéficié du développement de l'enseignement de l'orthographe et permis cette uniformisation de l'écriture dans tout le pays. Elle est également contemporaine des techniques d'organisation napoléoniennes.

Au cours du XIXe siècle, sous l'impulsion des conservateurs, elle renonce progressivement aux modèles « en cascade » qui persistent partiellement dans les pays anglo-saxons, dans lesquels les maîtres enseignent aux élèves les plus âgés qui transmettent à leur tour leur savoir aux plus jeunes. Elle y renonce, alors même qu'ils sont plus efficaces, pour maintenir le « respect de l'autorité ».

Les différentes lois Ferry, entre 1879 et 1883, entraînent une massification de l'éducation et des choix d'industrialisation de l'éducation qui ne peuvent être compris sans le contexte de la massification et de la taylorisation du travail dans l'usine[3]. Comme les usines auxquelles se destine une bonne partie des écoliers, l'école est un système industriel hiérarchique, cloisonné, stratifié, mesuré par des notes, sanctionné par des évaluations et divisé en de nombreuses matières confiées exclusivement à des spécialistes.

Mais Jules Ferry n'aurait jamais imaginé conduire 70 % d'une classe d'âge au baccalauréat dans cette école-là. Il est même miraculeux que ce système ait résisté à une telle déformation de ses objectifs et de ses méthodes de départ. C'est d'ailleurs sans doute ce qui contribue à son conservatisme. Après tout, ce système ne marche *pas si mal*.

Malheureusement – et paradoxalement – cette massification s'est plutôt faite en renforçant le recours aux méthodes tayloristes. Alors que la société s'éloigne de ce modèle, les réformes en cours visent à sophistiquer l'évaluation et la sanction des élèves, à remplacer les exercices d'écriture par des questionnaires à choix multiples, à conceptualiser et à abstraire l'activité même d'enseigner, à mettre en place des batteries d'indicateurs pour comparer les établissements entre eux. En témoignent *No Child Left Behind* aux États-Unis[4] ou la RGPP (Révision générale des politiques publiques) en France. Pour optimiser une organisation inchangée, on renforce les dispositifs quantitatifs permettant d'en mesurer et d'en améliorer les performances. Il en résulte une aggravation de la rigidité du système, déjà un handicap, ainsi qu'un nivellement : ce que l'on ne peut ni mesurer ni quantifier est évacué du système.

Le problème est qu'il est impossible d'entrer dans le nouvel âge industriel avec des réformes incrémentales, ni avec des ajustements tayloristes à un système tayloriste. Une institution ne gagne aucune efficacité avec les nouvelles technologies sans, au préalable, repenser profondément son organisation. Seule une nouvelle organisation globale, appuyée sur les nouvelles technologies, pourrait modifier significativement le contenu et l'impact social de notre système éducatif. Il faudrait pour cela en repenser les objectifs, les méthodes, le processus de recrutement et les règles d'évaluation de la performance.

Ce qu'il nous reste donc à faire, c'est imaginer l'autre école. Celle dont rêvent des personnalités comme Sugata Mitra[5], Kiran Bir Sethi[6] ou, en France, François Taddéi[7]. Une école qui libère la créativité, apprend à travailler en équipe, donne le goût d'entreprendre pour changer le monde, transmet un imaginaire puissant. Il est probable que nous ne saurons inventer nous-mêmes cette école. Notre responsabilité historique est de former, de lancer, de stimuler, d'encourager et, surtout, d'y accueillir ceux des enfants de la révolution numérique qui sauront le faire à notre place.

Les jeunes ont-ils changé ?

« Les jeunes ne sont plus comme avant », ils ne respectent plus leurs aînés et ne savent plus ce que tout le monde savait avant. La complainte dure depuis plus de 2 000 ans. Elle émane la plupart du temps des nostalgiques de leur propre jeunesse. Elle fait sourire.

Pourtant, nous avons des raisons sérieuses de penser que les attitudes, les connaissances et peut-être même les dispositions cognitives d'une jeunesse nourrie au numérique ne sont pas les mêmes que celles de leurs grands-parents. Il y a bien chez ces enfants quelque chose de différent, qui est bien perçu par les enseignants. Nous avons cité Michel Serres[8], nous pourrions citer Philippe Meirieu, qui déclarait récemment :

> Pour avoir enseigné récemment en CM2, après une interruption de plusieurs années, je n'ai pas tant été frappé par la baisse du niveau que par l'extraordinaire difficulté à contenir une classe qui s'apparente à une cocotte-minute.
> Dans l'ensemble, les élèves ne sont pas violents ou agressifs, mais ils ne tiennent pas en place. Le professeur doit passer son temps à tenter de construire ou de rétablir un cadre structurant. Il est souvent acculé à pratiquer une « pédagogie de garçon de café », courant de l'un à l'autre pour répéter individuellement une consigne pourtant donnée collectivement, calmant les uns, remettant les autres au travail.
> Il est vampirisé par une demande permanente d'interlocution individuée. Il s'épuise à faire baisser la tension pour obtenir l'attention. Dans le monde du zapping et de la communication « en temps réel », avec une surenchère permanente des effets qui sollicite la réaction pulsionnelle immédiate, il devient de plus en plus difficile de « faire l'école ». Beaucoup de collègues butent au quotidien sur l'impossibilité de procéder à ce que Gabriel Madinier définissait comme l'expression même de l'intelligence, l'inversion de la dispersion.

Comme tous les enfants de la révolution numérique, les élèves sont difficiles à concentrer. Inscrits dans de nombreuses relations « horizontales », habitués aux « miracles » de la technologie, apparemment rebelles, inattentifs et impatients, ces enfants sont impossibles à tenir en classe. En même temps, libérés par la puissance de la technologie, les mêmes écrivent plus que jamais, interagissent avec une intensité rare, trouvent des informations quand ils en ont besoin et plongent dans cette économie de la contribution qui valorise leur activité et stimule leur créativité, mobilisant leur intelligence comme l'école ne semble plus savoir le faire. Certains auteurs suggèrent d'ailleurs que ces modifications portent sur les processus cognitifs eux-mêmes, que la révolution numérique affecte la physiologie de notre cerveau[9].

Intéresser, stimuler et nourrir intellectuellement ces enfants tout en conservant le rôle d'éducateur de citoyens : tel est le grand défi lancé à notre système éducatif après la révolution numérique. Il n'est pas facile à relever. Il y a cinquante ans, l'école était une oasis d'images, d'expériences et de sensations dans un monde relativement calme. Aujourd'hui, elle est sans doute le moment le moins chargé en stimulation de la journée d'un enfant.

Il est possible que ce soit d'ailleurs son nouveau rôle : ménager des moments de silence, de concentration, de recueil de la pensée hors de ces flux de stimulations. Pourquoi pas[10] ? Nous sommes très sensibles au fait que le numérique doit être mis au service d'un projet pédagogique et qu'il ne servirait à rien de numériser simplement pour « faire moderne »[11]. Mais il faudrait que cette décision « conservatrice » soit prise en conscience, par des responsables connaissant et aimant leur époque. Il faudrait que ce soit là une décision au bénéfice de ces enfants. Et il faudrait pour cela s'entendre sur les compétences et les qualités à transmettre à ces enfants pour leur permettre de s'épanouir, en liberté, dans ce monde-là.

Les besoins du nouveau monde industriel

Du point de vue des entreprises, des associations, des administrations confrontées à la multitude, cette révolution éducative est urgente. Toutes les *start-up* françaises témoignent de leur difficulté à trouver les compétences dont elles ont besoin. Et si même l'économie numérique se révélait faible en création d'emplois directs[12], la transformation numérique des industries matures – qui, elle, est un gigantesque réservoir d'emplois et de croissance – exigera l'intégration de nouvelles compétences, de nouvelles dispositions et de nouvelles ressources.

Car les ingénieurs, designers, commerciaux nécessaires ne sont pas les technocrates en herbe que produisent trop souvent nos grandes écoles. Ils doivent savoir, depuis leur plus jeune âge, valoriser leur curiosité, adopter cette forme d'irrévérence intelligente que les Israéliens nomment la *chutzpah*[13], se former seuls, jouer en équipe.

Comme le rappelle François Taddéi, « l'école doit apprendre non pas des savoirs, mais à rechercher de l'information en utilisant les nouvelles technologies, à la critiquer, à la synthétiser et à produire de l'information en réseau. Le Web est un catalyseur que tous doivent apprendre à maîtriser dès l'école. Pour son offre de contenu, mais aussi parce qu'il montre que le savoir se construit de façon collective, dynamique. Tous les scientifiques le savent : nul ne peut plus maîtriser à lui seul un savoir[14]. »

Dans ce monde d'après la révolution numérique, il faut éduquer des citoyens créatifs, agiles, cultivés, il faut les préparer à innover par le design ou à libérer le design grâce à la technologie. Aujourd'hui, la logique du système éducatif est trop souvent celle du *dressage*. Demain, elle doit devenir celle de l'innovation, de l'improvisation, de la rébellion. Il nous faut résoudre le paradoxe d'un système éducatif chargé d'inspirer à ses élèves les efforts et la discipline nécessaires pour apprendre à créer, improviser, innover, se rebeller. Peut-on « dresser » les individus pour la « rébellion » ?

Discipline et improvisation ne sont pas deux concepts opposés. Les plus grands improvisateurs ne sont pas ceux qui ont rejeté tout effort, toute discipline, mais au contraire ceux qui s'y sont pliés avec l'acharnement de vouloir la dépasser, qui se sont libérés de toute contrainte technique par un travail acharné. Les grands improvisateurs, comme les musiciens de jazz, offrent un bon exemple : virtuoses de leur instrument, ayant appris à maîtriser le style de leurs aînés, ils sont d'autant mieux armés pour s'en affranchir, pour libérer leur propre créativité et ainsi inventer leur propre style et créer de nouvelles formes.

Pour favoriser cette disposition d'esprit, l'enseignement initial connaît de nombreuses pédagogies innovantes, de Freinet à Montessori, en passant par *La main à la pâte*. L'expérience a prouvé qu'elle est réalisable dans le système actuel.

Toutefois, même quand il est pétri d'innovations pédagogiques, l'enseignement initial reste centré sur un socle de savoirs élémentaires relativement classiques. Deux compétences au moins sont absentes chez les étudiants quittant nos systèmes éducatifs.

Premièrement, la capacité à s'exprimer en public. Savoir raconter une histoire, « embarquer » un public, convaincre, défendre sa thèse sont des compétences indispensables au créateur. Nos systèmes éducatifs, focalisés sur la transmission, privilégient excessivement la maîtrise de l'orthographe ou d'un certain académisme du style au détriment de ces capacités créatives. Or, « au début du XXIe siècle, le triptyque pédagogique, à la rhétorique rassurante, du lire, écrire, compter, sonne une sainte Trinité de la reproduction sociale, de la docilité, et d'un certain immobilisme intellectuel[15] ». Dans un monde hyperfluide, dont les équilibres sont constamment remis en cause, la capacité à s'exprimer en public devient essentielle à tous.

Deuxièmement, la capacité à programmer, non pour maîtriser un langage qui sera de toute façon obsolète avant même la fin des études, mais pour acquérir la maîtrise d'une manière d'envisager le monde et se pénétrer d'une certaine forme de culture. C'est le sens de la campagne pour la *digital literacy* (« alphabétisation numérique »), lancée par le *Guardian* (avec le soutien de Google) en janvier 2012[16]. C'est le sens de l'appel de Ben Shneiderman, selon lequel « il ne convient plus seulement d'apprendre à nos enfants à surfer sur Internet mais bien de leur apprendre à faire des vagues[17] ». C'est le sens de cet « enseignement du code » dont le principe semble désormais faire consensus mais qui tarde un peu à entrer dans les faits.

Il est indispensable de développer un enseignement de l'informatique à l'école. Nous connaissons les réticences des enseignants à transmettre un savoir pratique et utilitaire dans une école centrée sur la formation d'adultes et de citoyens. Mais il faut dépasser ce mépris des élites françaises pour la technologie et lui reconnaître au contraire toute sa dignité : l'informatique n'est pas seulement un savoir technique : c'est désormais un langage universel. C'est un savoir émancipateur. Savoir coder, aujourd'hui, est un savoir-être.

L'enseignement supérieur, pour sa part, va devoir dépasser ses lourdeurs administratives et se remettre profondément en question dans un monde à l'enseignement supérieur est désormais un marché global ultra-concurrentiel, dominé par des plateformes comme Coursera. À l'heure actuelle, il faut près de dix ans pour qu'une technologie de rupture fasse son chemin jusqu'aux cursus d'enseignement – le temps qu'elle devienne un standard, qu'elle entre dans les programmes et que les premiers docteurs qui en approfondiront l'étude achèvent leur thèse. Il faut presque quatre ans pour changer le contenu d'un diplôme universitaire. Les habilitations à délivrer des diplômes d'ingénieurs sont données pour un cycle de cinq à six ans. Comment un tel système peut-il préparer les étudiants à un monde où les ruptures technologiques sont devenues un *continuum* ?

Nous aurons besoin d'audace pour bouleverser la vitesse de pénétration des innovations dans l'enseignement supérieur. Dix ans pour enseigner des technologies qui mettent trois ans à bouleverser les marchés, un taux de création de masters trois fois inférieur à celui des États-Unis : ce n'est pas soutenable. Il faut autoriser les créations rapides de nouveaux diplômes universitaires, même à titre expérimental, même à titre provisoire. Le label d'un pôle de compétitivité, l'engagement formel des entreprises à accueillir les stagiaires, en seraient des garants suffisants.

Ainsi les étudiants qui entreraient dans l'entreprise en détenteurs de savoirs nouveaux, se trouveraient-ils rapidement en situation de former leurs collègues, de transmettre ce savoir. Ils adopteraient probablement une posture qui enrichirait ensuite l'ensemble de leur carrière.

L'école aussi doit capter la puissance de la multitude

S'il est bien une institution qui n'a pas intégré le fait que l'intelligence et la puissance d'agir sont désormais à l'extérieur, c'est l'institution éducative. Par construction, par situation, par définition, elle ne peut pas penser cela facilement.

Et pourtant, elle n'y échappera pas. Les savoirs accessibles en ligne se démultiplient. Les contenus intelligents sont mis à disposition dans le déluge des médias. Les interactions innombrables entre individus font émerger une forme de sagesse des foules. Google fournit une infinité de réponses à n'importe quelle question. Les machines exercent une puissance croissante et pourront, sous peu, entrer dans une relation éducative, voire accepter de se laisser éduquer par des enfants. Toutes ces révolutions sont tangibles. Déjà, Sugata Mitra[18] a prouvé, dans les bidonvilles de Calcutta, qu'avec des ressources judicieusement choisies, avec un ordinateur soigneusement installé, avec un défi soigneusement conçu – donc avec le bon design d'une situation d'apprentissage – il pouvait faire en sorte que des enfants apprennent seuls à lire, puis découvrent les rudiments de la génétique moléculaire.

Comme ces entreprises qui conçoivent soigneusement des plateformes capables d'attirer et de canaliser la créativité ambiante, l'école doit apprendre à capter la puissance de la communauté ambiante. Elle n'a pas particulièrement à utiliser Facebook ou Wikipédia[19], au contraire. Elle doit s'attacher à *devenir* Facebook ou Wikipédia, c'est-à-dire une communauté éducative agissante, donnant vie aux savoirs et aux compétences dissimulés chez les élèves, chez les parents, dans les administrations, la recherche et les entreprises environnantes.

Quant à l'enseignement supérieur, c'est en apprenant à travailler avec les praticiens et les entreprises les plus innovantes – exactement comme il s'articule aujourd'hui à la recherche – qu'il pourra passer d'une formation à la reproduction à une formation à l'innovation. C'est ce que font déjà de nombreuses grandes écoles, les instituts d'études politiques, les instituts universitaires de technologie, certaines universités, notamment dans le domaine du droit ou de l'économie. L'implication de praticiens dans l'enseignement supérieur est une fertilisation mutuelle : les étudiants reçoivent un enseignement densifié par l'expérience professionnelle de ceux qui le dispensent ;

les enseignants, tenus de rendre accessibles aux étudiants leur profession et les savoirs qu'ils mobilisent au quotidien, n'en deviennent que meilleurs dans l'exercice de cette profession.

Pour trouver le bon équilibre dans les enseignements dispensés, il faut avant tout trouver le bon équilibre de ceux qui les dispensent : davantage de chercheurs, davantage de praticiens, une activité d'enseignement qui devienne le carrefour où se croisent, se rencontrent et interagissent les étudiants, les enseignants, les chercheurs et les praticiens. La multitude doit entrer dans le système éducatif par la diversification des profils et des parcours de ceux qui y enseignent :

- non plus des carrières d'enseignement, mais des expériences d'enseignement alternées avec d'autres activités ;
- cela pose la question des secondes carrières des enseignants ou du recrutement de praticiens souhaitant se reconvertir dans l'enseignement ;
- non plus des activités d'enseignement à plein-temps, mais des activités d'enseignement cumulées avec d'autres : de la recherche bien sûr, mais aussi des activités en entreprise ;
- un enseignement de ce qui émerge. Pourquoi ne pas chercher des praticiens dans les entreprises identifiées comme à la pointe ? Celles qui touchent le crédit d'impôt recherche, qui ont le statut de jeune entreprise innovante et qui pourraient, en contrepartie de ces aides, s'engager à consacrer une partie de leurs ressources à des activités d'enseignement dans les grandes écoles.

L'ouverture est un impératif à l'âge de la multitude. Elle l'est pour les organisations en général et pour l'école en particulier.

Préserver Internet, bien commun de la multitude

Une part essentielle de la métamorphose que nous décrivons est stimulée, voire permise par l'existence même de cette plateforme libre et ouverte qu'est Internet. Or, il s'en faut de peu pour qu'Internet ne devienne prochainement un réseau verrouillé au profit de quelques intérêts, ou même un instrument de contrôle ou d'oppression.

Une révolution politique

On ne peut penser ou agir dans le numérique sans poser des questions politiques. Internet est d'abord un projet *politique*. Aujourd'hui encore, il porte profondément la marque de cette origine. Déceler, dans les années 1970, que l'informatique était un nouveau média, décréter qu'il fallait rendre ce média au peuple, engager ainsi l'aventure de l'informatique individuelle : il s'agissait d'une démarche d'activiste typique de ce que produisait alors la *Silicon Valley*, ce carrefour de la recherche, de l'industrie de défense et des hippies à la recherche de nouveaux chemins. Pour s'en convaincre, il suffit de se rapporter à l'ouvrage de John Markoff[20], de retrouver d'anciens numéros de *People's Computer Company* ou de consulter les travaux des membres du *Berkman Center for Internet and Society*[21] de l'université de Harvard.

Quarante ans plus tard, la moitié des humains possède plusieurs fois la puissance des supercalculateurs d'alors et échange librement grâce à un réseau ouvert et relativement décentralisé. Jamais les individus, les organisations ou les gouvernements n'avaient eu accès à un tel pouvoir d'expression et d'action. Jamais ils n'avaient revendiqué une telle liberté créative. Jamais ils n'avaient remis en cause tant d'équilibres. Jamais, sans doute, citoyens et consommateurs, ingénieurs et entreprises, activistes, *hackers* et gouvernements n'avaient revendiqué tant de libertés nouvelles, ni contesté tant d'équilibres établis. Internet est aussi puissant, mystérieux et menaçant pour les institutions d'aujourd'hui que l'a été la nature pour nos lointains ancêtres.

Une plateforme d'innovations radicales

La révolution numérique est marquée par ses origines libertaires. Même si Internet est aujourd'hui à la fois un espace de liberté et un espace de communication, de politique et de commerce, il garde une forte empreinte de cet esprit hacker dans lequel il est né. Comme l'a montré le philosophe Pekka Himanen[22], cet esprit, qui s'oppose tellement à l'esprit du capitalisme cher à Max Weber, est loin d'être un esprit de piratage et d'irresponsabilité. Il est au contraire celui d'un rapport au travail fondé sur la passion, la recherche de l'indépendance, le refus de la hiérarchie et le goût de la coopération. Des milliers de jeunes salariés et de jeunes entrepreneurs en témoignent tous les jours.

L'esprit des *hackers* a depuis longtemps quitté les seules rives d'Internet. Il s'étend désormais au monde des objets, avec la recherche d'une économie d'objets *open source*, copiables, modifiables et « bricolables » (utilisant même des langages de programmation spécifiques, comme Arduino). Le récent mouvement du *Do it yourself*, qu'illustre la multiplication des *FabLabs*, organisations mêlant un projet technique, pédagogique et politique d'émancipation face à la technologie, en est le dernier avatar en date.

L'esprit des *hackers* devient politique quand il souffle qu'il faut « programmer ou être programmé », ou « apprendre à coder pour apprendre à décoder ». Il a présidé à l'invention des grands réseaux d'échange de pair-à-pair, qui ont ébranlé l'industrie musicale mais aussi ouvert un univers de coopérations possibles. Il préside au combat des Anonymous, collectif auto-organisé engagé aussi bien dans la lutte contre les monopoles que dans les Printemps arabes ou la lutte contre les narcotrafiquants. Wikileaks, qui entend protéger les donneurs d'alerte en organisant la diffusion de documents confidentiels tout comme Edward Snowden, s'inscrivent également dans cette tradition, qui n'est pas sans poser de nombreuses questions éthiques et politiques (concernant les pratiques de Wikileaks comme celles de ses adversaires).

Le mouvement du « logiciel libre » est imprégné du même esprit. Depuis les années 1970, la complexité croissante des logiciels, les nouveaux modèles économiques et les difficultés de maintenance ont poussé les éditeurs à vendre des solutions « fermées », c'est-à-dire verrouillées et interdisant aux utilisateurs la modification ou la revente. En réaction, des chercheurs et informaticiens ont alors proposé des logiciels autorisant, techniquement et légalement, l'utilisation, l'étude, la modification et la duplication, afin de garantir la liberté de contrôle du programme par l'utilisateur et la possibilité de partage. Un ensemble de licences (notamment les licences GPL, « *general public licence* » issues du mouvement du *copyleft*) organise ce droit. De nombreux logiciels, comme les serveurs Unix, mais aussi l'OS X d'Apple ou le navigateur Google Chrome, prennent appui sur ces briques logicielles. Le Web lui-même a été délibérément ouvert par son inventeur, Tim Berners-Lee.

La mouvance du « logiciel libre » s'est également intéressée aux contenus, certains auteurs souhaitant assurer à leurs œuvres la plus grande diffusion, voire en autoriser explicitement la reprise, l'exploitation commerciale ou la transformation. Ce mouvement des contenus libres donna notamment naissance à Wikipédia, la première encyclopédie libre de l'histoire, qui compte aujourd'hui dix fois plus d'articles que la plus grande encyclopédie jamais rédigée et existe dans des langues qui n'avaient jamais connu de dictionnaire. Il fonde OpenStreetMap qui est à ce jour le seul candidat sérieux à organiser la résistance à l'hégémonie de Google Maps. Le besoin de disposer de règles du jeu suscita la conception des licences Creative Commons[23], qui sont appliquées, par exemple, à une grande partie des photographies mises sur FlickR.

Paradoxalement, au moment même où ce modèle semble avoir trouvé un remarquable équilibre dans le Web, de nombreux mouvements stratégiques l'ébranlent à nouveau et font déclarer à certains analystes que nous vivons précisément la « fin du Web ». C'est la thèse de Chris Anderson[24], pour qui la multiplication des systèmes fermés, des échanges de pair-à-pair, l'évolution du réseau Internet mobile vers une logique d'applications rangées dans des *stores* et même le succès de plateformes étroitement contrôlées comme Facebook marquent la fin d'une période d'ouverture. C'est également la thèse de Tim Wu ou de Jonathan Zittrain[25].

Chris Anderson, rédacteur en chef de *Wired*, a une fâcheuse tendance à jouer les prophètes et à poser des affirmations radicales : universalité du modèle de la longue traîne, universalité du modèle de la gratuité, fin de la théorie, fin du Web. Il n'a jamais complètement raison mais il désigne souvent avec acuité le sens de l'évolution des choses. Quand bien même, en l'occurrence, aurait-il raison, la compréhension des raisons qui ont fait d'Internet et du Web la plateforme de potentialisation maximale des énergies de la multitude reste incontournable.

Repenser les libertés

Depuis longtemps déjà, Internet n'est plus le terrain de jeu des seuls créateurs passionnés et collaboratifs. C'est désormais une immense plateforme d'activité économique, un support pour la création et la croissance, une menace pour de nombreuses positions acquises. Son contrôle, physique ou logique, est l'enjeu d'affrontements titanesques. Il devient nécessaire d'y protéger les libertés élémentaires et cette aspiration générale à la liberté de créer.

On ne parle pas seulement ici des États « ennemis d'Internet » (comme les qualifie Reporters sans frontières). La Chine a par exemple tenté de bloquer Internet pour déployer une sorte d'Intranet national (autant à des fins de protectionnisme économique et culturel qu'à des fins de contrôle social[26]). Il faudra tôt ou tard sortir de l'irénisme et reconnaître un jour qu'Internet peut aussi être utile aux dictatures[27]. On ne parle pas non plus des usages géostratégiques des libertés d'Internet, qui s'intègre au *soft power*[28] pour les démocraties occidentales.

On parle ici de défense des libertés au quotidien. La défense juridique des libertés résulte le plus souvent de savants équilibres entre des intérêts antagonistes, patiemment négociés puis arbitrés depuis des siècles, souvent mis en forme au siècle des Lumières. Chacune de ces synthèses s'appuie sur un contexte technique, économique et social particulier et résulte de stratégies antagonistes d'acteurs opposés.

Que vaut le droit de la concurrence quand un Microsoft crée lui-même le marché sur lequel il se déploie ? Doit-on l'empêcher d'innover en attendant que d'autres ne le rattrapent ? Comment protéger une vie privée contre l'abus de fichiers quand des centaines de millions d'humains cèdent librement à Facebook ? Comment garantir la liberté d'expression quand des millions de blogueurs s'improvisent journalistes, sans en avoir ni la formation ni les protections ? Comment garantir un anonymat que l'architecture même d'Internet proscrit ? Et que devient cette aspiration générale à la liberté de créer dans un monde qui est aussi celui de monopoles sans précédents : monopoles sur la création, la structuration et l'utilisation d'informations en quantité inimaginable ?

Que faire quand des solutions techniques simples permettent à chaque citoyen de crypter tous ses échanges avec un code incassable (comme le logiciel Pretty Good Privacy – PGP – développé par Phil Zimmerman[29]) ? Les gouvernements ont-ils tort de vouloir l'interdire[30] ? Peut-on reconnaître la propriété intellectuelle, être hostile au partage illimité des œuvres, et ne pas accepter les *moyens* mis en œuvre par l'Hadopi (surveiller tous les téléchargements de tous les citoyens) ou les sanctions imaginées (la « coupure » de l'accès Internet, d'ailleurs désormais reconnu comme un droit fondamental) ?

Alors que l'économie numérique se déploie à toute allure et sans frontières, il faut apporter des réponses à ces questions. Les solutions, à imaginer d'urgence, n'iront pas sans modifier la nature, la portée, voire la définition de libertés que l'on croyait simples.

« Code is law », « architecture is politics »

Dans le numérique, les questions de droit, voire de philosophie politique, sont inséparables de questions technologiques.

Internet s'appuie sur une option architecturale radicale[31], « l'idée selon laquelle le réseau lui-même ne serait pas en mesure de réguler son mode de croissance. Ce sont les applications qui le feraient. Tel était l'enjeu d'une structure *end-to-end*[32] ». Son succès repose sur cette capacité à agréger d'innombrables contributions, qui modifient le réseau en retour. La grande plateforme qui autorise toutes les autres, c'est Internet. Or, cette option fondatrice est précaire et souvent menacée[33].

Sur Internet, « *code is law*[34] » et « *architecture is politics*[35] ». Le code (informatique) est une loi, qui contraint même le législateur, et l'architecture des systèmes appelle donc une régulation politique. C'est pourquoi les débats fondamentaux pour les libertés prennent souvent la forme de débats techniques.

Ainsi en va-t-il de la neutralité des réseaux, théorisée et popularisée par Tim Wu, professeur de droit à l'université de Columbia[36]. La *Net Neutrality*, c'est le « serment du postier » moderne : l'idée que le réseau doit transmettre les données sans tenir compte de leur contenu, de leur source ou de leur destination, sans privilégier un protocole de communication ou un terminal de consultation et sans en altérer la teneur.

Chacun s'accorde sur ce principe en général, tout en souhaitant lui aménager maintes exceptions. Les États veulent lutter contre les risques d'usages criminels d'Internet, les opérateurs souhaitent différencier les tarifications, les ingénieurs aspirent à gérer la croissance du réseau grâce à une gestion dynamique du trafic. Il faudra du travail pour faire respecter leurs droits tout en privilégiant le contrôle périphérique (éviter de changer l'architecture profonde), la transparence des arbitrages, l'intervention du juge et la neutralité des tarifications. Cette tension entre contrôle par la périphérie ou contrôle profond a traversé les débats sur la Hadopi (2009 en France) ou sur les lois SOPA (Stop Online Piracy Act) et PIPA (Protect IP Act) en 2011 aux États-Unis.

Après d'intenses affrontements, l'administration Obama a choisi résolument le contrôle périphérique (mais musclé) en janvier 2012. Le 14 anvier 2012, un communiqué officiel de la Maison Blanche, enterrant la loi SOPA suite à l'intense mobilisation du Web, déclarait en effet :

> « Tout en considérant le piratage en ligne par des sites étrangers comme un problème sérieux, qui requiert une réponse législative sérieuse, nous ne soutiendrons pas une loi qui réduit la liberté d'expression, augmente les risques de cybercriminalité ou sape le dynamisme et l'innovation sur Internet[37]. »

Cinq jours plus tard, une spectaculaire opération internationale du FBI conduisait à l'arrestation des dirigeants du site de Megaupload et à sa fermeture. Face aux dénégations des dirigeants du site qui soutenaient que Megaupload n'était rien d'autre qu'un disque dur distant, la patiente enquête du FBI avait pris le temps de prouver, d'une part un spectaculaire enrichissement des fondateurs (175 millions de dollars de bénéfices selon l'acte d'accusation[38]) et d'autre part, des incitations directes, parfois financières, à y placer des contenus – notamment cinématographiques – piratés.

En février 2015, la puissante Federal Communications Commission – FCC – pressée en ce sens par le président Obama, proclamait le principe de neutralité d'Internet, suscitant l'ire du Congrès Républicain.

Au-delà de la neutralité technique pointent déjà des problèmes de pluralisme et de concurrence. Que pèsent les lois sur le pluralisme quand Google suscite 60 % du trafic des sites d'information et peut supprimer 75 % du trafic d'un site en une nuit – ce qui s'est produit le 12 août 2011 en France avec le déploiement de l'algorithme Panda ? Comment intervenir dans la lutte pour le monopole de la structuration d'Internet que se livrent Google, Facebook, Apple ou Amazon, et qui porte parfois même sur l'ergonomie ou le design des interfaces ? Faut-il séparer les activités d'opérateur de réseau, de fournisseur d'accès et de producteur de contenu, comme le propose Tim Wu[39], quand ces synergies deviennent le cœur des nouveaux modèles économiques ?

Nous n'avons pas même abordé ici les questions liées au droit au respect de la vie privée, à la liberté d'expression et à la censure d'Internet. Et pourtant, le fait, pour les États comme pour les entreprises, d'accepter de limiter leur ambition de contrôler Internet est sans doute la clef de la protection de cette infrastructure critique, et donc de la pérennité des modèles économiques qui en résulteront[40].

Même sous le seul aspect économique, la poursuite du cycle de croissance, d'innovation et de création ouvert par la révolution numérique exige la plus grande prudence. La neutralité d'Internet, le respect de son architecture profonde, la garantie de son ouverture et de son interopérabilité, le droit de tous à accéder à un Internet complet devraient être des principes à caractère quasiment constitutionnel. Sans ces garanties, c'est toute la puissance de la multitude qui peut être perdue.

La mise en œuvre d'un tel principe n'est pas aisée. Les gouvernements, à bon droit, voudront lutter contre les pirates, les terroristes et les pédopornographes. Ils voudront aussi lutter contre Wikileaks, ce qui est une autre affaire... Ils voudront enfin établir une fiscalité fondée sur les nouvelles règles de création de valeur et ainsi exercer leur souveraineté pleine et entière – ce qui, en régime démocratique, est légitime.

De nombreux acteurs du numérique (créateurs, opérateurs de télécommunications) voudront tout aussi légitimement pouvoir bénéficier de rémunérations en ligne avec leur participation à la création de valeur. Ils chercheront un moyen de « récupérer » une partie de la valeur ajoutée par ces acteurs

« *over the top* », qui maîtrisent le mieux l'art de capter la puissance de la multitude. Les « class actions » ne sont pas loin.

De leur côté, les innovateurs radicaux, généralement issus de remarquables cycles d'innovation, tendent, comme tout leader, à sécuriser leurs positions acquises, quitte à ralentir leur rythme d'innovation et à placer des verrous de marchés que les règles de concurrence loyale condamnent parfois. Sans les considérer comme de nouveaux ennemis, il importe de s'assurer qu'ils n'empêchent pas la naissance et surtout le succès des innovations à venir – et qu'ils n'en viennent pas, eux aussi, à entraver les principes fondateurs de la révolution numérique.

Politique d'innovation à l'âge de la multitude

Les renaissances spectaculaires de la ville de Boston ou, plus récemment, de Berlin, les succès d'Israël ou de la Corée du Sud, la place prééminente d'agences gouvernementales comme la DARPA[41] en Californie montrent que la plupart des grands succès numériques naissent dans des territoires ayant bénéficié d'un fort engagement des pouvoirs publics.

Encore faut-il que cet engagement soit efficace, c'est-à-dire en harmonie avec la nouvelle donne technique, économique, sociale et industrielle que nous avons décrite.

Le paradoxe français

Le chantier du soutien à l'innovation est d'autant plus impérieux que nous sommes face à un triste paradoxe.

Alors que la France reste le berceau de puissants innovateurs technologiques, alors qu'elle redevient progressivement une terre d'entrepreneurs, alors qu'elle brille en matière d'*open data* (classée 3e par l'*Open Knowledge Foundation*) ou en matière de e-administration (classée 4e par l'ONU), elle peine à numériser en profondeur ses politiques publiques. Sécurité, éducation, développement durable ou déploiement des infrastructures énergétiques semblent encore envisagés au mieux comme si le numérique était une simple commodité, au pire comme s'il n'existait pas.

Comment un pays dont le système d'enseignement a un tel niveau de qualité, un pays qui a donné naissance à tant d'entreprises technologiques, un pays qui compte au moins 70 000 représentants parmi le 1,3 million de salariés de la *Silicon Valley* peut-il avoir tant de peine avec le numérique ?

Comment un pays qui compte tant de *start-up*[42] peut-il connaître une telle position dans les classements internationaux ? Comment cela est-il possible alors même que la France a vu naître parmi les plus belles *start-up* européennes des quinze dernières années (par exemple Free, Meetic, Dailymotion, Deezer, Exalead, Netvibes, Jolicloud, Parrot, PriceMinister, Vente-privee.com, Doctissimo, BlaBlaCar, Sigfox, Criteo et tant d'autres) ? Alors même qu'elle est le seul pays au monde à exporter plus d'applications iPhone qu'elle n'en importe ? Alors qu'elle a le revenu logiciel par habitant le plus élevé au monde ?

À l'évidence, les efforts de la France en matière de numérique ont été mal orientés. Certaines de nos difficultés sont bien connues :

- le drame des pays moyens ; dès lors qu'il leur est possible de démarrer leur entreprise sur le marché national – ce que ne sauraient faire les Israéliens ou les Finlandais –, les Français tardent trop à lancer des projets internationaux ;
- l'assèchement des fonds de capital-risque et leur faible rendement ;
- la culture des élites administratives, politiques et industrielles, qui méconnaît à la fois la technologie, l'entrepreneuriat et surtout les termes de la révolution en cours ;
- la perception du numérique comme une filière industrielle plus que comme une puissance de transformation globale ;

– les privilèges injustifiables accordés à certaines stratégies d'innovation obsolètes, fondées sur la technologie plus que sur le design, planifiées et non itérées ;
– la réflexion sur la politique industrielle, enfermée dans un débat stérile opposant industrie et services, qui nous fait manquer complètement le nouveau secteur, hybride, qui porte aujourd'hui la croissance ;
– la méconnaissance des nouvelles stratégies de création de valeur, en particulier l'économie des plateformes ;
– certaines mesures, urgentes à bien des égards, si fréquemment discutées sans jamais aboutir qu'elles sont devenues un serpent de mer et ont fini par lasser : *Small Business Act*[43] à la française, utilisation du levier de l'achat public, décloisonnement ou regroupement des administrations concernées, simplification administrative, dynamisation du capital-risque, stabilité juridique et fiscale.

Notre modèle d'une économie de la multitude, fondée sur la puissance créative extérieure aux institutions, appelle des réflexions d'une autre ampleur.

Faut-il vraiment une politique d'innovation ?

L'innovation s'est désormais déplacée vers la créativité spontanée extérieure aux organisations, capitalisant sur la puissance disponible chez les individus, leur désir de création et la baisse des coûts. Les meilleures stratégies deviennent les stratégies de design de nouveaux services et de création de plateformes. Le jeu économique est bouleversé par de nouveaux entrants, nés dans une économie du capital-risque fondamentalement darwinienne (qui impose de nombreux essais et une sélection du plus adapté). Il est donc légitime de se demander si une politique d'innovation est toujours nécessaire et même dans quelle mesure elle est possible. Beaucoup d'entrepreneurs sont convaincus que l'accompagnement public est un frein à l'audace, la spontanéité et la vitalité nécessaires au succès mondial dans cette nouvelle ère industrielle.

Un premier élément de réponse consiste à souligner à quel point les grands écosystèmes d'innovation (Californie, Boston, Chine, Israël, Finlande, Corée du Sud et même Suède) s'appuient aujourd'hui sur des politiques volontaires de leurs gouvernements et de leurs collectivités[44]. Nous ne connaissons pas d'exemple de génération spontanée d'un phénomène d'innovation massive[45].

Une deuxième raison, essentielle, vient précisément de la vitesse, de la fluidité et du caractère mondial des changements que nous avons décrits. Il est évident que l'économie naissante est porteuse d'un énorme potentiel de croissance et de création de valeur sociale. Mais dans un modèle schumpeterien de destruction créative, il est bon de s'assurer que les créations ont lieu sur le même territoire que les destructions. Or la localisation de la valeur sur notre territoire, autour de nos infrastructures et de nos données, demande quelques corrections au libre jeu des marchés.

Enfin, notre expérience et tous les exemples internationaux montrent que cette énergie, cette créativité, cette vitalité, qui ne peuvent naturellement pas être décrétées, peuvent être favorisées, harmonisées, encouragées.

Encore faut-il ne pas se tromper sur le rôle du politique. Selon un proverbe chinois cité par François Jullien[46], « il ne sert à rien de tirer sur la plante pour la faire pousser plus vite, mais il serait stupide de ne pas sarcler autour ». L'important n'est pas de bousculer le système mais de l'enrichir avec les bonnes impulsions. Pour ne prendre qu'un exemple, il est intéressant de comparer la manière dont la France semble envisager de dynamiser l'investissement en capital – *via* le Fonds national d'amorçage – avec la stratégie développée en 1993 par le gouvernement israélien dans le cadre du projet Yozma[47]. Là où la France a décidé de consentir un investissement public pour renforcer les fonds d'investisseurs français, Israël a investi

100 millions de dollars pour faire venir dix des meilleurs investisseurs mondiaux dans son écosystème. Israël a abondé les fonds mis en place par ces investisseurs et a même accepté de garantir partiellement leurs risques. Lorsque l'État israélien a mis fin au programme quatre ans plus tard, il avait réalisé une plus-value de 50 % et assuré la localisation durable de compétences exceptionnelles qui participent de la qualité des entreprises du pays.

Les forces abondent. Il faut apprendre à les accompagner avec subtilité, à les orienter en respectant leur dynamique. La politique industrielle dont nous avons besoin n'est pas, au premier chef, question de subventions. C'est avant tout une affaire de finesse. La mettre en œuvre suppose de tordre le cou à certaines idées reçues héritées des politiques industrielles « à l'ancienne ».

Faut-il un financement public de l'innovation ?

Au nom de quels principes l'État devrait-il soutenir financièrement l'effort d'innovation ?

Historiquement, nombre de savoir-faire nouveaux, de technologies hasardeuses et de secteurs émergents ont bénéficié de subventions ou d'un régime fiscal dérogatoire, soit parce qu'ils se développaient sur des bases encore mal appréhendées par le système fiscal, soit parce qu'ils représentaient une espérance de croissance à laquelle l'État voulait donner sa chance.

Ainsi, en 1913, pour encourager la prospection pétrolière, les États-Unis ont-ils mis en place l'*Oil Depletion Allowance* (littéralement « déduction pour épuisement du pétrole »), régime dérogatoire très généreux, que décrit ainsi Robert Bryce :

> Un magnat du pétrole fore un puits qui lui coûte 100 000 dollars. Il trouve un gisement de pétrole d'une valeur de 10 000 000 dollars. Le puits produit un million de dollars de pétrole par an pendant dix ans. La première année, grâce à

> la déduction pour épuisement, le magnat peut déduire 27,5 %, soit 275 000 dollars, du million de dollars de son revenu imposable. Ainsi, en seulement un an, il déduit près de trois fois son investissement initial. Mais la déduction continue à porter ses fruits. Chacune des neuf années suivantes, il continue à bénéficier de cette déduction de 275 000 dollars. À la fin de la dixième année, le pétrolier a déduit 2,75 millions de dollars de son revenu imposable, même si son investissement initial n'était que de 100 000 dollars[48].

Justifiée lors de sa mise en place par l'incertitude qui entourait l'activité de forage et par ses risques financiers et opérationnels, l'*Oil Depletion Allowance* est restée en place durant des décennies, bien après que d'immenses fortunes aient été bâties grâce à elle par les magnats texans du pétrole. Aujourd'hui encore, d'innombrables avantages fiscaux, farouchement défendus par les représentants du Texas à Washington – toutes sensibilités confondues – conservent à la filière pétrolière un régime fiscal infiniment plus favorable que celui des autres secteurs de l'économie.

D'une certaine manière, le numérique pourrait un jour ressembler au secteur pétrolier américain. Activité initialement risquée, stratégique pour l'ensemble de l'économie, intense en recherche et développement (R&D) : toutes ces raisons semblent appeler un soutien, que met en place la plupart des pays du monde.

En France, le statut de jeune entreprise innovante exonère l'entreprise de certaines cotisations sociales et d'impôt sur les sociétés pendant ses premières années d'existence. Le crédit d'impôt recherche, appliqué à toutes les entreprises, refinance jusqu'à la moitié des dépenses de R&D.

Aux États-Unis, aux termes de la loi relative à la liberté fiscale d'Internet (*Internet Tax Freedom Act*[49]), les prestations de service en ligne sont exonérées de tout impôt et notamment de l'essentiel des taxes sur les ventes parfois instaurées par les États fédérés[50]. Aux termes de cette loi, ni la fourniture d'accès à Internet, ni la vente en ligne de biens envoyés par correspondance, ni la vente en ligne de biens et de services immatériels ne peuvent être assujetties à quelque prélèvement obligatoire que ce soit.

Au sein de l'Union européenne, l'existence d'une concurrence fiscale sur certains impôts, comme l'impôt sur les sociétés, se révèle favorable aux entreprises dont l'activité n'est pas obligatoirement localisée sur le même territoire que leurs clients. On connaît le taux d'impôt sur les sociétés particulièrement attractif instauré par l'Irlande, qui lui a permis d'attirer les principales filiales européennes de tous les géants du numérique, à commencer par Apple, Google et Amazon. Plus discret est le régime fiscal dérogatoire ménagé par le Luxembourg pour le commerce des licences de propriété intellectuelle, qui a conduit tant Apple qu'Amazon à établir au Luxembourg leurs filiales spécialisées dans la vente en ligne de contenus immatériels[51].

Tous ces avantages fiscaux se fondent sur des motifs variés : encourager la R&D ; soutenir les jeunes entreprises pendant leur phase d'amorçage ; attirer les sièges sociaux de grandes entreprises ; se mettre dans une position d'attente afin de laisser une nouvelle économie se développer et, progressivement, révéler les sous-jacents de la valeur qu'elle crée.

Il n'est pas certain pourtant qu'ils aient encore un fondement économique. Le numérique n'est plus un secteur émergent aux modèles incertains. Il représente désormais une proportion considérable du produit intérieur brut des économies développées. Il contribue de façon décisive à y créer des emplois. Selon McKinsey, un quart de la croissance et de la création d'emplois entre 1995 et 2010 est imputable au numérique[52]. De plus, le numérique n'est pas un secteur ou une filière. Loin d'être cantonné à la vente en ligne ou aux applications de *social networking*, il se diffuse désormais dans l'économie tout entière et y bouleverse tous les secteurs les uns après les autres. Les entreprises concernées par ces avantages fiscaux ne sont pas toutes dans le besoin, c'est le moins que l'on puisse dire. Nombre d'entre elles n'ont pas besoin d'un régime fiscal dérogatoire pour continuer à innover et à se développer. Est-il vraiment nécessaire de continuer à les enrichir à coup d'avantages fiscaux et d'aides à l'innovation ?

Surtout, en France et dans l'Union européenne, ces aides sont assez strictement limitées au soutien à la R&D, notamment pour ne pas fausser la concurrence sur les activités « normales ». Mais dans une économie où l'innovation est tirée par le design, où la conception d'applications est l'activité la plus risquée qui soit, est-il raisonnable de soutenir exclusivement la R&D (technologique) sans jamais aider les entreprises à travailler le design ou l'expérience utilisateur ? Demain, toute l'économie sera numérique. Toutes les entreprises mettront des applications sur le marché, puis tenteront de devenir des plateformes. Les technologies numériques se diffuseront dans toutes les organisations, dans toute la société. Le design d'applications numériques s'imposera comme le savoir-faire déterminant pour créer de la valeur. Si des régimes fiscaux privilégiés s'installent, il sera bien plus difficile de les remettre en cause lorsque ces entreprises représenteront l'essentiel de la valeur créée dans toute l'économie et seront installées au cœur du système, exerçant leur influence sur les décideurs politiques. En témoigne déjà l'influence des géants du numérique sur le gouvernement américain ou la Commission européenne : un puissant lobby, opérant des infrastructures indispensables au bon fonctionnement de l'économie, irriguant la société dans ses moindres recoins, et dont la pression et l'influence sont difficiles à ignorer pour les décideurs politiques.

Il est peut-être temps de redéfinir les règles et les objectifs de cette politique et, si nécessaire, de hisser le débat au niveau européen. Ce n'est pas parce que le numérique est difficile, aléatoire ou porteur d'une forte croissance potentielle qu'il faut l'aider indistinctement. Il existe de nombreux métiers risqués et aléatoires, tandis que certaines activités propres à l'économie numérique sont loin d'être risquées ou aléatoires. La légitimité de la dépense publique se mesure à l'aune de l'intérêt général. Elle n'est légitime qu'en tant qu'investissement au service d'une plus forte croissance. Tel devrait être le critère : financer les entreprises qui innovent pour créer de nouveaux marchés, porteurs d'un potentiel de croissance globale. Innover pour faire naître de nouveaux marchés, mieux exporter, augmenter la croissance globale, voilà ce qui justifie un coinvestissement par la société.

L'innovation ne découle pas directement de la recherche

Il est aussi nécessaire de s'interroger sur une politique publique limitée à une forme bien spécifique de R&D. Les États de l'Union européenne survalorisent une forme d'innovation parmi d'autres : incrémentale, fondée sur une intense recherche fondamentale en amont, articulée autour de grands groupes qui organisent la sous-traitance au sein d'un tissu de PME.

Largement partagée par les institutions concernées, cette stratégie fait l'objet d'un consensus et inspire notamment la « stratégie de Lisbonne », c'est-à-dire la doctrine dont s'est dotée en 2000 l'Union européenne en matière de politique économique et de développement. Elle n'est pas absurde. Elle a même eu son heure de gloire à l'époque de l'automobile, de l'aéronautique, des télécommunications, du nucléaire.

Elle n'est pas absurde, mais elle est fausse et même pernicieuse quand elle devient *l'unique* stratégie de soutien à l'innovation.

Elle est fausse parce que l'innovation qui a changé notre monde ne s'est pas produite ainsi. Le *triple play*, la messagerie instantanée, le Web 2.0, les réseaux d'échange de pair-à-pair, les moteurs de recherche, pour ne citer qu'eux, ne sont pas nés de cette manière-là. Internet lui-même n'est pas né de cette manière-là. Toutes ces innovations de rupture sont nées dans des *start-up*, dans des collectifs de *hackers*, chez des utilisateurs, dans des associations ou dans le cerveau fertile de « désobéissants » comme Tim Berners-Lee.

Ce n'est donc pas seulement le transfert de technologies de la recherche vers l'entreprise, ni la R&D privée, que devraient soutenir les politiques industrielles. Ce sont aussi toutes les *autres* formes d'innovation, les *nouvelles* formes d'innovation, celles de l'économie de la multitude : l'innovation ouverte, la cocréation avec les utilisateurs, l'innovation en réseau, l'innovation sociale, l'innovation de design, l'ouverture des données, la création d'un écosystème capable de les utiliser, la transformation d'activités en plateformes.

Nous devrions d'ailleurs le savoir, en France, puisque notre heure de gloire fut celle des inventeurs et non celle du transfert de technologies. C'est ce que rappelle fréquemment Marc Giget[53]. La France du XIXe siècle est le pays qui a inventé le terme même d'entrepreneur et l'a imposé à la langue anglaise[54]. En 1900, la France était le centre mondial de la création pour la plupart des nouvelles technologies de l'époque : aviation, automobile, électricité, cinéma, industries du luxe, chemin de fer. On y créa plus de 500 banques entre 1900 et 1910, en inventant au passage une grande variété de formes sociales qui ont elles aussi persisté, comme la société anonyme (SA) ou la société coopérative ouvrière de production (SCOP). À l'Exposition universelle de 1900, 60 millions de personnes se pressèrent à Paris, ville-lumière, c'est-à-dire ville où l'urbanisme haussmannien permettait de voir les miracles de la fée électricité. Soixante millions, c'est autant que l'Exposition universelle de Shanghai en 2010, mais c'était bien avant la généralisation du chemin de fer ou de l'aviation commerciale. Ces dizaines de millions de personnes se pressaient à l'exposition pour rencontrer le meilleur de ce que la technologie pouvait apporter dans la vie quotidienne. On construisait pour cela des palais quatre fois plus grand que l'actuel stade de France, dans lesquels volaient des dirigeables Zeppelin et dont le Grand Palais n'est qu'un petit reliquat. Pour le confort du public, on faisait courir des kilomètres de tapis roulants – à trois vitesses – entre la Chambre des députés et la tour Eiffel. Cette dernière, symbole de l'Exposition universelle de 1889, fut le premier monument de l'histoire dont la hauteur dépassa celle des pyramides.

Et une plaque de granit apposée sur le Grand Palais proclamait fièrement : « L'avenir sera fait des outils que nous avons forgés. »

Presque tous les atouts industriels de la France d'aujourd'hui sont issus des créations de cette époque de grand rayonnement : l'automobile, l'avionique, les télécommunications, le cinéma, la filière énergétique, les biotechnologies, la banque et l'assurance.

L'énergie de la France de l'époque, dont l'impact fut mondial, ne venait pas de notre Académie des sciences, pourtant prestigieuse. Elle émanait de visionnaires entreprenants, d'entrepreneurs, d'aventuriers qui voulaient conduire le chemin de fer jusqu'en Chine, qui construisaient le plus grand cinéma du monde (le Grand Rex), qui se passionnaient probablement pour Jules Verne. Ils étaient bien sûr avides de science. Ils puisaient sans limites dans ses progrès. Elle nourrissait leur audace et leur imagination. Mais leur démarche n'était pas scientifique. Elle était d'abord une force vitale de création. Elle portait une vision de l'innovation dont les échos maintiennent aujourd'hui encore notre puissance industrielle.

Jusqu'à ce qu'en 1914, la Grande Guerre dévore cette jeunesse, cette richesse et ces usines dans un combat fratricide contre la deuxième plus grande puissance mondiale de l'époque !

La recherche scientifique seule ne suffit pas à stimuler l'industrie. Il s'agit là d'une idée fausse et même néfaste. Néfaste d'abord pour les entreprises parce que l'Union européenne, dans sa quête éperdue du marché libre et non faussé, a progressivement entravé toutes les formes d'aides industrielles autres que le financement de la R&D[55]. Il est de plus en plus difficile aux États de travailler sur les nouvelles formes d'innovation sous peine d'être accusés d'entraver la concurrence. Innovation ouverte ? Innovation sociale ? Innovation de design ?

Pas d'aides ! Ce serait concurrence déloyale ! C'est ainsi, par exemple, que le programme dit du « grand emprunt », rebaptisé « investissements d'avenir », se trouve à la fois sommé de montrer qu'il agit en investisseur avisé (donc que ses investissements seront rentabilisés) et qu'il ne crée pas de concurrence aux autres filières d'investissements. Cette double contrainte lui laisse une marge de manœuvre parfois bien étroite.

Néfaste ensuite pour la recherche, parce que cette représentation a poussé nombre de décideurs à déplacer le curseur de ce supposé *continuum* recherche-innovation vers... l'innovation, recyclant des budgets de recherche pour cette fonction. Si l'innovation n'est que l'une des extrémités d'un spectre qui englobe la recherche, alors autant pousser les chercheurs à s'impliquer beaucoup plus dans le transfert de technologie, voire à créer eux-mêmes des entreprises, comme le souhaitait Claude Allègre. D'où le financement de la recherche par des agences de moyens, l'injonction de déposer des brevets, etc. Or, les entrepreneurs innovateurs n'ont pas forcément besoin de chercheurs entrepreneurs. Ils ont surtout besoin de bonne science et de bonne technologie. Les résultats de la recherche sont l'une de ces externalités dans lesquelles ils puisent. Ils ont besoin des bons matériaux de base pour concevoir leurs produits[56]. Ils ont besoin d'une recherche libre, ambitieuse et audacieuse. Et surtout d'une recherche financée en tant que telle, pas d'une pseudo R&D tentant de pallier ce que le secteur privé devrait faire et ne fait pas.

Concevoir les aides à l'innovation comme une assurance

L'innovation est une prise de risque. Un risque se couvre à l'aide d'une assurance. « Le principal objet de la finance », écrit Robert J. Shiller, « est la gestion des risques. [Elle] considère les expériences négatives et les souffrances économiques des humains comme des risques auxquels peuvent être attachées des probabilités. [Elle] met en place des dispositifs pour réduire ces expériences négatives et amortir leur impact sur les individus en dispersant leurs effets sur un grand nombre de personnes[57]. »

Certaines assurances, par exemple les assurances sociales, peuvent être encadrées par la puissance publique à raison de la nature du risque couvert. Des assurances mises en place par la Coface protègent les entreprises contre les risques liés à leurs efforts d'exportation. Des dispositifs de garantie gérés par Oseo protègent les banques contre le risque d'insolvabilité des entreprises. Mais à ce jour, aucune assurance n'a été conçue pour protéger les entreprises contre le risque d'innovation. La finance est souvent la première à mettre en œuvre les techniques de l'assurance. Parce qu'elle sait couvrir les risques, elle sait jouer sur tous les plans. C'est le savoir-faire d'un financier que de se couvrir à la fois contre une baisse et contre une hausse du prix d'une matière première par exemple. Un assureur peut couvrir à la fois le risque de sécheresse auquel est exposé le cultivateur, qui a besoin de pluie pour assurer sa récolte, et le risque de précipitation que redoute le viticulteur, qui a besoin de soleil pour faire du bon vin. Qu'il pleuve ou qu'il fasse grand soleil, l'un des deux devra être indemnisé. Mais avec l'addition des deux primes d'assurance payées par l'un et l'autre, le financier dégagera une marge et la conservera comme rémunération. Ainsi s'équilibre le modèle économique de l'assurance.

Le crédit d'impôt recherche, principal dispositif public français de soutien à l'innovation, permet d'illustrer comment les techniques de l'assurance pourraient être utilisées pour couvrir le risque d'innovation. À bien des égards, il fonctionne aujourd'hui différemment d'une assurance :

– il ne crée pas de mutualisation des risques comme le ferait une assurance qui accepterait de couvrir le risque d'innovation au sein de son portefeuille ;
– il n'est pas adossé à une politique de gestion des risques, mobilisant les outils du calcul actuariel pour maximiser la valeur de l'investissement.

Que serait un crédit d'impôt recherche transformé en police d'assurance ? Plutôt que d'être reversé à toute entreprise ayant engagé les dépenses de recherche et développement, le montant de ce dispositif, issu d'une cotisation, serait versé à un fonds mutualisé entre toutes les entreprises et viendrait indemniser celles dont la recherche et développement n'aurait pu, directement ou indirectement, rencontrer son marché.

Bien sûr, il existe un aléa moral : comment prévenir des dépenses inconsidérées accompagnées du minimum d'efforts de valorisation ? L'aléa moral pourrait être prévenu en conditionnant l'indemnisation d'un sinistre d'innovation – l'échec d'un résultat de recherche et développement à rencontrer un marché – à la remise à disposition de ce résultat pour les autres acteurs du marché :

- soit par une cession de la propriété de ce résultat au plus offrant ;
- soit par la vente de licences d'exploitation de gré à gré ;
- soit par la mise à disposition de tous à travers une plateforme.

Dans les trois cas, le processus est le même : une entreprise investit dans de la recherche et développement, échoue à la transformer en innovation, la valorise auprès du marché et est indemnisée en cas de sinistre, c'est-à-dire d'incapacité à refinancer son investissement initial. Le résultat est créateur de valeur : si l'entreprise ayant mené à bien un chantier de recherche et développement est incapable de lui faire rencontrer un marché, alors d'autres peuvent s'en emparer et réussir là où la première a échoué – comme Apple a réussi à faire de la souris une innovation là où Xerox avait échoué.

Le fait même de « forcer » une confrontation de la recherche et développement au marché permettrait de mettre à l'épreuve le coût et la qualité des travaux. Le prix d'acquisition de la vente d'une licence ou de l'utilisation de la plateforme resterait en effet fixé par le marché. Les entreprises ne pouvant transformer leur recherche et développement en innovation et préférant le secret industriel à la mise à disposition ne pourraient pas toucher l'équivalent du crédit d'impôt recherche.

Le numérique n'est pas une filière

La troisième grande erreur de bien des politiques économiques est de considérer le numérique comme une filière et de le traiter comme tel. On parle de « filière numérique » comme on parle de « filière agricole ». Comme si l'impact économique et social de l'électricité pouvait être réduit à la filière nucléaire ! Et l'on prévoit donc des allocations ciblées pour « la filière », et l'on veut trouver à toute force un centre à « la filière », et l'on veut des représentants constitués de « la filière ». C'est oublier que l'essentiel de la création de valeur et d'emplois proviendra de la puissance transformatrice de ces technologies dans les autres filières, de l'irruption de cette économie de la multitude dans d'innombrables secteurs cloisonnés, verrouillés et aujourd'hui trop tranquilles.

Le changement est global. Économie de l'Internet, homme augmenté, villes intelligentes et durables, médias et divertissement, économie de la contribution, nouveaux services, nouvelles participations citoyennes, réalité augmentée, services mobiles et géolocalisés, monnaies virtuelles : le changement n'est enfermé dans aucune filière. Il a un impact sur les médias et le divertissement, le commerce, les services, la santé, le transport, la domotique, l'urbanisme, le logiciel. Il est d'une incroyable profusion et, en même temps, très homogène :

– le numérique se fonde sur une hybridation de technologies : Internet, capteurs, *big data*, *cloud computing*, outils de travail collaboratif, production d'images et de

simulation, mécanique-robotique, communications sans contact, géolocalisation ;
– le numérique vise en permanence des innovations de rupture et accorde de ce fait une place centrale aux entrepreneurs ;
– le numérique possède un caractère massif (données massives, masse d'utilisateurs, hypercroissance, monopoles de fait), qui place la vitesse de croissance et la scalabilité au cœur des stratégies ;
– le numérique se développe sur un marché mondial et grand public, les seules stratégies régionales possibles étant des stratégies de niche ;
– le numérique transforme l'économie par les services, dans une grande proximité avec les marchés finaux. La perception de la valeur par le grand public y est centrale, à tel point que certains lui confient la création de valeur elle-même. Les infrastructures et les technologies y sont de plus en plus souvent considérées comme de simples *utilities* ;
– le numérique induit de profonds changements dans les usages et donc dans les stratégies commerciales : infidélité aux marques, nouveaux dispositifs de confiance, communauté, créativité et contenus générés par les utilisateurs, communication virale, culture du libre et réponse du *freemium*.

C'est à ce niveau-là qu'il faut traiter le numérique. C'est sur cette transformation globale et cohérente qu'il faut investir l'argent public au lieu de l'allouer à des silos.

Renforcer la puissance des écosystèmes

La quatrième leçon à tirer de la force économique de la multitude est le besoin de soutenir la puissance des écosystèmes.

Silicon Valley, Boston, Tokyo, Séoul, Tel-Aviv, mais aussi Rio, Londres, Berlin et, bien sûr, Paris : tous les grands centres de création de l'économie numérique sont des écosystèmes denses, variés, riches de nombreux échanges entre acteurs très divers.

Il n'est pas d'exemple de puissance créative durable en dehors de cette diversité, qui doit impliquer à la fois des grandes entreprises, des petites et moyennes entreprises et des *start-up*, une puissance d'enseignement et de recherche, une place financière ainsi que l'État et les collectivités. On pourrait y ajouter – et le développement récent de Berlin le prouve – une vie culturelle intense, une grande densité en emplois dans les industries de création, une vitalité urbaine.

Les quelques exceptions à la règle de l'épanouissement dans un écosystème, comme Nokia par exemple, peuvent rayonner un temps. Mais elles ne disposent pas des ressources, de la variété de talents et d'idées neuves pour faire face à une mutation brutale. L'irruption des *smartphones* a ainsi contraint Nokia à s'allier étroitement à Microsoft et a obligé Motorola à céder son activité téléphonique à Google[58]. Ils n'avaient pas autour d'eux un stock d'idées et d'initiatives permettant de faire face à un tel bouleversement.

Dans une économie de plus en plus immatérielle, de plus en plus en prise avec la puissance créative extérieure, la qualité de l'environnement humain immédiat est de plus en plus essentielle au succès. Le capitalisme de la première révolution industrielle devait rassembler ses ouvriers et fonder de grandes cités ouvrières, loin du centre des villes. Le capitalisme d'après la révolution numérique doit s'insérer dans un tissu humain et intellectuel – la multitude – afin d'y puiser toute sa force. C'est pourquoi la richesse des nations est dans la multitude, car la proximité de celle-ci est indispensable à l'innovation.

C'est ce que montre avec talent l'économiste Edward Glaeser :

> L'avance des villes en matière d'innovation explique pourquoi la technologie et la mondialisation ont rendu les villes de plus en plus – et non de moins en moins – importantes. Le bénéfice accordé à l'intelligence est de plus en plus grand, et les gens deviennent plus intelligents en étant entourés de gens intelligents, dans les villes[59].

C'est aussi la thèse de la sociologue Saskia Sassen[60], qui a montré que la mondialisation (et donc la dispersion de la production) s'est accompagnée d'une intense concentration des centres de décision, de création et de commandement. Ainsi, dès la fin des années 1980, sur les 300 plus grandes entreprises européennes, 150 avaient leur siège social à Londres ou à Paris.

Chacun de ces écosystèmes a son génie propre, qui dépend de son histoire, des mentalités, du système politique, de la structure de son tissu économique et industriel et de nombreux autres facteurs. Il y a une manière israélienne, une manière américaine et une manière française de lancer une *start-up* et chaque système est appelé à trouver son propre point d'équilibre.

Depuis 2005, grâce à sa politique de pôles de compétitivité, la France a décidé de travailler ces écosystèmes en tant que tels. Cette politique industrielle repose, de notre point de vue, sur deux excellentes intuitions :

- au-delà des questions technologiques, fiscales et sociales, les politiques industrielles doivent s'intéresser aux écosystèmes ;
- le meilleur moyen de travailler ces écosystèmes est d'en confier l'animation aux acteurs eux-mêmes, représentés par une structure associative contractant avec l'État.

C'est ainsi que Cap digital, pôle de compétitivité auquel adhèrent les deux auteurs, rassemblait, début 2012, plus de 700 PME, huit associations de PME, trente grands groupes, cinquante-cinq établissements publics d'enseignement supérieur et de recherche, quinze investisseurs en capital, huit collectivités locales et les représentants de l'État. Tous sont impliqués dans les industries de création, de contenu et de service numérique. Ensemble, ces acteurs définissent une stratégie technologique et économique pour l'écosystème, soutiennent des projets de recherche collaborative, accompagnent et aident les entrepreneurs, travaillent sur le dynamisme, la visibilité et l'attractivité de cette communauté et nouent de fécondes relations avec l'international.

Une nouvelle approche de la régulation

> Nous nous sommes laissés dire que le Web, en connectant de façon efficiente l'acheteur et le vendeur, le prestataire de service et l'utilisateur, détruirait les intermédiaires. Les intermédiaires, c'étaient de la friction, et le Web était une machine à détruire la friction. Nous étions mal informés. Le Web n'a pas fait disparaître les intermédiaires. Il les a renforcés. La réalité du Web est l'hypermédiation, et Google, avec son monopole sur la recherche et la publicité liée à la recherche, est le roi des hypermédiateurs[61].

Notre expérience quotidienne d'Internet, si fluide et libérée, nous donne souvent l'impression d'un effacement des intermédiaires. Consommateurs, nous pouvons solliciter les producteurs. Lecteurs, nous pouvons dialoguer avec les auteurs et les journalistes. Fans de musique, nous pouvons établir un lien direct avec notre artiste préféré. Mais cette proximité avec ceux qui nous semblaient si lointains ne signifie pas la disparition des intermédiaires. Proposer et organiser ce lien direct devient un métier en soi : celui des moteurs de recherche, des applications de *social networking* et des algorithmes de recommandation – le métier de Google, Facebook et Amazon, mais aussi d'applications moins connues telles qu'Instagram, Stumble Upon ou Pinterest.

Les marchés numériques sont souvent très concentrés, voyant même émerger de nouveaux monopoles ou duopoles. Ces positions dominantes méritent un examen. Il n'y a rien d'inopportun à ce qu'un géant émerge dans une économie innovante. Il faut sans doute même des entreprises ayant une masse critique pour relever certains défis planétaires. En revanche, la liberté de créer et d'innover, la libre concurrence, le pluralisme d'expression des opinions ou les droits des consommateurs exigent une observation attentive des conséquences de ces nouvelles positions. Il faut inventer pour elle une nouvelle régulation.

Il existe trois types de monopoles :

– le monopole légal, imposé par la loi pour des motifs d'intérêt général ;

– le monopole d'innovation, lorsqu'une entreprise est la seule à offrir un produit protégé de toute imitation par un brevet ou le secret industriel. Un monopole d'innovation est toujours temporaire, l'innovation étant vite imitée et concurrencée, fût-ce de façon indirecte ;
– le monopole naturel, qui s'instaure en cas de rendements d'échelle croissants, c'est-à-dire quand la production augmente plus vite que les facteurs de production. Or nous avons vu que c'était souvent le cas dans le domaine du numérique. Un monopole naturel est pérenne car aucune dynamique de marché ne peut venir contrer la croissance des rendements d'échelle. En cela, il se rapproche des monopoles d'infrastructures et appelle souvent de fortes mesures de régulation, y compris sa transformation en monopole légal afin d'y introduire des sujétions d'intérêt général.

Les champions numériques deviennent presque toujours des monopoles naturels. Leurs activités connaissent des rendements d'échelle si élevés que leurs positions ne peuvent être remises en cause par aucun concurrent. Ces rendements d'échelles tiennent à la fois à :

– des effets de levier technologiques liés au passage à l'échelle[62] ;
– des effets de réseau[63], caractéristiques de l'économie des télécommunications.

Une fois la position dominante acquise, le monopole naturel s'installe grâce à des stratégies complexes :

– la stratégie, classique, d'intégration verticale, bien identifiable dans les cas de Microsoft et Apple qui lient intimement terminaux, système d'exploitation et logiciels puis protègent leur position en opposant des freins à l'interopérabilité des systèmes ;
– une stratégie d'amélioration continue du design des applications, permise par la volumétrie considérable des

utilisateurs, qui passe notamment par les fameux *A-B experiments* :

> Un élément central de la stratégie de recherche d'Amazon est son programme d'« expérimentations A/B » consistant à développer deux versions de son site Web et à les offrir à deux échantillons de clients. En utilisant cette méthode, Amazon peut tester un nouveau moteur de recommandation de livres, une nouvelle caractéristique technique, un autre *check-out*, ou simplement une mise en page ou un design différents. Quelques heures suffisent parfois à Amazon pour disposer d'assez de données et voir une différence statistiquement significative. Cette capacité de tester rapidement des idées change fondamentalement la mentalité de l'entreprise et son approche de l'innovation. Plutôt que de tergiverser pendant des mois sur un choix, ou un scénario hypothétique, la société demande simplement au client et obtient une réponse en temps réel[64].

– enfin, une stratégie de transformation en plateforme, qui permet de diversifier la proposition d'applications, tout en occupant fermement une position dominante sur les couches logicielles les plus profondes.

Or, ces monopoles naturels sont triplement menaçants. Premièrement, les utilisateurs sont lésés par les monopoles naturels, car les entreprises peuvent fixer les prix sans être contraintes d'innover pour améliorer la qualité des produits ou services qu'elles sont seules à fournir sur le marché. Les données personnelles peuvent faire l'objet de prédation sans risque de fuite des utilisateurs. La logique du « donnant-donnant », nécessaire au modèle de plateforme, est altérée.

Deuxièmement, les entreprises « sous-traitantes » ou « sur-traitantes » sont placées dans une grande situation de dépendance. Ainsi, la procédure d'agrément pour l'*App Store* d'Apple[65] soulève de nombreuses contestations, de même que l'éviction imprévisible, parfois définitive, de sociétés développant des applications pour de grandes plateformes comme Facebook ou Twitter. Il en va de même de ces entreprises, qualifiées parfois à tort de « fermes de contenus », qui ont perdu entre 50 % et 75 % de leur trafic suite à une modification de l'algorithme de recherche de Google.

Troisièmement, l'économie tout entière souffre de l'absence de libre accès sur le marché, qui est un handicap pour l'innovation. La barrière à l'entrée empêche les acteurs de tenter de concurrencer l'entreprise dominante. Or, le principe de défense du potentiel d'innovation des futurs entrepreneurs est primordial et devrait figurer au cœur de toute action politique.

La régulation des monopoles naturels est des plus délicates en matière de droit de la concurrence. Contrairement aux monopoles légaux, les monopoles naturels sont engendrés par le marché. Leur régulation est autant un enjeu économique qu'une question de doctrine politique. Aux États-Unis, les lois *antitrust* du début du XXe siècle, qui ont permis le démantèlement de la *Standard Oil* par exemple, paraîtraient presque « socialistes » aux yeux des Américains d'aujourd'hui. Elles sont aussi mal comprises en France, où l'attachement à nos « champions nationaux » nous conduit parfois à leur consentir un monopole naturel sur le marché intérieur pour mieux les armer face à la concurrence sur les marchés étrangers.

Face aux géants de l'économie numérique, notre positionnement est tout aussi ambivalent. On tend, en France, à aduler ces géants d'Internet, avant de les diaboliser. Notre pays est à la fois un *early adopter* enthousiaste – le seul pays au monde où Google connaît un tel taux de pénétration, un très « bon client » pour Facebook, le marché où Apple vend le plus de iPhone par rapport au nombre d'habitants – et l'un des plus prompts à s'enflammer contre les nouveaux *big brothers*.

Or, nous pouvons apprécier et soutenir ces entreprises qui innovent tant, tout en étant conscients que, tôt ou tard, elles voudront conforter leur position de marché, exploiter leurs points forts, créer des verrous ou des asymétries. Il n'y a rien d'anormal à cela. Il importe simplement de se souvenir de ce qui a fait la force de ces entreprises : une innovation radicale alliant disruption, design et maîtrise de la technologie.

D'autres entreprises doivent pouvoir innover demain, comme Apple, Google ou Facebook ont innové hier. Maintenir la possibilité d'innover, y compris contre les monopoles naturels, doit être une priorité politique. C'est cette possibilité d'innover que les autorités de la concurrence ont déjà cherché à défendre lors des grandes démarches *antitrust* ayant touché par le passé le secteur du numérique :

– dans les télécommunications, en particulier mobiles, la concurrence a été imposée à un marché auparavant monopolistique ;
– sur le marché des navigateurs et des systèmes d'exploitation, Microsoft a subi, à la fin des années 1990, de retentissantes procédures *antitrust* ;
– plusieurs enquêtes de grande ampleur ont été conduites contre Google, par exemple lors du rachat de la société Double Click, à l'époque leader sur le marché de l'affichage publicitaire en ligne ;
– enfin, plus récemment, des contentieux ont opposé Google – une fois de plus – à plusieurs secteurs des industries créatives ainsi qu'au secteur de l'information en ligne.

Les marchés numériques doivent accepter les mêmes règles de concurrence que les autres. Or la France, pour l'instant, n'a pas pris ce chemin. Les questions de régulation du numérique s'y posent presque exclusivement en termes de lutte contre la criminalité et de défense des industries créatives, aboutissant à des tentatives de contrôle, souvent maladroites, des abus du réseau de communication qu'est Internet. En revanche, on ne voit pas émerger de réflexion sur la manière de faire exister un espace de création, d'échange, d'activité et de partage qui soit à la fois respectueux des droits des individus (et notamment du droit à créer et à partager) et du droit des entreprises, notamment des plus innovantes.

Il est vrai que la régulation de l'économie numérique est un défi pour l'économie comme pour le droit. Le droit de la concurrence a été fondé pour encadrer des activités de vente de biens et de services. Or, ces nouveaux monopoles ne vendent pas toujours à leurs utilisateurs finaux. Ils ne verrouillent les marchés que par un subtil travail de design, de structuration des données, voire simplement d'organisation de l'accès à ces données. Ils se consacrent le plus souvent à la captation des nouvelles externalités. Ils peuvent se prévaloir, à bon droit, d'être les inventeurs de services innovants qui conquièrent aujourd'hui des milliards d'utilisateurs par leur seule qualité. Ils ne créent que de subtiles distorsions de concurrence, fondées sur leurs algorithmes, par nature difficiles à repérer pour une autorité de régulation.

Les autorités de régulation, elles, sont mal armées dans ce contexte. *Dispersées* dans l'exercice de compétences hétérogènes voire obsolètes qui prennent racine dans l'ancienne économie, comme en témoigne la répartition des tâches entre la Commission nationale de l'informatique et des libertés (Cnil), l'Autorité de régulation des communications électroniques et des postes (Arcep) ou le Conseil supérieur de l'audiovisuel (CSA).

Écartelées entre deux échelons de responsabilité : la France et l'Union européenne. Ainsi, après un premier tour de piste de l'Autorité française de la concurrence[66], est-ce l'Union européenne qui, en novembre 2011, a ouvert une enquête solidement argumentée sur les possibles entraves à la concurrence de la société Google[67].

Maîtrisant mal les paradigmes de l'économie numérique et de sa création de valeur : peu de place, dans leurs travaux, pour les distinctions entre logiciels propriétaires et logiciels libres, entre design et technologie, entre plateformes et applications, entre contenus et services, entre stratégies patrimoniales et stratégies de captation de la puissance de la multitude.

Démunies, enfin, car ne disposant pas des outils des géants qu'elles sont censées réguler. Elles ne savent que rarement *cruncher* et *clusteriser*[68] une base de données, analyser le fonctionnement d'un algorithme, lire la documentation d'une API, exploiter des données ouvertes ou quantifier la valeur créée sur le marché.

L'emprise économique et sociale de grands services comme iTunes, Google Search ou Facebook est devenue majeure. Ils régissent littéralement le Web, dont ils orientent la majeure partie des flux et dont ils structurent de plus en plus les formats d'informations et même d'échanges[69]. Cette emprise est telle que certaines voix proposent de les requalifier en biens communs de l'humanité et de les traiter comme tels. Sans aller jusqu'à prôner le rattachement de ces plateformes à l'ONU, il nous semble important de réfléchir aux sujétions qu'implique leur emprise, inédite dans l'histoire de l'humanité.

La question sera difficile. Les nouveaux entrants n'exploitent pas des chaînes de valeur traditionnelles – comme la grande distribution ou l'automobile – faites de producteurs, d'intermédiaires et de clients. Une plateforme n'exerce pas de pouvoir de marché sur des sous-traitants qu'elle met en concurrence pour les forcer à baisser leurs prix. Au contraire, elle met ses ressources à disposition de tous les acteurs qui le souhaitent, pour un prix annoncé à l'avance et à des conditions qui s'appliquent uniformément. Sociétés ou développeurs indépendants, les « sur-traitants » d'une plateforme exploitent ses ressources sous forme d'applications valorisées auprès de leurs propres clients ou utilisateurs. Ils plongent ainsi leurs racines dans la plateforme et grandissent dans son ombre bienveillante… Jusqu'au jour où elle décide de monnayer le droit de prendre racine.

Les relations entre applications et plateformes ne sont pas de simples liens de dépendance croisées, comme pour une infrastructure de transport par exemple. Une plateforme n'est pas une route : elle ne s'use pas plus vite quand le trafic augmente, elle ne s'engorge pas aux heures de pointe ou les jours de grands départs. Bien sûr, la multiplication des applications et des utilisateurs a un coût, qui justifie le paiement de redevances. Mais c'est un coût marginal et minime par rapport à la valeur captée : grands nombres, immenses bases de données, infinité de traces, intelligence et créativité des utilisateurs. C'est la plateforme qui s'approprie ces actifs, qui sait les consolider sur des volumes assez grands pour pouvoir les valoriser. C'est la sédimentation de cette valeur qui lui donne un pouvoir démesuré sur les applications et crée cette asymétrie caractéristique.

Le droit de la concurrence doit apprendre à analyser et, le cas échéant, à encadrer ces marchés propres à l'économie des plateformes et des applications.

Devenir une plateforme n'est jamais un hasard. Il faut une stratégie délibérée pour consolider ce succès, à partir d'une application dominante, et prévenir l'émergence d'un concurrent sur un cœur de métier progressivement mis à jour, puis jalousement protégé, sur lequel se réalise l'essentiel des rendements d'échelle qui font le monopole naturel.

Imposer des sujétions aux plateformes ne signifie pas que les entreprises doivent renoncer à devenir des plateformes, au contraire. Les plateformes sont bénéfiques tant qu'elles libèrent l'innovation. Une plateforme peut même être le meilleur moyen de mutualiser des ressources pour le bénéfice d'un écosystème. En revanche, tout opérateur de plateforme doit prendre conscience que, du fait de sa dynamique de monopole naturel, cette activité s'accompagne, comme en droit public, à la fois de *prérogatives* et de *sujétions*.

Une plateforme doit avoir des prérogatives bien sûr, car elle ne peut être tenue pour responsable de l'activité de ses « sur-traitants ». La responsabilité d'une plateforme vis-à-vis de ceux qui développent des applications s'apparente à celle d'un hébergeur : la plateforme ne saurait être tenue pour responsable *a priori* de l'activité d'une application exploitant ses ressources. La coexistence de deux régimes de responsabilité – la responsabilité de l'hébergeur et celle de l'éditeur – est un dispositif juridique classique dans l'économie numérique, absolument indispensable à son bon fonctionnement. Le statut d'hébergeur exonère de la responsabilité de contrôler *a priori* le contenu mis en ligne dans une application. En contrepartie, il astreint à une obligation de neutralité, qui interdit tout filtrage *a priori* et oblige à obtempérer aux décisions de justice. Le statut d'éditeur, lui, oblige à une certaine publicité et à assumer la responsabilité d'éventuels délits.

Mais une plateforme doit aussi être soumise à des sujétions, afin d'empêcher tout abus de leur position dominante et, *in fine*, d'encourager l'innovation. Ces sujétions imposent des engagements vis-à-vis des acteurs développant des applications, avec par exemple une plus grande liberté dans l'hybridation des ressources, tout comme vis-à-vis des utilisateurs, soucieux de confidentialité et de portabilité de leurs données personnelles.

Faute de respect de ces engagements, une plateforme doit pouvoir être exposée aux mesures que peuvent imposer les autorités de concurrence :

– « Désintégration » verticale entre l'application et la plateforme qui en est issue, de façon comparable à la scission entre l'« application » SNCF (transporteur ferroviaire) et la « plateforme » Réseaux ferrés de France (RFF – opérateur du réseau ferroviaire). Et si l'application Facebook, cette interface que nous utilisons tous les jours pour partager des choses avec nos amis, n'était qu'une application parmi d'autres exploitant les ressources de la plateforme Facebook ? Si l'application AdWords était opérée par une société indépendante de la plateforme Google Search ? Si Apple avait interdiction de proposer ses propres applications, comme iTunes, aux clients de l'*App Store* ?

– « Désintégration » horizontale, comme celle qui s'appliqua au géant américain des télécommunications IT&T, démantelé en autant de *Baby Bells*. Suivant cette approche, Facebook devrait être scindée en autant de sociétés qu'il y a de marchés nationaux significatifs pour cette société (Facebook France, Facebook États-Unis, Facebook Allemagne). Google devrait découper sa régie publicitaire en régies nationales et ne conserver que celle proposant ses services sur le marché américain. Amazon pourrait être tenue de se séparer de toutes ses activités de vente en ligne de produits autres que des produits culturels, revenant ainsi à son métier d'origine, la vente de livres.

– Obligation de mettre ses ressources à la disposition du marché en contrepartie d'une redevance, comme ce fut le cas par exemple lors de l'ouverture à la concurrence du marché de la téléphonie fixe, avec l'obligation faite à France Télécom d'acheminer sur son réseau les communications opérées par ses concurrents et, en contrepartie, la mise en place d'un prix d'interconnexion dû par ces concurrents à l'opérateur historique.

– Enfin, injonction structurelle, enjoignant à la plateforme de s'organiser pour revenir à un équilibre de marché, en choisissant la manière dont elle se sépare de certains actifs.

Tim Wu, de l'université de Columbia, a publié en 2010 un ouvrage assez pessimiste à ce sujet[70]. Selon lui, les géants du numérique – qui ont rencontré le succès en conjuguant agilité, force de la proposition et ouverture – finissent toujours par se refermer, se consolider et pénaliser l'innovation. Seule une désintégration verticale, séparant nettement les opérateurs de réseaux, les opérateurs de plateformes et les développeurs d'applications, permettrait le maintien d'un puissant courant d'innovation.

Le cas particulier est celui d'une société en situation de monopole naturel mais ne se positionnant pas comme une plateforme, c'est-à-dire ne mettant pas ses ressources à disposition du marché par l'intermédiaire d'une API documentée avec des conditions générales d'utilisation s'appliquant uniformément à tous. Sur son cœur de métier, la recherche en ligne, Google est précisément dans ce cas de figure : en monopole naturel sur le marché, mais ne mettant pas toutes ses ressources à la disposition du marché. Une autorité de la concurrence pourrait forcer Google à mettre en place une API plus ouverte, permettant ainsi à d'autres sociétés de proposer les résultats de recherche issus de Google quasiment à prix coûtant, mais en y accolant leur propre publicité. À elle seule, cette évolution signifierait la fin du monopole naturel.

De même, dans les nombreux contentieux qui, ces dernières années, ont opposé Google au secteur de l'édition, Google a eu beau jeu de faire valoir l'ambition et la sincérité de son offre – numériser les livres du monde entier – et la valeur économique que cela pouvait représenter pour le secteur de l'édition. En revanche, les contreparties demandées en échange de ce service gracieux étaient plus problématiques : une exclusivité sur les droits de numérisation pendant 25 ans[71]. Une autorité de la concurrence pourrait autoriser un tel accord, mais imposer à Google de devenir une plateforme, de mettre à disposition les ressources issues de la numérisation massive de la littérature du monde entier par l'intermédiaire d'une API ou encore de publier et de stabiliser des conditions générales d'utilisation soutenables par l'ensemble des acteurs et propices au développement du marché.

On le voit, les plateformes (comme Amazon ou Facebook) ou quasi-plateformes (comme Google), ou des dispositifs technico-commerciaux comme ceux que développe Apple[72] s'exposent à de vigoureuses mesures de régulation en optant pour une stratégie de consolidation de leur monopole naturel sur leur cœur de métier. Les sujétions qui devraient leur être imposées, ou les mesures qui pourraient être prises de fait en l'absence de ces sujétions, ne sont finalement que la contrepartie de la nature même d'une plateforme : un opérateur de remise à disposition du marché de la valeur captée auprès de la multitude. Le droit des plateformes reste à inventer. Nous nous sommes contentés ici d'esquisser sa justification économique et industrielle.

Comment asseoir la fiscalité sur les nouvelles formes de création de valeur ?

La fiscalité est une condition déterminante du bon développement économique, de l'équilibre et de la prospérité des nations. Elle finance les services publics. Elle permet de financer les assurances sociales et de garantir ainsi la sécurité économique des ménages, indispensable à la croissance. Dans la mesure du possible, elle doit viser la neutralité, sans favoriser un secteur – encore moins une entreprise – par rapport aux autres. Ce n'est qu'en présence d'imperfections de marché, qui brident la concurrence, freinent l'innovation et handicapent la création de valeur, que la fiscalité peut être modulée, différenciée, pour rétablir les conditions du bon fonctionnement du marché.

Chaque révolution industrielle bouleverse les règles et les catégories de la fiscalité. La première a donné naissance au salariat et a donc, indirectement, inspiré la mise en place des premiers impôts progressifs assis sur les salaires. Il s'agissait d'une rupture salutaire avec la pratique antérieure des impôts forfaitaires ou proportionnels, propice à plus d'égalité et à une augmentation significative des ressources de la puissance publique.

La deuxième révolution industrielle a fait rentrer l'économie dans une ère de production et de consommation de masse qui s'est traduite par la multiplication des agents économiques, la diversification des rapports entre clients et fournisseurs et la complexité croissante des chaînes de valeur. Elle a donné naissance à la taxe sur la valeur ajoutée (TVA). Jusqu'à la mise en place de la TVA, l'administration fiscale avait le plus grand mal à contrôler des bases fiscales de plus en plus profuses et éparpillées entre un nombre d'agents économiques croissant à une vitesse exponentielle. Maurice Lauré, inspecteur des finances et brillant fiscaliste, imagina la TVA pour cette raison précise. Elle fut adoptée en quelques décennies par plus de trente pays.

La TVA, un impôt indirect proportionnel, calculé sur le prix de vente hors taxes de tous les biens et services, dont sont exonérées les exportations (qui subissent la TVA du pays de destination), se fonde sur un trait de génie : la déduction, par toute entreprise, de la TVA qu'elle a elle-même acquittée à ses fournisseurs. Grâce à ces déductions en cascade tout au long de la chaîne de valeur, la TVA transforme toute entreprise en un auxiliaire de l'administration fiscale, laquelle n'a qu'à recouper les déclarations des unes et des autres pour mener à bien sa mission de contrôle.

Depuis son invention par Maurice Lauré, la TVA a perdu sa simplicité d'origine. Plusieurs taux coexistent désormais. De nombreux secteurs revendiquent un taux réduit. De complexes règles d'harmonisation s'appliquent au sein de l'Union européenne. Et on parle d'en divertir une fraction afin de financer la protection sociale[73]. Malgré tout, elle s'est imposée comme un impôt épousant particulièrement bien les structures de l'économie, cernant la valeur au plus près, préservant une relative neutralité de façon à ne pas distordre le marché, relativement bien accepté par tous les agents économiques, les entreprises comme les ménages. Ces atouts lui ont permis de monter en puissance dans le paysage des prélèvements obligatoires, jusqu'à devenir, depuis longtemps, la première recette fiscale de l'État français – loin devant l'impôt sur le revenu, qui concentre pourtant toute l'attention.

La révolution numérique constitue à son tour un défi pour la fiscalité. Les bases imposables ne sont plus aujourd'hui des immobilisations, des revenus ou des transactions localisables. Le travail se fluidifie et se distingue du salariat. Les revenus s'échappent, avec le recours aux services *off shore*. Les services peuvent être rendus de part et d'autre des frontières, sans grande possibilité de contrôler la localisation du prestataire ou du client. Avec le *cloud computing*, les infrastructures matérielles et logicielles se perdent « dans les nuages ». Des entreprises comme Google, Apple ou Amazon peuvent réaliser des chiffres d'affaires considérables grâce à la multitude des internautes français, tout en payant la quasi-intégralité de leurs impôts dans d'autres pays.

La révolution numérique pose ainsi deux défis :

- Comment localiser la valeur d'activités de plus en plus immatérielles ?
- Comment prélever l'impôt sur une valeur qui se crée de plus en plus en dehors des organisations et grâce à la multitude ?

L'imposition d'activités immatérielles – antérieure au numérique – est aujourd'hui relativement bien maîtrisée. Une longue interrogation sur les prestations de service transfrontalières a abouti dans l'Union européenne au consensus suivant :

- la TVA sur les services est acquittée par le prestataire au taux de son pays d'établissement. Il en résulte une concurrence entre États. Ainsi, la TVA appliquée par le Luxembourg au commerce des licences de droits de propriété intellectuelle lui a permis d'attirer sur son territoire des entreprises telles qu'Apple et Amazon, qui y ont localisé toutes leurs activités de vente de contenus immatériels dans l'Union. Pour limiter cette concurrence, un régime d'harmonisation interdit aux États membres de moduler leurs taux de TVA de façon intempestive. C'est pour cela que la France a dû recueillir l'accord de tous les autres États membres avant d'appliquer un taux réduit dans les secteurs de l'hôtellerie et de la restauration ;
- après d'âpres négociations, les États membres de l'Union européenne ont décidé de prélever progressivement la TVA sur les services dans le pays de résidence du client. Depuis début 2015, la TVA sur un morceau de musique acquis sur iTunes par un internaute français est la TVA française, et non plus la TVA luxembourgeoise. Ce nouveau régime met donc fin aux logiques de concurrence fiscale sur les taux

de TVA, au prix d'importantes réallocations de recettes fiscales entre États membres : moins de TVA pour les États exportateurs nets de services, plus de TVA pour les États – souvent les plus peuplés – qui en importent. Ce nouveau régime se trouve plus proche des spécificités de l'économie numérique : c'est la localisation de l'internaute qui déterminera le taux de TVA applicable. L'établissement du siège social dans un paradis fiscal perdra de son sens ;
– aux États-Unis, l'application de *sales taxes*[74] aux activités de vente en ligne change la donne. Comme dans l'Union européenne à partir de 2015, c'est la taxe du lieu de résidence de l'acheteur qui s'applique de plus en plus aux transactions. Ainsi, un client d'Amazon n'est pas soumis au même régime – et ne paiera sans doute pas le même prix – suivant sa résidence dans l'un ou l'autre des États fédérés. Vertueuse, l'application de l'impôt en vigueur au lieu de la consommation permet de prévenir les stratégies délétères de concurrence fiscale entre États. Mais elle se traduit aussi, on le voit, par une complexité accrue pour les consommateurs.

La commission Création et internet, formée en 2009 pour réfléchir au développement de l'offre légale de contenus culturels en ligne[73], a montré que l'accord sur la TVA sur les prestations de services ne permettrait pas de régler tous les problèmes de ces échanges de plus en plus dématérialisés. En effet, si la prestation est exécutée depuis l'extérieur de l'Union européenne, aucune déclaration ne permet à l'administration fiscale de contrôler qu'une transaction a eu lieu. Par ailleurs, pour toutes les activités de régie publicitaire (donc l'essentiel du chiffre d'affaires de Google et de Facebook), la prestation et la vente peuvent toutes deux être localisées hors de France, alors que c'est l'internaute français qui déclenche le fait générateur de la transaction.

C'est pourquoi la commission avait proposé d'examiner la création d'une « taxe prenant pour assiette les revenus publicitaires en ligne des sociétés établies dans l'Union européenne, générés par l'utilisation de leurs services en ligne depuis la France. La vision d'un affichage publicitaire ou le suivi d'un lien sponsorisé par l'utilisateur d'un service en ligne génère des revenus pour la société qui opère ce service. Ces revenus seraient intégrés à l'assiette du prélèvement obligatoire proposé dès lors que l'utilisateur du service serait localisé en France, quel que soit le pays d'établissement de l'opérateur du service comme de l'annonceur ».

Les premières pistes ainsi ébauchées montrent quelle est la question centrale posée à la fiscalité après la révolution numérique. La fiscalité doit tenir compte de la source de la valeur, cette nouvelle externalité que la révolution numérique a fait émerger dans le processus productif : l'activité des centaines de millions d'internautes qui créent de la valeur sans aucune contrepartie monétaire, par leur créativité, leurs échanges et les traces qu'ils déposent. Par construction, cette valeur échappe à tout impôt s'appliquant aux transactions économiques. Pourtant, elle se fonde sur une base aisément localisable : la multitude, faite d'individus résidant dans un pays et se connectant à Internet depuis une zone géographique qu'il est aisé d'identifier.

Trois réflexions peuvent nous aider à avancer dans la définition d'une fiscalité propre à l'économie de la multitude.

Premièrement, la multitude crée de la valeur parce qu'elle bénéficie elle-même d'externalités tangibles : l'éducation, la santé, la familiarité avec les applications, la capacité à les utiliser à très haut débit. Pour renouveler ces externalités, un État est fondé à imposer les revenus issus de l'activité en ligne de la multitude qui réside sur son territoire. Il s'agit d'une sorte d'impôt sur la multitude : un impôt sur la valeur créée par les résidents sur le territoire mais captée par une entreprise privée.

Deuxièmement, l'impôt sur la multitude doit être acquitté par les entreprises qui captent le mieux la puissance de la multitude.

Lorsque les internautes paient pour utiliser un service, leur contribution à la création de valeur est internalisée dans le prix dont ils s'acquittent, par ailleurs soumis à la TVA. Mais lorsque les utilisateurs ne paient rien et que l'entreprise réalise pourtant du chiffre d'affaires, c'est qu'il a été fait levier de la puissance de la multitude. Alors s'applique l'impôt sur la multitude.

Enfin, l'impôt sur la multitude peut néanmoins être réduit, dans l'hypothèse où la valeur créée est remise à disposition d'autres entreprises grâce à une plateforme. Il s'agit d'une approche doublement vertueuse : une incitation à remettre la valeur à la disposition du marché par le biais d'une plateforme ; l'instauration d'une dimension fiscale au rapport de dépendance entre une plateforme et les applications dont elle a permis le développement.

L'impôt sur la multitude ne serait donc pas sans rappeler cette caractéristique de la TVA qui passionnait tant Maurice Lauré : la déductibilité tout au long de la chaîne et les gains consécutifs d'efficacité de la mission de contrôle fiscal. Le même principe peut être reproduit entre les plateformes et les applications. Une plateforme, se déclarant comme telle – et ayant une taille suffisante pour être bien identifiée et appréhendée par l'administration fiscale – se rendrait redevable de l'impôt sur la multitude assis sur la valeur créée par cette dernière. Des applications réalisant du chiffre d'affaires par-dessus cette plateforme reverseraient à cette dernière leur quote-part de cet impôt. Le croisement entre les déclarations des opérateurs de plateformes et celles des développeurs d'applications permettrait à l'administration fiscale de mieux cerner les bases fiscales sous-jacentes, de mesurer la valeur globalement créée par la multitude localisée dans un pays donné et de mener à bien plus facilement ses missions de contrôle.

La fiscalité numérique est devenue un sujet brûlant, en France comme aux États-Unis, où de nombreux États fédérés réinstaurent des taxes sur les ventes et sur certaines activités en ligne. Elle bouleverse les règles de la territorialité des bases fiscales, constitue un défi à la conception du contrôle fiscal et se heurte probablement à maintes clauses des conventions fiscales bilatérales signées entre la plupart des pays du monde. Mais faute de savoir appréhender ces mécanismes de création de valeur, et faute de savoir ajuster les prélèvements sur les sources et sur la dynamique de cette valeur, c'est tout notre système fiscal qui deviendra rapidement inefficace, injuste et probablement obsolète. Il est donc nécessaire de préparer sa refonte. Le rapport « Colin-Collin », rapport d'expertise sur la fiscalité de l'économie numérique, remis au gouvernement en janvier 2013 est une étape en ce sens.

Vers un État plateforme ?

En plein cœur des révolutions arabes, Hillary Clinton, dont le projet de « diplomatie 2.0 » s'appuie largement sur les grandes plateformes de *social networking*, réunit les patrons de la *Silicon Valley* – qui sont bien souvent des militants de la liberté d'expression et des droits de l'homme – et leur promit de relayer et de financer leurs initiatives : « Utilisez-moi comme une application[76]. ». En l'occurrence, il eût été préférable qu'elle se présente comme une plateforme, mais nous comprenons néanmoins l'intention sous-jacente : positionner l'administration – la diplomatie – comme une force d'*empowerment*[77], capable de relayer, de renforcer et de donner leur plein impact aux initiatives des citoyens.

Il n'est pas étonnant que ce type d'attitude soit né plus rapidement aux États-Unis qu'en Europe. Comme le souligne Antonio Negri, il existe une nette différence entre la représentation européenne de l'État, perçu comme un souverain – quasiment transcendant, en tout cas surplombant la société – et la représentation américaine, où l'État est plus immanent et vu comme un dispositif équilibrant les différentes forces de la société. « La multitude qui constitue la société est productive.

La souveraineté américaine ne consiste donc pas dans la régulation de la multitude mais se dégage au contraire comme le résultat des synergies de la multitude[78]. »

La révolution numérique bouleverse les échanges, l'économie, l'entreprise, l'éducation et tant d'autres activités humaines. Il est donc inévitable qu'elle vienne finalement ébranler une manière ancienne de concevoir le management, l'organisation, l'exercice du pouvoir et, finalement, l'État lui-même.

L'État face à la puissance de la multitude

Toutes les anciennes institutions peinent à entrer dans le nouveau monde industriel. L'État et les administrations peinent d'autant plus qu'ils sont issus de visions, de méthodes et de valeurs largement préindustrielles.

La révolution numérique de l'administration a pourtant commencé, sous la bannière de slogans comme « *Government as a platform* », « *Open Government* », ou « *Government 2.0* ». Elle mobilise bien des énergies et bien des intelligences et, surtout, suscite de nombreux espoirs. Les citoyens expriment volontiers une aspiration à de nouvelles formes de participation, de contribution, de mobilisation des énergies de la multitude. Ils en attendent avant tout un surcroît de liberté et d'efficacité.

Tim O'Reilly, écrivain, éditeur et organisateur d'événements – célèbre pour avoir popularisé l'expression « Web 2.0 » – a consacré un passionnant ouvrage à la notion de *Government 2.0*[79] :

> Que se passerait-il si, au lieu de la voir comme un distributeur automatique, nous imaginions l'administration comme le manager d'une place de marché ? Dans *La Cathédrale et le bazar*, Eric Raymond utilise la métaphore du bazar pour distinguer développement collaboratif du logiciel *open source* du développement traditionnel. Cette analogie est également applicable à l'administration. Dans le modèle du distributeur automatique, le menu complet des services disponibles est déterminé à l'avance. Un petit nombre de fournisseurs a la

> possibilité de mettre ses produits dans le distributeur, les choix résultants sont donc limités, et les prix sont élevés. Un bazar, au contraire, est un endroit où la communauté elle-même échange des biens et des services.
> Mais tous les bazars ne sont pas créés égaux. Certains sont atones, avec un choix guère supérieur à celui des distributeurs, alors que d'autres sont vibrants, remplis de marchands en concurrence pour offrir les meilleurs biens et services, offrant une abondance de choix et de prix abordables. Dans le monde de la technologie, l'équivalent d'un bazar dynamique est une plateforme réussie[80].

Il sera difficile, pour l'administration, d'atteindre le niveau d'excellence des services proposés par l'économie numérique. Pourtant, cet objectif est pour elle un devoir.

L'administration numérique est un devoir car l'administration exerce la plupart de ses missions en situation de monopole. Il est impossible pour les citoyens d'échapper à tout contact avec l'administration. Dotée de prérogatives liées à l'exercice de missions de service public, l'administration doit accepter les sujétions qui accompagnent cette position. La balance entre prérogatives et sujétions est au fondement même du droit public. Les fonctionnaires le savent parfaitement, eux qui sont la plupart du temps habités par l'idée que l'exercice de leur mission exige intégrité, efficacité et dépassement de soi.

L'administration doit donc garantir la meilleure qualité de service possible à ses administrés. Or, nous l'avons vu, en matière de services, « une plateforme bat toujours une application ». Nous ne promouvons pas une plateforme faute des compétences internes (design, agilité, management) pour concurrencer les grands services numériques sur le terrain des applications, ni faute de financements aussi massifs que ceux que déversent les fonds de capital-risque dans les entreprises du numérique. L'État plateforme s'impose parce qu'il est plus efficace de donner leur chance à cent initiatives que de tout miser sur une seule. C'est exactement ce qu'expliquait Mark Zuckerberg, le fondateur de Facebook, au eG8, à Paris, au printemps 2011 : nul ne peut être certain d'être toujours le plus innovant, mais il est possible de s'organiser pour attirer les innovateurs sur une plateforme.

L'administration numérique est aussi un devoir à cause d'une sorte de principe de subsidiarité : il est préférable de laisser les citoyens régler eux-mêmes les problèmes qu'ils peuvent régler, de les y aider et de les en valoriser. Si l'économie de la contribution fonctionne, c'est parce que les individus aiment exploiter pleinement leur potentiel et se sentir utiles. Or ces forces de l'économie de la contribution sont plus faciles à mobiliser lorsque l'on travaille au service de l'intérêt général.

Il restera toujours des services ne pouvant pas être ainsi livrés à la puissance de la multitude. Ce seront par exemple les services développés sur des données stratégiques, sur des données personnelles ou ceux que les entreprises privées n'auront pas voulu aborder, faute de rentabilité prévisible.

Nous assistons malgré tout à une révolution copernicienne. Au terme de cette révolution, l'administration ne se percevra plus seulement comme chargée de servir ou de contraindre le citoyen. Elle pourra également envisager de le doter en ressources, de stimuler sa créativité et de relayer ses efforts.

Puisque *code is law* et *architecture is politics*, une telle orientation prend nécessairement sa source dans une stratégie technologique. C'est le sens de la stratégie publiée en novembre 2014 par la Direction interministérielle des systèmes d'information de l'État (DISIC) qui jette les fondements d'une nouvelle stratégie de l'informatique de l'État français.

Obligation de rendre des comptes et ouverture des données

L'absence de concurrence sur un marché peut rendre l'administration moins sensible aux exigences des utilisateurs sur la qualité du service rendu. L'administration doit donc puiser en elle-même, dans ses valeurs, son organisation ou la motivation de ses agents les ressources nécessaires au maintien permanent de la meilleure qualité de service possible.

Pour tenir compte de cette originalité du système d'incitation de l'administration, la gestion publique n'a cessé, depuis des décennies, de multiplier les techniques de « mise sous tension », souvent inspirées du management des entreprises :

- pilotage des politiques publiques par la performance ;
- création de quasi-marchés fondés sur la mise en concurrence de fournisseurs ;
- subventionnement d'opérateurs privés eux-mêmes en concurrence avec l'administration ;
- chartes de garantie des droits des administrés, démarches qualité ;
- réingénierie ;
- contrôle et audit internes, évaluation des politiques publiques.

Toutes ces techniques se réclament de l'un des fondements de la démocratie : l'obligation de rendre des comptes (*accountability*). La Déclaration française des droits de l'homme et du citoyen a fait de ce grand principe démocratique son article 15, qui dispose que « la société a le droit de demander compte à tout agent public de son administration ».

L'obligation de rendre des comptes est à l'origine du mouvement des « données ouvertes » ou *open data* : une démarche de mise à disposition de données publiques, dans des formats ouverts, avec autorisation de réutilisation. Ses promoteurs proposent une administration plus transparente et une vie démocratique revivifiée par la possibilité, pour les citoyens, de se pencher eux-mêmes sur le coût, les modalités, les résultats et l'impact des politiques publiques.

Après la révolution numérique, rendre des comptes aux citoyens et à leurs élus, c'est en effet mettre des données à leur disposition et les laisser les manipuler, les traiter et les interpréter eux-mêmes. Les premiers portails de mise à disposition des données issues de l'administration donnent corps à cette démarche : www.data.gov aux États-Unis, nombreux portails de collectivités locales, puis mission Etalab en France.

Derrière les arguments de transparence démocratique se profilent des enjeux considérables : dans l'économie numérique, l'ouverture des données crée de la valeur. Chacun sait désormais que les données sont un peu l'or noir de l'économie numérique (ou plus précisément que la multitude qui utilise ces données est le nouvel or noir de cette économie) et que l'ouverture de ces données est à la fois un moyen de stimuler la croissance et un moyen de contrer les stratégies de ceux qui s'emploient à installer un monopole sur la détention de données stratégiques. Il reste à bâtir la politique industrielle qui garantira que cette création de valeur se produira bien au bénéfice de l'économie française.

L'ouverture des données pose aussi des questions opérationnelles. Ici encore, les choix technologiques dissimulent des options politiques. Si la France est désormais sur le podium des pays ouvrant le plus de données, l'ouverture par défaut, en temps réel, de données brutes dans les formats facilitant la réutilisation, nécessitera encore de nombreux efforts.

Pourrait-on imaginer l'écosystème si foisonnant des applications Facebook ou Twitter si ces deux sociétés se contentaient de mettre en ligne de temps en temps des tableaux Excel ne retraçant que quelques bribes de l'activité de leurs utilisateurs ? Serait-on même rassuré que ces données puissent être ainsi copiées, reproduites, contrefaites, détournées ? Au contraire, Facebook et Twitter ont mis en place des ressources techniques et des conditions d'utilisation garantissant l'intégrité des données et la confidentialité des plus sensibles d'entre elles.

Recenser, informer, visualiser, évaluer : tout cela est utile mais nous laisse encore loin – et c'est normal – de l'omniprésence dans la vie quotidienne, du caractère indispensable, voire addictif, qui caractérisent les plus grandes applications numériques. Une fois accepté le principe de l'ouverture des données, il reste encore un long, très long chemin, passant notamment par :

– la déstructuration et le reformatage des données : des tableurs Excel, qui organisent les données sous forme de lignes et colonnes, à des ressources atomiques exposées aux formats JSON et XML, qui les rendent manipulables par des développeurs et utilisables par des applications clientes ;
– une documentation adaptée, des engagements sur l'exhaustivité et les délais de mise en ligne – jusqu'au temps réel, comme le font déjà Twitter et Facebook – ainsi que des conditions générales d'utilisation fixant notamment la répartition de la valeur créée et réglant des questions aussi obscures et ingrates que les règles de stockage, de mise en cache, de recoupement.

De l'ouverture des données à la création de plateformes

La simple mise en ligne d'informations – même si elles étaient brutes, complètes, actualisées en temps réel, ouvertes et interopérables – ne suffirait pas à transformer l'État en une plateforme de création et de croissance. Une plateforme n'expose pas seulement des données. Elle propose aussi d'autres ressources : des données, mais aussi des méthodes, des algorithmes, des services, tout ce qui peut donner lieu à une hybridation avec les ressources d'autres programmes informatiques pour former une application.

Revenons sur le cas de la plateforme la plus renommée de l'économie numérique aujourd'hui : Amazon. Les données d'Amazon sont peu de chose comparativement au périmètre et à la richesse fonctionnelle des ressources mises à disposition par sa plateforme. Les données « ouvertes » par Amazon sont relatives à ses produits (images, description, prix, avis de consommateurs) et, dans une moindre mesure, à ses utilisateurs. Elles permettent par exemple à un client d'Amazon d'utiliser son compte chez d'autres marchands. Mais la plateforme d'Amazon va beaucoup plus loin : hébergement dans le *cloud* (S3), hébergement d'applications (EC2), gestion de base de données (SimpleDB), gestion de notifications, gestion de files d'attente informatiques, envoi de messages électroniques, gestions d'opérations de calcul sophistiquées dites de MapReduce... Bref, un ensemble considérable de ressources logicielles qui, assemblées, permettent quasiment de recréer l'application Amazon du sol au plafond.

L'État peut-il devenir une plateforme ?

Que signifierait la transposition d'un tel modèle à l'administration ? Imaginons que 100 applications proposent aux contribuables des interfaces différentes, des expériences innovantes pour déclarer leurs revenus et payer leurs impôts en ligne. Que 100 applications proposent aux demandeurs d'emploi de réorganiser les offres proposées par Pôle emploi, suivant les résultats d'algorithmes de recommandation aussi performants que ceux d'Amazon ou de Netflix. Que 100 applications mélangent les ressources d'administrations distinctes pour proposer un service unique intégrant plusieurs guichets : déclarer une naissance, inscrire son enfant à l'école, prendre rendez-vous pour une consultation à l'hôpital, déposer une plainte au commissariat. Que ces mêmes services se mélangent à d'autres n'ayant rien à voir avec l'administration : pouvoir faire ses courses, échanger des opinions sur des livres ou des films et, dans la même application, demander une aide au logement à la caisse d'allocations familiales. Imaginons encore que tous les services rendus par l'administration puissent l'être dans notre compte Gmail, sur notre page Facebook ou en marge de notre fil Twitter.

Une telle évolution signifierait, pour l'administration, trois ruptures radicales :

– *rupture philosophique* avec cette vision « transcendantale » de l'État, supposé neutre et au-dessus de la société, pour accepter de concevoir un État immergé dans la société, acceptant d'être « utilisé » par les citoyens ;

– *rupture organisationnelle*, pour accepter ce « principe de la multitude », c'est-à-dire le fait qu'il existe, en dehors de l'institution, une masse de talents, de compétences et de puissances de création qu'il s'agit de mobiliser ;
– *rupture opérationnelle* avec les sites des administrations, aujourd'hui conçus comme de longs et pénibles cheminements au sein de l'organisation interne de l'administration, au lieu d'être pensés pour autoriser l'appropriation des ressources.

C'est l'esprit dont a témoigné le projet Proxima Mobile qui, au lieu de lancer le développement d'applications de service public sur mobile, s'est employé à susciter le développement de telles applications et à les rassembler sur un portail.

C'est ce qu'évoque Pierre Bellanger, dirigeant et fondateur de Skyrock, qui, dans son blog consacré au numérique, introduit la notion d'« Internétat » :

> Dans le système traditionnel, la machine administrative est un ensemble protéiforme et hétérogène qui passe beaucoup de temps en échanges internes pour mener à bien des missions sans cesse obérées par des carences organisationnelles auxquelles elle peine à pallier. Dans ce système, l'administration est son propre centre de gravité et dispose d'une logique autarcique plus ou moins imperméable aux réalités ambiantes. Si malgré tout la machine fonctionne, elle le doit plus à une multitude de bonnes volontés qu'à sa structure et à sa gestion. L'Internet n'est pas le dernier moyen pour faire la même chose, mais le premier moyen pour faire autrement. S'il fallait aujourd'hui concevoir à nouveau l'administration publique, il est peu probable que l'on imaginerait de recréer un Béhémoth polycéphale constellé de rustines numériques. Il est vraisemblable que l'Internet en serait le système nerveux physique et les possibilités du réseau en caractériseraient les services. Ainsi, il faut concevoir l'administration de demain avec un nouveau centre de gravité : le citoyen en réseau[81].

L'idée que l'administration puisse confier à d'autres le soin de rendre certains services et renoncer à les dispenser elle-même peut choquer. Mais l'opération des services publics s'appuie déjà sur de nombreux intermédiaires privés, dont la plupart sont en contact direct avec les citoyens administrés. Les délégataires de service public, titulaires de marchés publics, concessionnaires, parties à un contrat de partenariat, sont des entreprises privées auxquelles l'administration confie tout ou partie de l'opération d'un service. Dans une logique plus ouverte, proche de celle d'une plateforme, de nombreux acteurs privés administrent en lieu et place – et sous le contrôle – de l'administration. Ainsi de la collecte de la TVA, qui relève de toute entreprise facturant toutes taxes comprises : ici, nulle relation client-fournisseur, nulle sélection d'un prestataire au terme d'une mise en concurrence – il suffit d'être une entreprise pour, instantanément, devenir collecteur de TVA pour le compte de l'administration.

L'exemple de la TVA n'est pas choisi au hasard. Tim O'Reilly lui-même a récemment imaginé comment Amazon – la plus grande plateforme logicielle du monde – pourrait devenir collecteur de la taxe sur les ventes en ligne que s'apprête à instaurer l'État de Californie :

> Dans un monde imaginaire où Jeff Bezos serait autant mû par l'intérêt public qu'il l'est par l'amélioration des performances de son entreprise, Amazon ne consentirait pas seulement à collecter et à payer la taxe sur les ventes, mais offrirait son infrastructure à d'autres commerçants en ligne. Amazon encouragerait les autres e-commerçants à adopter cette politique, considérant qu'une société dans laquelle chaque membre paie une part équitable est une bien meilleure société que celle dans laquelle des secteurs particuliers ou des individus particuliers réussissent à échapper à l'impôt tout en continuant à profiter d'avantages financés par des tiers[82].

Le défi est redoutable. Il est difficile pour l'administration d'acquérir les ressources et compétences nécessaires à un tel chantier. Il lui est plus difficile encore de bénéficier de soutien politique dans la durée sur des thématiques aussi arides. C'est pour cette raison que les succès de l'administration en matière de systèmes d'information sont rares. Mais il en va de l'efficacité et surtout de la pertinence du service rendu à des citoyens de plus en plus habitués à des gestes de designers parfaitement exécutés – les applications – et des performances du plus haut niveau – les plateformes.

L'administration devra s'appuyer sur des compétences venant de l'extérieur. Comme les entreprises matures contraintes de réinventer leurs activités, l'administration aura les plus grandes difficultés à trouver les partenaires adéquats pour l'accompagner dans cette démarche. Des entreprises pourront néanmoins émerger. Le milliardaire texan Ross Perot fit fortune dans les années 1960 en mettant en place le premier système d'information du régime américain d'assurance-maladie des personnes âgées (Medicare). Demain, d'autres Ross Perrot feront fortune en aidant les grandes organisations à se transformer en plateforme, en particulier la plus considérable et la plus difficile d'entre elles : l'État.

L'État plateforme : un nouveau gisement de valeur

L'État plateforme est une promesse de création de valeur et de valorisation du tissu économique français. Il suffit de considérer la puissance de prescription dont dispose l'État, le caractère incontournable de ses services – garantissant ainsi des débouchés aux meilleures applications développées à l'aide de ses ressources –, la capacité de la puissance publique à inspirer confiance aux citoyens. Des centaines de sociétés, *start-up* audacieuses ou grandes entreprises expérimentées, se précipiteront sur les ressources d'une administration devenue plateforme pour rendre aux citoyens des services en son nom. La valeur résultante sera inestimable.

Plus décisif encore sera le passage à l'horizontalité de l'économie numérique. Les premières sociétés utilisant les ressources de l'administration, surtout les grandes entreprises, se borneront à se substituer à l'administration, rendant peu ou prou les mêmes services qu'elle avec un design amélioré. Les suivants tenteront d'innover et, ménageant plus de liberté à leurs designers, inventeront une nouvelle manière d'opérer les services publics, fondée sur l'horizontalité, les interactions de pair-à-pair, l'économie de la contribution qui est au fondement de la création de valeur après la révolution numérique. Nous verrons alors s'inventer sous nos yeux des services publics sans administration, auto-organisés par des communautés de citoyens prenant leur part de leur opération par leurs contributions et leurs interactions. Ces services publics seront probablement moins coûteux que ceux qui, aujourd'hui, occupent des milliers de mètres carrés de bureau et emploient des dizaines de milliers de fonctionnaires. Ils seront ainsi une forme de réponse à la raréfaction des ressources dans l'administration.

En devenant une plateforme, l'administration prendra également pied sur un marché décisif pour l'économie numérique : le marché de la confiance. Aujourd'hui, de nombreux internautes peuvent s'authentifier dans différentes applications grâce à Facebook et à son dispositif d'authentification : Facebook Connect. Avec Facebook Connect, n'importe quel utilisateur peut autoriser une application à accéder à ses informations personnelles, avec un double avantage :

– la facilité de création de compte, car il n'est plus nécessaire de saisir la moindre information : les informations utiles sont directement obtenues par l'application *via* l'API de Facebook ;
– l'enrichissement fonctionnel, puisque, s'agissant de ses utilisateurs, Facebook met à disposition de l'application d'autres ressources – en particulier les fonctionnalités d'appréciation (*like*), de partage (*share*) ou d'accès en temps réel à son réseau d'amis et à leur activité au sein de l'application concernée.

En retour, Facebook gagne une connaissance exhaustive de ce qui se passe sur le Web, même en dehors de Facebook, ce qui interdit de fait la généralisation de ce dispositif d'authentification aux applications de service public. Pour compenser l'impossibilité d'utiliser Facebook Connect, l'administration devra mettre à disposition du marché un dispositif de type « Service-public Connect », avec un double avantage crucial sur les dispositifs proposés par des plateformes commerciales :

– pouvoir garantir que le citoyen authentifié est vraiment celui qu'il prétend être – car l'administration est fondée pour vérifier ce type d'information ;
– pouvoir mettre à disposition des données personnelles ou contextuelles qu'elle seule détient et qui contribuera à améliorer le service rendu par l'application.

C'est la décision prise début 2015 de lancer le projet « France Connect » comme première composante de la stratégie d'État Plateforme.

Peu de sociétés commerciales peuvent jouer un tel rôle de tiers de confiance. L'administration elle-même peut faire peur dans l'opération d'une telle activité. Mais, bien que maladroite dans l'économie numérique, comme le sont toutes les vieilles organisations, elle demeure incontournable sur son cœur de métier – d'autant plus inattaquable qu'elle y est juridiquement et souvent économiquement en situation de monopole.

Enfin, la mise à disposition de ressources de l'administration soulève des questions délicates de protection de la vie privée et de sécurité des données. Mais les banques offrent bien, désormais, des applications de gestion en ligne de ses comptes bancaires, convenablement sécurisées. Et de nouvelles architectures permettent de concilier, comme le font les grandes entreprises opérant des plateformes, les objectifs apparemment contradictoires de sécurité et d'accessibilité.

Après tout, l'administration est-elle si différente des champions du numérique ? Pour en juger, nous pourrions réexaminer certaines des règles de leur « Art de la guerre »[83] et constater l'analogie avec les services publics. Ainsi de la ritualisation : l'administration est intimement liée aux rites de la vie démocratique et son utilisation est cadencée par les événements de la vie personnelle et familiale. Ainsi de l'interopérabilité et des rendements d'échelle, objectifs qui, compte tenu de sa grande taille, rapprochent l'administration des géants du numérique. Ainsi, encore une fois, de l'interopérabilité, parce que l'administration est en relation, parfois quotidienne, avec tous les acteurs de la vie économique : les ménages, les entreprises, les associations et autres entités à but non lucratif.

Se concevoir comme une plateforme est donc une opportunité pour l'État. C'est une aventure difficile pour toute organisation. Pour l'État, elle sera probablement longue, douloureuse, frustrante. Mais elle sera aussi surprenante car s'y mêleront des valeurs particulières – celles du service public – et le sens aigu de leur mission qui caractérise bien des fonctionnaires. Que l'échéance soit proche ou lointaine, elle est inévitable : l'État y a un intérêt direct, il a aussi l'obligation de rattraper son retard et de montrer l'exemple au reste de la société. Aucune organisation n'est aussi légitime que l'État vis-à-vis de la multitude, vis-à-vis des citoyens. L'État doit donc apprendre avant les autres à faire levier de leur puissance.

De l'ouverture des données et des systèmes à l'ouverture du pouvoir

Enfin, il est une ouverture qui doit couronner celle des données et des systèmes. Car l'État n'est pas une organisation comme les autres. Il ne travaille pas seulement pour ses actionnaires, mais pour tout un peuple et pour l'intérêt général. Il ne recherche pas seulement le profit mais doit concilier la prospérité avec la sécurité, la solidarité et la souveraineté.

L'État, c'est le bien commun de la Nation, qui doit susciter des réponses collectives à des problèmes extrêmement complexes.

C'est en ce sens que la plupart des gouvernements et des activistes engagés dans le mouvement « open data » appellent à un dépassement de l'ouverture des données vers ce que les anglosaxons appellent l'*Open gouvernment*.

Pour faire face aux nouveaux défis, et pour le faire avec toute la puissance de la multitude, il ne suffira pas de faire de la transparence ni même de diffuser de nouvelles ressources.

Il faudra apprendre à ouvrir les décisions elles-mêmes, à agir de manière sensitive et dynamique, à diffuser dans la société toute entière la capacité d'expertise, de débat, voire de résolution de problèmes, à créer les grandes infrastructures collaboratives seules à même de faire pièce aux grandes plateformes monopolitiques des géants du numérique.

En avril 2014, la France a fort heuresement rejoint le partenariat international pour un gouvernement ouvert (Open government Partnership – OGP) avant d'en rejoindre le comité directeur.

Elle a ainsi engagé une coopération internationale autour de questions essentielles, qui accompagnent toute son histoire politique depuis la Révolution française, mais qu'elle peinait à penser à l'œuvre de la révolution numérique.

Espérons qu'elle trouvera dans cette voie les ressorts d'une nouvelle alliance entre la puissance publique et la multitude.

Conclusion

En 2001, quinze chefs d'État et de gouvernement adoptaient une stratégie de développement économique de l'Union européenne, censée tirer les conséquences de la révolution numérique. La « stratégie de Lisbonne » ambitionnait de faire de l'Union européenne « l'économie de la connaissance la plus compétitive du monde ». C'était aussi la première tentative de tirer les conséquences de la révolution numérique sur leur politique de développement économique. C'était enfin une sorte de synthèse de la pensée politique de la « troisième voie », cette sensibilité de centre-gauche partagée à l'époque par la plupart des gouvernements de l'Union européenne et défrichée dix ans plus tôt outre-Atlantique par Bill Clinton et les *New Democrats*[1].

La stratégie de Lisbonne avait trois piliers :

- la recherche de gains de productivité fondés sur les externalités positives issues des activités de recherche et développement, dans les secteurs public et privé ;
- la formation tout au long de la vie, conçue comme un moyen d'adapter en continu les compétences de la population active aux besoins d'une économie en mutation permanente ;
- le renoncement à la compétitivité prix, cet effort, toujours vain, de produire la même chose pour moins cher que

dans les pays émergents où le coût du travail est infiniment plus faible. Tournant le dos à cette illusion, la stratégie de Lisbonne privilégiait la compétitivité-hors-prix, c'est-à-dire un effort de spécialisation sur des secteurs où l'Union européenne pouvait détenir un avantage comparatif du fait de toutes les externalités qui y font la productivité globale des facteurs : environnement juridique, système social et fiscal, système de santé, infrastructures de transport, dépenses de recherche et développement, formation de la main-d'œuvre.

Les secteurs dans lesquels l'Union européenne se proposait de maximiser sa compétitivité hors-prix – les technologies de l'information et de la communication, les biotechnologies, la santé – formaient les contours de cette « économie de la connaissance » et coïncidaient peu ou prou avec ceux, désormais bien identifiés, touchés par la révolution numérique.

La stratégie de Lisbonne n'a pas tenu ses promesses, c'est le moins que l'on puisse dire. Dix ans après son adoption, l'Union européenne est marquée par une croissance économique d'une faiblesse inédite, doublée d'une crise de la dette souveraine de la plupart de ses États-membres ainsi que, dans la zone euro, de tensions monétaires qui vont jusqu'à faire douter de la pérennité de la monnaie unique européenne.

Plus grave encore, la stratégie de Lisbonne est restée lettre morte pour les agents économiques, qu'elle était pourtant censée concerner au premier chef :

– pour les entreprises, qui n'ont pas su ou pas pu prendre le virage de la spécialisation dans l'économie de la connaissance : à quelques exceptions près[2], les géants qui dominent aujourd'hui l'économie numérique ne sont pas issus de l'Union européenne ;

– pour les ménages, qui ne se sont jamais sentis concernés par ce qui, encore aujourd'hui, leur apparaît comme des discours creux.

L'économie de la connaissance signifiait-elle que tous les emplois détruits du fait de la mondialisation allaient être remplacés par des emplois d'ingénieurs, de développeurs, de designers ? Jamais les travailleurs des usines du textile ou de la sidérurgie, licenciés dans d'innombrables plans sociaux, n'ont imaginé devenir ingénieurs, développeurs ou designers. Jamais ils n'ont envisagé d'occuper tous ces emplois, aux qualifications particulières et exigeantes, qui sont le moteur de l'économie numérique. Ils n'ont pas cru à ce qu'ils percevaient comme une fable et ont fini par ne plus entendre ces discours monotones leur promettant plus de recherche, plus d'éducation, plus de formation tout au long de la vie, plus de nouvelles technologies. Dans la plupart des pays de l'Union européenne, ces travailleurs, qui sont aussi des électeurs, ont sévèrement sanctionné dans les urnes les dirigeants politiques qui portaient ces projets.

Dix ans après, la plupart des partis politiques qui soutenaient les gouvernements signataires de la stratégie de Lisbonne ont quitté le pouvoir. Dix ans après, la bataille est perdue, faute de combattants. La stratégie de Lisbonne est morte et enterrée. L'Union européenne a renoncé à devenir l'économie de la connaissance la plus compétitive du monde.

Il y a maintes raisons à cet échec : les éternelles rigidités institutionnelles qui handicapent l'Union européenne, la puissante résistance opposée aux pouvoirs publics dans leurs efforts, parfois sincères, de transformation structurelle des économies nationales, la désincarnation d'un discours économique et technocratique qui n'a pas trouvé d'écho dans la vie quotidienne des citoyens.

Mais l'échec de la stratégie de Lisbonne est avant tout dû à son incapacité à analyser la révolution numérique et ses conséquences.

La recherche n'est pas l'antichambre de l'innovation : la première produit des brevets et des inventions stockés sur étagères, la seconde seule rencontre le marché et produit de la valeur. La formation des générations montantes suppose une révolution des objectifs éducatifs autant que du contenu des enseignements. La compétitivité dans l'économie numérique ne se discute pas en termes de prix et de hors-prix, mais en termes d'applications et de plateformes. La transformation économique doit se jouer dans tous les secteurs d'activité et pas seulement dans la société de la connaissance : à l'heure où la France veut sauver son industrie, il serait utile, par exemple, de se demander ce que doit être une usine à l'heure d'Internet et de la multitude.

L'erreur de la stratégie de Lisbonne est de s'en être tenue aux premiers symptômes, d'avoir cherché à appliquer des tendances nouvelles à des structures considérées comme immuables, de ne pas avoir détecté ce qui s'apparente désormais à une mutation du capitalisme[3]. La révolution à l'œuvre à l'époque a bouleversé la société dans toutes ses dimensions, rendant les paradigmes d'hier inopérants pour s'imposer dans l'économie de demain.

Aux organisations lancées dans une compétition inégale avec les innovateurs radicaux de la *Silicon Valley*, on a inculqué l'idée qu'il fallait combattre en ne comptant que sur leurs propres forces, quand leurs concurrents américains s'appuyaient sur la multitude. Aux travailleurs de l'Union européenne, on a suggéré que leur salut ne pourrait désormais être que dans les organisations engagées dans la bataille de la création de valeur par le numérique. Or, ces organisations, si concentrées dans leur course à la compétitivité et dans leur recherche de rendements d'échelle croissants, devenaient aussi plus sélectives dans leur recrutement et de moins en moins créatrices d'emploi. L'économie de l'Union européenne semble s'être épuisée dans ce malentendu, au terme duquel bien peu ont trouvé leur place.

La richesse d'une nation n'est plus – si elle l'a jamais été – dans des entreprises qui produisent plus et mieux avec leurs propres ressources. Elle est dans les externalités qui décuplent la productivité de ces entreprises. Aujourd'hui, elle est avant tout dans la puissance de la multitude, cette puissance que les entreprises doivent apprendre à capter pour créer de la valeur et délivrer un meilleur service à un prix moins élevé. Elle est dans les visionnaires qui inventent de nouvelles stratégies pour capter cette richesse.

Comment se diffuse la richesse dans une telle économie ? Comment la multitude peut-elle permettre la croissance et le redémarrage de nos économies ?

Pour bien le comprendre, il nous faut retracer une dernière fois le cheminement d'une entreprise menant à bien sa stratégie dans l'économie numérique.

L'entreprise commence par acquérir auprès de fournisseurs les biens et services de consommation intermédiaire et les immobilisations qu'elle va amortir. Elle rencontre un premier obstacle, l'augmentation non maîtrisée des coûts de transaction : il est difficile de trouver toujours les meilleurs fournisseurs au meilleur prix et de s'assurer de la bonne exécution des commandes qui leur sont passées.

L'entreprise recrute alors des collaborateurs, plutôt qualifiés, en particulier des designers, des développeurs, des ingénieurs. Elle rencontre cette fois une double limite : la difficulté à recruter des compétences rares et la difficulté à manager ces compétences. La production ralentit. Les idées innovantes mettent plus de temps à circuler. L'entreprise subit la pesanteur des organisations. Les rendements d'échelle vont décroissant.

Pour contourner cet obstacle, l'entreprise se tourne alors vers la multitude, d'abord en devenant *sensitive*, en déployant d'innombrables senseurs sur son marché et à son voisinage, pour mieux ressentir l'économie. Puis en concevant une application issue d'une innovation radicale, au design particulièrement réussi, afin d'attirer l'attention de la multitude et d'y séduire un grand nombre d'utilisateurs, dont elle va progressivement apprendre à capter la puissance et la créativité afin d'itérer son application et d'accroître son rendement. Si cette application rencontre un grand succès, d'autres applications concurrentes vont vite émerger. Plusieurs applications vont se disputer la puissance de la multitude sur ce nouveau marché. Chacune rencontrera la même limite : il est impossible de satisfaire toute la multitude avec une seule application.

Si elle est audacieuse et si son application bénéficie d'une position dominante sur le marché, l'entreprise choisira donc ce moment pour détacher de son application une *plateforme*. Grâce à cette plateforme, la puissance captée par son application sera remise à disposition de tout le marché, y compris des applications concurrentes de celle qui a donné naissance à la plateforme. Le nombre des applications sur le marché va alors se multiplier par le biais de la sur-traitance, fragilisant la position de toutes les applications déjà présentes – y compris celle de l'entreprise opérant la plateforme – mais démultipliant la puissance de captation de la plateforme en l'étendant progressivement à tout le marché. C'est pourquoi une plateforme bat toujours une application : parce qu'elle capte la puissance de la multitude sur un périmètre beaucoup plus large.

L'économie numérique n'est pas seulement affaire d'entreprises technologiques. Elle est fondamentalement l'adaptation stratégique à une nouvelle donne : la valeur considérable qui gît dans les actions et interactions de la multitude et la possibilité de s'organiser pour la capter. C'est pour cela que la révolution numérique concerne toutes les entreprises : la stratégie de la multitude peut être adaptée aux grands groupes, aux *start-up*, aux petites et moyennes entreprises familiales comme aux créateurs eux-mêmes.

Plus ces entreprises innoveront, plus elles apprendront, grâce à la multitude, à produire mieux et moins cher, redistribuant de la valeur aux ménages qui pourront rediriger le revenu ainsi libéré vers des biens et services qu'ils ne peuvent consommer aujourd'hui car ils n'en ont pas les moyens. C'est la production de ces biens et services, aujourd'hui hors de portée des ménages, qui créeront enfin ces emplois introuvables : dans l'éducation, dans la santé, dans la petite enfance, dans les services à la personne, dans le bâtiment, dans la restauration, dans le tourisme. Les gains de productivité et la baisse des prix permis par Amazon, Facebook et Google permettront aux ménages de consommer plus dans d'autres secteurs créateurs d'emplois.

L'Union européenne n'a pas à regretter de n'être ni la Chine, ni l'Inde, ni les États-Unis. Elle n'a pas à envier une main-d'œuvre à bas coût et des aspirations simples. On ne créera pas Foxconn – et son million de salariés – dans un pays de l'OCDE. Elle n'a pas à regretter l'époque des industries à dynamique lente, où les positions étaient acquises pour longtemps, où l'organisation et l'efficacité pouvaient être parfaites avec le temps[4]. La richesse des nations européennes est dans leur multitude : ces centaines de millions de citoyens connectés, équipés, éduqués, actifs et créatifs, prêts à créer une valeur considérable qui, par un effet de bouclage, pourra ensuite être redistribuée dans l'ensemble de l'économie.

L'Union européenne a tous les moyens pour trouver son propre chemin : un niveau élevé d'éducation, une population créative qui a le goût de la modernité, de nombreuses infrastructures de grande qualité, des assurances sociales pourvoyeuses de sécurité économique, un haut niveau d'équipement des ménages, des capitaux abondants, une recherche publique dynamique, des grands groupes, des entrepreneurs, un patrimoine incomparable. Il ne lui manque que la bonne stratégie et les dirigeants capables de la porter.

À ces femmes et ces hommes, à cette jeunesse qui est formée aujourd'hui, il ne tient qu'à nous de transmettre les qualités indispensables pour relever les défis de l'âge de la multitude :

– la vaste formation de l'honnête homme d'aujourd'hui, qui doit désormais inclure la capacité à agir dans le monde et donc à programmer ;

- l'habitude de communiquer son propos (écrire, partager dans ses réseaux sociaux) et de travailler en équipe ;
- le culot, le goût de la compétition et l'acceptation de l'échec, entre l'arrogance américaine et la *chutzpah* israëlienne que les Grecs appelaient *Parrhêsia*, droit de parler en public et courage de dire le vrai devant l'assemblée de ses pairs.
- une culture tournée vers l'international et une grande capacité à travailler avec le reste du monde.

À tous, nous souhaitons de trouver et de conserver l'ambition de créer pour changer le monde.

Notes

Remerciements

1. Critical Art Ensemble, 1994 et 1996, Autonomedia, traduction française, 1997, Éditions de l'éclat.

Introduction

1. Negri A. et Hardt M., 2000, *Empire*, Paris, Exils.

Préface à la deuxième édition

1. Citons par exemple le rapport de la mission d'information confiée aux députées Corinne Ehrel et Laure de la Raudière sur le développement de l'économie numérique ; le rapport de la mission sur la gouvernance de l'Internet, présidée par les sénateurs Gaëtan Gorce et Catherine Morin-Desailly (*L'Europe au secours de l'Internet : démocratiser la gouvernance de l'Internet en s'appuyant sur une ambition politique et industrielle européenne*) ; le rapport annuel du Conseil d'Etat 2014, consacré au numérique et aux droits fondamentaux ; le rapport sur la transformation numérique de l'économie française, confiée à Philippe Lemoine ; le rapport rédigé par Mohammed Adnène Trojette, consacré à l'ouverture des données publiques et à ses modèles d'affaires ; sans oublier le rapport de la mission d'expertise sur la fiscalité de l'économie numérique, qui a formulé le diagnostic de l'échappement de la valeur du territoire national et ouvert la voie aux travaux de l'OCDE sur l'évolution de la fiscalité directe des entreprises multinationales dans une économie de plus en plus numérique.
2. Erik Brynjolfsson, Andrew McAfee, *The Second machine age, Work, Progress and Prosperity in a time of brillant technologies*, W. W. Norton & Company, 2014. Voir : http://www.secondmachineage.com/
3. Carlota Perez, *Technological Revolutions and Financial Capital, The Dynamic of Bubbles and Golden Ages*, Edward Elgar Pub, 2003.

CHAPITRE I : Un monde d'innovation radicale

1. *CIO*, 17 octobre 2007, "Amazon.com's IT leader leaving huge customer service infrastructure as legacy". http://www.cio.com/
2. Mourier P.-F., 2010, « Silicon Valley, la fabrique de l'innovation », in Belloc B. et Mourier P.-F., 2010, *L'Académie au pays du capital*, Paris, PUF.
3. On appelle « capital-risque » (en France) ou « *venture capital* » (aux États-Unis) une activité d'investissement par prise de participation au capital de jeunes entreprises non cotées à un stade précoce de leur développement. Le plus ancien capital-risqueur français, Sofinnova Partners, a été créé en 1972.
4. Malhes, L. 2011, « Au cœur de la Sillicon Valley », *InaGlobal*, 27 avril. http://www.inaglobal.fr/
5. Même s'il faut reconnaître que la mort de Lee Iacocca, patron de Chrysler et inventeur de la Ford Mustang, chère au cœur de nombreux Américains, a suscité une grande émotion aux États-Unis. Certes elle n'était pas mondiale, mais elle a surpris par son intensité…
6. Rifkin J., 2000, *The Age Of Access: The New Culture of Hypercapitalism, Where All of Life is a Paid-For Experience*, Putnam Publishing Group.
7. On traduit parfois par « bricolabilité » cette notion qui signifie littéralement « le caractère de ce qui peut être détourné » et désigne le plus souvent des projets, produits et services ayant été conçus dès en amont pour autoriser l'intervention et le détournement par les utilisateurs.
8. Voir chapitre 5.2.
9. Benhamou B., 2006, « Organiser l'architecture de l'internet », *Esprit*, mai.
10. Selon un récent article de *Techcrunch*, le magazine en ligne de référence dans la Silicon Valley, 70 % des start-ups ne fonctionnent pas selon le modèle économique pour lequel elles avaient levé leurs fonds.
11. http://bjfogg.com/
12. Voir par exemple Fogg B. J., 2003, *Persuasive Technology: Using Computers to Change What We Think and Do*, Morgan Kaufmann.
13. À strictement parler, cette règle est valable pour les « contenus » de faible qualité. Le contenu *premium*, cinéma, musique ou autre, profite au contraire des échanges intenses d'Internet pour atteindre des sommets inégalés. C'est le volet mal compris du livre de Chris Anderson sur la « longue traîne » : l'économie de la longue traîne est aussi une économie de l'« effet superstar »… Les clients attirés par l'abondance de l'offre ne résistent pas longtemps au produit phare du moment.

CHAPITRE II : Règles du nouveau monde industriel

1. Cité par Jullien F., 1996, *Traité de l'efficacité*, Grasset et Fasquelle.
2. Selon l'étude PISA 2006, la France a le plus faible taux d'élèves se déclarant « bien à l'école » (45 % contre 81 % de moyenne sur 41 pays de l'OCDE).

3. Planck M., 1940, *Scientific autobiography and other papers*, trad. Gaynor F.,p. 33-34.
4. Kuhn T., (1962), trad. 1982, *La Structure des révolutions scientifiques*, Paris, Champs Flammarion, p. 208.
5. Ray Kurzweil est l'un de ces maîtres à penser et hommes d'affaires qu'affectionne la Silicon Valley. Auteur de livres à grands succès, il a également fondé une Singularity University où de hauts dirigeants et de prometteurs cadres exécutifs paient fort cher pour se former à l'avenir avec de prestigieuses sommités.
6. Kurzweil R., 2005, *The Singularity is Near: When Humans Transcend Biology*, Viking / Penguin Books. http://www.singularity.com/ Traduction française 2007, *Humanité 2.0 : la bible du changement*, M21 Éditions.
7. Un « exosquelette » est une sorte de squelette extérieur, articulé, mécanisé grâce à des technologies issues de la robotique. La recherche japonaise les a initialement développés pour pallier certains graves handicaps, mais travaille aujourd'hui également à les utiliser pour pallier les effets du vieillissement.
8. Crum R., 10 août 2011, "Apple Crowned No. 1 With Biggest Market Cap". http://www.marketwatch.com/
9. http://www.strategie.gouv.fr/
10. Schumpeter J., 1942, *Capitalisme, socialisme et démocratie*.
11. Test imaginé par le grand mathématicien britannique Alan Turing. Pour donner une réponse concrète à la question « un ordinateur peut-il penser ? », il proposait de considérer que l'ordinateur capable de soutenir une conversation avec un humain sans être repéré comme ordinateur aurait passé le test avec succès.
12. L'Internet des objets représente l'extension d'Internet à des choses et à des lieux dans le monde réel. Alors qu'Internet ne se prolonge habituellement pas au-delà du monde électronique, l'Internet des objets a pour but de l'étendre au monde réel en associant des étiquettes munies de codes, de puces RFID ou d'URLs aux objets ou aux lieux. Ces étiquettes pouvant être lues par des dispositifs mobiles sans fil, elles autorisent ainsi une réalité augmentée ainsi que la conception d'innombrables services innovants.
13. Le phénomène *big data* (voir chapitre 2.3) désigne à la fois l'énorme inflation des données accessibles sur Internet ou dans les entreprises et le développement de nouveaux outils et de nouvelles méthodes pour les manipuler et leur donner sens et valeur.
14. Gordon E. Moore, l'un des fondateurs d'Intel, extrapolant des constats faits au cours des années 1950, prédit que la complexité des transistors doublerait tous les ans à coût constant, et que le nombre de transistors sur un circuit intégré doublerait tous les deux ans. Cette « loi » est pour l'instant toujours confirmée, même si l'on approche désormais de limites

quantiques. Il est à noter que le résultat dépendant étroitement des efforts de recherche d'Intel et de sa stratégie de mise sur le marché, cette loi peut également être vue comme une loi régulatrice de la stratégie commerciale des fabricants de processeurs.

15. Kelly K., 2000, *What Technology wants,* Vicking.

16. Gleik J., 2011, *The Information: A History, a Theory, a Flood*, Pantheon.

17. Le réseau Internet est le réseau des ordinateurs interconnectés grâce au protocole TCP / IP. Nous utiliserons « Internet » (avec la majuscule) pour désigner la somme de ce réseau et des applications qui y sont développées et des contenus qui y sont partagés. Le Web (*World Wide Web*) est l'interface graphique d'Internet (les « pages » Web et les liens hypertextes). Le Web était fondamentalement un « média ». L'expression « Web 2.0 », popularisée dès 2004 par Tim O'Reilly, désigne le Web approprié par les utilisateurs notamment grâce aux outils simplifiant la production et le partage de contenus. En septembre 2010, beaucoup annonçaient la mort du Web pour stigmatiser la prolifération de réseaux fermés (*App Store*, Facebook), utilisant l'infrastructure Internet mais tournant le dos à l'ouverture caractéristique du Web.

18. Voir chapitre 2.2.

19. Zajec O., 2010, « Comment la Chine a gagné la bataille des métaux stratégiques », *Le Monde diplomatique*, novembre, p. 14-15.

20. Lombard D., Nahon G. et Girard É., 2007, *Le village numérique mondial : la deuxième vie des réseaux*, Odile Jacob.

21. Liang Q. et Xiangsui W., 2003, *La Guerre hors limites, l'art de la guerre asymétrique entre terrorisme et globalisation,* traduit du chinois par Denès H., Rivages, Payot.

22. Greenspun Ph., in Livingston J., 2007, *Founders at Work Stories of Startups' Early Days*, Apress, traduction des auteurs.

23. Jullien, *op. cit.*

24. En 1879, Clément Ader participe à la création du premier réseau téléphonique (alors privé) de Paris avec Louis Breguet, Cornelius Roosevelt, François Rodde au sein de la Edison Gower Ball, de l'ingénieur américain Frederic Allen Gower. Devenue la Telephone Company of Europe, la société lance en 1881 le théâtrophone, sur une idée de Ader. Des micros sont installés de chaque côté de la scène de l'Opéra Garnier et permettent d'écouter l'opéra en restant chez soi. Le système sera rapidement étendu à d'autres salles de spectacle (adapté de Wikipédia).

25. 2011, « La recherche contre le SIDA avance grâce au gaming », *Premiere*, 20 septembre. http://jeuxvideo.premiere.fr/

26. Titre de l'ouvrage célèbre de J. Surowlecki, 2005, *The Wisdom of Crowds*, Anchor Books.

27. Rotman P. et Hamon H., *Génération,* 1987, t. 1, *Les années de rêve*, 1988, t. 2, *Les années de poudre*, Paris, Le Seuil.
28. Un logiciel est dit « libre » quand il est assorti d'une licence d'utilisation en autorisant la reproduction, la modification et la diffusion. Il se trouve simplement que nombre de logiciels libres sont développés sur une base de bénévolat.
29. Selon Wikipédia, « La curation de contenu (de l'anglais *content curation* ou *data curation*) est une pratique qui consiste à sélectionner, éditorialiser et partager les contenus les plus pertinents du Web pour une requête ou un sujet donné ». La conséquence de la généralisation de cette pratique est, par exemple sur Twitter, la possibilité de nouer un rapport à l'information entièrement fondé sur le prisme de personnes sélectionnées pour leur proximité, leur expertise ou leur position géographique ou sociale.
30. On appelle système de « pair-à-pair » tout système régi par les interactions entre des individus égaux, sans recours à une autorité centrale. L'évaluation des chercheurs par les pairs est un exemple ancien et efficace. Internet a multiplié ces systèmes, avant de mettre en place des systèmes d'échanges de fichiers de pair-à-pair (Napster, eMule, Megaupload), extrêmement performants d'un point de vue d'organisation du réseau mais extrêmement déstabilisants pour les polices souhaitant, par exemple, empêcher la diffusion de fichiers musicaux piratés.
31. Serres M., 2011, « Petite Poucette, la génération mutante », *Libération*, 3 septembre.
32. Pour une étude complète et nuancée de la confiance, voir FING, 2011, *Nouvelles approches de la confiance numérique.* http://www.fing.org/
33. Godin S., 1999, *Permission Marketing: Turning Strangers Into Friends and Friends into Customers*, Simon & Schuster, New York. Trad. fr. Godin S., 2000, *Permission Marketing. Les leçons d'Internet au marketing*, Mascima, Paris.
34. Bai M., 2011, "What Steve Jobs Understood that Our Politicians Don't", *The Caucus, The Politics and Government*, Blog of the Times, 2 octobre. http://thecaucus.blogs.nytimes.com
35. *Application Programming Interface* : interface d'un programme informatique permettant d'y greffer un autre programme qui y puisera des données ou des résultats traités.
36. Castells M., 2001, *La Galaxie Internet*, Paris, Fayard.
37. Health J.et Potter A., 2006, *La Révolte consommée*, Naïve.
38. Ce passage du pouvoir des ingénieurs aux « storytellers-designers » est remarquablement expliqué par Murray J., 1998, *Hamlet on the Holodeck: The Future of Narrative in Cyberspace*, MIT Press.
39. Missika J.-L., *La Fin de la télévision*, Seuil-La République des idées, 2006.

40. Negri A. et Hardt M., 2011, « Une politique postsocialiste dans l'Empire », in Negri A., 2010, *Traversées de l'Empire*, Éditions de l'Herne.
41. Par exemple sur son blog, http://www.nodesign.net.
42. Fréchin J.-L., http://www.nodesign.net.
43. Segrestin B.et Hatchuel A., 2012, *Refonder l'entreprise*, Le Seuil / La République des idées.
44. Negri A., *op. cit.* ou Negri A. et Hardt M., 2000, *Empire*, Exils.

CHAPITRE III : Valeur et multitude après la révolution numérique

1. Traduction des auteurs.
2. Voir par exemple Gille L., 2006, *Aux sources de la valeur, des biens et des liens*, Paris, L'Harmattan.
3. Judis J.B., 2011, "Doom! Our Economic Nightmare is Just Beginning", *The New Republic*, 14 septembre. http://www.tnr.com/
4. La crise de la tulipe, qui affecta les Provinces-Unies au début du xviie siècle et culmina en février 1637, fut un vaste mouvement de spéculation sur les bulbes de cette fleur qui venait d'arriver de Constantinople. Au plus fort de la crise, un bulbe s'échangeait pour une valeur supérieure à 10 ans de salaire d'un ouvrier spécialisé. Cet épisode, quoi que très mal documenté, est souvent cité comme exemple de mécanismes spéculatifs.
5. De fait, il en va de même de la tulipe ou de la jacinthe aux Pays-Bas. 400 ans plus tard, ce pays est encore l'un des leaders mondiaux sur le marché des fleurs coupées.
6. Article cité.
7. *Cf.* par exemple Filloux F., 2012, "Strange Facebook Economics", http://www.mondaynote.com, 5 février.
8. Lévy P., 1995, *Sur les chemins du virtuel*, Paris, La Découverte.
9. Moulier Boutang Y., 2010, *L'abeille et l'économiste*. Carnets Nord.
10. Giget M., 2011, « Innovation : le passage à l'acte... Stratégies d'entreprendre, stratégies d'entreprise », conférence prononcée le 1er mars. http://sanscontact.files.wordpress.com/
11. Friedman T., 2011, "The Start-Up of You", *The New York Times*, 12 juillet. http://www.nytimes.com/
12. Coase R., 1937, "The Nature of the Firm", *Economica*.
13. Becker G. S., 1964, *Human Capital, A Theoretical and Empirical Analysis*, Columbia University Press for the National Bureau of Economic Research, New York.
14. Verdier H., 2010, « Réflexions sur le capitalisme cognitif », 22 février. http://www.henriverdier.com/
15. Lexington, 2011, "Revisiting the Hoover Dam", *The Economist*, 22 octobre. http://www.economist.com/

16. *Entretiens du nouveau monde industriel*, novembre 2007.
17. Godin S., 2010, "I Spread your Idea Because...", *Seth Godin's Blog*, 27 octobre. http://sethgodin.typepad.com/
18. Titre de la conférence TED de Jonathan Zittrain : *The Kindness of Stangers*.
19. Cheung S. 1973, "The Fable of the Bees: an Economic Investigation", *Journal of Law and Economics* 16: 11–33.
20. Ariely D., 2008, *Predictably Irrational, the Hidden Forces That Shape Our Decisions*, New York, Harper.
21. Vingt ans plus tôt, l'industrie musicale avait aussi combattu les radios libres (une expression précoce de la créativité extérieure aux institutions), perçues à l'époque comme une menace pour la vente de disques. Or l'histoire a monté que, loin d'appauvrir l'industrie musicale, les radios libres ont été un puissant facteur de création de valeur : d'une part, en devenant une confortable source de revenus directs grâce à l'instauration d'une « licence légale » ; d'autre part, en s'imposant comme le principal instrument de prescription de l'achat de disques auprès du grand public. L'activité spontanée des radios libres et de leurs auditeurs est donc doublement créatrice de valeur pour l'industrie musicale.
22. Verdier H., 2010, *op. cit.*
23. Gorz A., 1988, *Métamorphoses du travail, Quête du sens*, Éditions Galilée, p. 120.
24. Gille L., 2009, *Les Dilemmes de l'économie numérique,* FYP Editions.
25. Sloterdijk P., 2007, *Colère et temps, essai politico-psychologique*, Libella Marin Sell.
26. Commission sur l'économie de l'immatériel (présidée par Lévy M. et Jouyet J.-P.), 2006, *L'économie de l'immatériel, la croissance de demain*.
27. http://www.economie.gouv.fr/apie
28. http://www.etalab.gouv.fr/
29. On appelle *cookie* un témoin de connexion, c'est-à-dire un petit protocole informatique placé sur le navigateur de l'utilisateur, capable de recueillir différentes informations sur sa navigation et de les restituer au site d'origine à l'occasion d'un passage ultérieur.
30. Criteo est une *start-up* française leader mondiale du « *retargeting* publicitaire ». Grâce à l'analyse des *cookies* produits par le réseau de ses clients, elle réussit à proposer à l'utilisateur des publicités ciblées grâce à l'analyse d'un grand nombre d'étapes de sa navigation antérieure.
31. Les puces à communication sans contact, par exemple pour des systèmes d'authentification (Navigo) ou de paiement, sont aujourd'hui essentiellement utilisées à des fins professionnelles, notamment dans les chaînes logistiques. IBM estime qu'il en existe plus de 30 milliards en circulation sur Terre. Le grand public peut se faire une idée de la manière dont elles

permettent de transformer tout objet en service avec le fameux ensemble Nike + iPod dans lequel une chaussure de sport équipée d'une telle puce permet de produire de nombreuses informations sur son activité, puis de les traiter, voire de les partager avec ses amis.

32. McKinsey Global Institute, 2011, *Big data, The Next Frontier for Innovation, Competition, and Productivity*, mai.

33. Bellanger P., 2010, « Communiquer avec Internet », *Les Ernest*, 6 décembre. http://pierrebellanger.skyrock.com/

34. C'est peut-être pour cela qu'on assiste aujourd'hui à une progression irrépressible de ces technologies *consumer* (voir la multiplication des iPhone ou iPad en entreprise) là où, par le passé, c'étaient les technologies des entreprises qui tentaient d'investir la grande consommation.

35. Le terme *Freemium* naît d'une contraction de *free* et de *premium*. Il désigne un modèle économique dans lequel l'entrée dans le service est gratuite mais permet de proposer un certain nombre de compléments (raccourcis, nouvelles fonctions, attributs de prestige) qui sont, eux, payants. La bonne mise en œuvre d'un modèle *freemium* demande le respect intransigeant d'un contrat moral tacite selon lequel il sera toujours possible de réussir dans le jeu sans payer. Ce contrat impose à son tour une forte attraction pour les services payants, qui sont quant à eux *premium*.

36. Rebiscoul A., 2007, « Pour une controverse sur l'économie de l'immatériel », 26 octobre. http://www.rue89.com/

37. Voir par exemple Pinçon-Charlot M. et Pinçon M., 2009, *Les ghettos du Gotha : comment la bourgeoisie défend ses espaces*, Paris, Payot.

38. Abélès M., 2002, *Les Nouveaux Riches, un ethnologue dans la Silicon Valley*, Paris, Odile Jacob.

39. Matthews Ch., 1999, *Hardball: How Politics Is Played Told By One Who Knows The Game*, Simon & Schuster, p. 75.

40. Anderson Ch., 2006, *The Long Tail: Why the Future of Business is Selling Less of More*, Hyperion.

CHAPITRE IV : Entreprendre après la révolution numérique

1. Terme forgé par André-Marie Ampère pour désigner « l'art de gouverner les hommes » avant d'être appliqué, beaucoup plus tard, aux systèmes informatiques.

2. Et, bien sûr, parce qu'il n'avait ni le goût, ni les dispositions nécessaires pour l'aventure commerciale qui s'annonçait.

3. Yegge S., *Stevey's Google Platforms Rant*.

4. Le musée d'Art moderne de la ville de New York.

5. Jana R., "Facebook's Design Strategy: a Status Update, Behind the Scenes With the Team That's Redefining Human Connection", disponible sur http://designmind.frogdesign.com/
6. Voir chapitre 2.4.
7. Voir chapitre 1.3.
8. Reich R., 1998, *Locked in the Cabinet*, Vintage.
9. Voir chapitre 2.3.
10. Moore G. A., 1991, *Crossing the Chasm, Marketing and Selling High-Tech Products to Mainstream Customers*, Harper Business Essentials.
11. Fried J. et Heinemeier Hansson D., 2010, *Rework – Réussir autrement : entrepreneurs, auto-entrepreneurs, patrons ou salariés*, Maxima.
12. http://agilemanifesto.org/
13. Butcher M., 2011, "X5 Music Secures EUR 7m Investment from Northzone to hit the States", *Techcrunch*, 5 janvier. http://eu.techcrunch.com/
14. Performable, 2010, *Lifecycle Marketing, Why traditional marketing is broken and how lifecycle marketing can fix it.* Performable a depuis lors été rachetée par la société HubSpot et ce livre blanc n'est malheureusement plus disponible en ligne.
15. Voir le site http://500.co/
16. Selon Wikipédia : « mode d'innovation basé sur le partage, la collaboration et la sérendipité, à la fois compatible avec une économie de marché (*via* les brevets et licences), ou d'Intelligence économique, mais [qui] permet aussi des démarches basées sur des alternatives éthiques ou solidaires (économie solidaire) de partage libre des savoirs et savoir-faire modernes ou traditionnels ».
17. La mise en place d'une API se distingue des démarches d'*open source*, qui consistent à mettre tout le code informatique à disposition pour que d'autres développeurs l'améliorent, au risque de la dispersion et de l'instabilité de l'ensemble.
18. Levy S., 2011, "Jeff Bezos Owns the Web in More Ways Than You Think", *Wired*, 13 novembre, http://www.wined.com/.
19. Créée en 2007 par Mark Pincus (elle porte le nom de son chien, qui a également inspiré son logo), la société Zynga est le leader mondial du jeu social (jeu accessible dans les réseaux sociaux et joué avec le concours et le soutien de ses amis). Elle revendiquait, dès 2009, 60 millions d'utilisateurs actifs chaque jour et a été introduite en bourse, le 16 décembre 2011, pour une valorisation d'un milliard de dollars.
20. http://www.techcrunch.com/
21. O'Reilly T., 2009, "Government 2.0: It's All About the Platform", *Techcrunch*, 4 septembre ; Rebiscoul A., *op. cit*.
22. Security and Exchange Commission, le gendarme de la bourse américain.

23. Twitter est une plateforme d'échange de courts messages assortie d'un moteur de recherche. À la différence de Facebook, les liens n'y sont pas symétriques : on peut suivre quelqu'un qui ne nous suit pas. La très grande simplicité de Twitter a permis aux utilisateurs de faire émerger de nombreuses règles fondées sur la plateforme : les « retweets » pour propager un message, les « reply » pour répondre à quelqu'un, l'utilisation d'un # pour indexer un message et créer un fil de discussion.
24. *vide infra* 5.2.
25. PROXIMA MOBILE, « Open Source et plateformes mobiles ». http://www.proximamobile.fr/
26. Hulu est un site Web gratuit de vidéo à la demande qui propose également des services de partage de vidéo. Le site est une entreprise commune de NBC-Universal, News Corporation, Providence Equity Partners et The Walt Disney Company (Wikipédia).
27. Sauf dans le cas de Zynga vis-à-vis de Facebook.
28. Technology, Entertainment, Design.
29. *vide supra,* notamment chapitre 2.3.3.
30. Terme que nous empruntons au journaliste et auteur américain Steve Denning, *cf.* DENNING S., 2010, *The Leader's Guide to Radical Management,* Jossey Bass.
31. GORZ A., 1988, *Métamorphoses du travail, Quête du sens, Critique de la raison économique*, Galilée, p. 82.
32. SENOR D. et SINGER S., 2011, *Israël, la nation startup*, Maxima.
33. Pour servir la clarté du propos, nous nous affranchissons ici des subtiles distinctions entre architectures orientées services et architectures orientées ressources et choisissons de traduire « interfaces de service » par « API ».
34. Voir par exemple tout le travail de Michel Crozier, et notamment 1977, *L'acteur et le système* (en collaboration avec Ehrard Friedberg), Paris, Le Seuil.
35. Comme Steve Wozniak lui-même en a témoigné à plusieurs reprises. *Cf.* LIVINGSTON J., 2007, *Founders at Work: Stories of Startups'Early Days,* Apress.
36. La récente biographie de Steve Jobs (ISAACSON W., 2011, *Steve Jobs,* J-C Lattès) montre à quel point cette vision est en partie fondée. Nombre de ces acteurs se connaissent, se surveillent, se fréquentent et entretiennent un dialogue constant.
37. CHRISTENSEN C., 2011, *The Innovator's Dilemma*, Harper Business.
38. Le 1er février 2012, le « Tableau de bord de l'Union de l'innovation », publié par l'Union européenne, range la France dans les pays « suiveurs de l'innovation ». Le même mois, la société Finaventure publiait son classement des villes mondiales les plus favorables au lancement d'une *startup* et dégradait Paris de la cinquième à la neuvième place, notamment à cause de la difficulté à lever des fonds.

39. BRANDEIS L., 1912, “The Regulation of Competition Versus the Regulation of Monopoly”, address to the Economic Club of New York, 1er novembre.
40. CHRISTENSEN C., *op. cit.* (cf. note 37)
41. C’est cette crainte qui a empêché Sony, leader mondial de la musique et de l’électronique grand public, d’être le premier à proposer un baladeur numérique. Chaque département craignait de se voir cannibaliser par l’autre. C’est donc Apple qui a pris ce marché. Steve Jobs, pour sa part, considérait qu’il valait toujours mieux se cannibaliser soi-même, de peur qu’un autre ne le fasse.
42. *vide supra* 4.3.1.
43. CORTESE A., 2011, “Pennies From Many”, *New York Times*, 25 septembre.

Chapitre V : La politique du nouveau monde industriel

1. Pour reprendre le titre d’un ouvrage écrit à l’époque sous pseudonyme par Jean-Pierre Chevènement et Didier Motchane, *L’ENA ou les mandarins de la société bourgeoise.*
2. Louis Hachette, ancien élève de Guizot, a créé sa librairie-éditeur en 1826.
3. Sur ces questions, voir par exemple MOEGLIN P., 2010, *Les industries éducatives,* Paris, PUF.
4. Cette réforme, initiée par George Bush, consistait, après évaluation sous forme de *testing,* à proposer des chèques éducation pour permettre aux familles défavorisées de recourir au soutien scolaire à domicile.
5. MITRA S., 2010, “The Child-Driven Education”, *TEDGlobal,* septembre. http://www.ted.com/
6. SETHI K.B., 2010, “Kiran Bir Sethi Teaches Kids to Take Charge”, *TEDIndia,* janvier. http://www.ted.com/
7. TADDÉI F., 2010, « Pour un nouveau modèle d’éducation », *TEDxParis,* janvier. http://www.tedxparis.com/
8. *vide supra,* chapitre 1.4.
9. *Cf.* CARR N., 2008, “Is Google making us stupid ?”, *The Atlantic* et avant lui SCHWARTZ T., 1973, *The Responsive Chord,* New York, Anchor Press.
10. Comme, en France, les établissements publics à caractère scientifique et technique (EPST), au premier rang desquels le CNRS.
11. Voir par exemple STIEGLER B., MEIRIEU Ph. et KAMBOUCHNER D., 2012, *L’école, le numérique et la société qui vient,* Paris, Fayard / Mille et une nuits.
12. Facebook, Twitter, Groupon, Zynga et LinkedIn, qui totalisent à eux seuls une valorisation de 166 milliards de dollars ont moins de 20 000 salariés à elles cinq. Ils rentreraient au Parc des Princes ! Pour mémoire, Véolia

environnement emploie 200 000 salariés pour une valorisation de 4 milliards de dollars.

13. Verdier H., 2011, « Économie des start-up : leçons israéliennes », 6 décembre. http://www.henriverdier.com/

14. Bensimon C., 2009, « Six milliards d'autodidactes », *Libération*, 14 avril. http://www.liberation.fr/

15. Delhay C., 2011, « Savoir lire, écrire, compter et prendre la parole », *Le Monde*, 20 octobre.

16. The Guardian, "Digital Literacy, The Guardian's campaign to Upgrade Computer Science and IT in School". http://www.guardian.co.uk/

17. Shneiderman B., 2003, *Leonardo's Laptop: Human Needs and the New Computing Technologies*, MIT Press.

18. LIFT, 2007, "Sugata Mitra Shows How Kids Teach Themselves", accessible sur le site des conférences TED.

19. Il est même frappant de constater que les plus prestigieuses – et apparemment les plus efficaces – des écoles privées, telles les Waldorf Schools, semblent au contraire choisir l'austérité en matière de technologies éducatives : Richtel M., 2011, "A Silicon Valley School That Doesn't Compute", *The New York Times*, 22 octobre. http://www.nytimes.com/

20. Markoff J., 2005, *What the Dormouse Said: How the 60s Counterculture Shaped the Personal Computer Industry*, Penguin.

21. Le Berkman Center compte par exemple des enseignants comme Lawrence Lessig, Yochai Benkler, William « Terry » Fisher, Charles Nesson ou Jonathan Zittrain et des anciens élèves comme John Perry Barlow, Rebecca MacKinnon, Jimmy Wales, David Weinberger ou Ethan Zuckerman.

22. Himanen P., 2001, *The Hacker Ethic and the Spirit of the Information Age* (préface de L. Torvalds, postface de M. Castells, 2001), trad. française (C. Leblanc, 2001, *L'éthique hacker et l'esprit de l'ère de l'information*, Exils).

23. http://en.wikipedia.org/wiki/Creative_Commons

24. Anderson Ch., 2010, "The Web is Dead. Long Live the Internet", *Wired*, septembre.

25. *Op. cit.*

26. Voir par exemple une intervention du directeur de la propagande devant le Congrès national populaire consacrée à Internet, traduite par Human Rights in China. http://www.hrichina.org/

27. Morozov E., 2011, *The Net Delusion: The Dark Side of Internet Freedom*, PublicAffairs.

28. Martel F., *Mainstream, Enquête sur la guerre globale de la culture et des médias*, Flammarion, Paris.

29. Ce qui lui valut trois ans d'enquête criminelle de la part des douanes américaines.

30. Benhamou B., 2006, « Organiser l'architecture de l'Internet », *Esprit*, mai.
31. Architecture largement incubée en France dans les années 1960, dans les travaux de l'INRIA et de Louis Pouzin.
32. Lessig L., 2001, *The Future of Ideas: the Fate of the Commons In a Connected World* Random House, trad. française par J.-B. Soufron et A. Bony, 2005, *L'avenir des idées*, PUL.
33. Voir Zittrain J., 2008, *The Future of the Internet and How to Stop It*, London, Yale University Press.
34. Selon le célèbre article de Lessig L., 2000, "Code is Law – On Liberty in cyberspace", *Harvard Magazine*, January – qui commence ainsi : « À chaque époque son institution de contrôle, sa menace pour les libertés. [...] Nous sommes à l'âge du cyberespace. Il possède lui aussi son propre régulateur, qui lui aussi menace les libertés. Mais, qu'il s'agisse d'une autorisation qu'il nous concède ou d'une conquête qu'on lui arrache, nous sommes tellement obnubilés par l'idée que la liberté est intimement liée à celle de gouvernement que nous ne voyons pas la régulation qui s'opère dans ce nouvel espace, ni la menace qu'elle fait peser sur les libertés.
Ce régulateur, c'est le code : le logiciel et le matériel qui font du cyberespace ce qu'il est. Ce code, ou cette architecture, définit la manière dont nous vivons le cyberespace. Il détermine s'il est facile ou non de protéger sa vie privée, ou de censurer la parole. Il détermine si l'accès à l'information est global ou sectorisé. Il a un impact sur qui peut voir quoi, ou sur ce qui est surveillé. Lorsqu'on commence à comprendre la nature de ce code, on se rend compte que, d'une myriade de manières, le code du cyberespace régule. ».
35. Mitch Kappor (fondateur de Lotus). Voir l'article "Architecture is Politics (and Politics is Architecture)" sur le Mitch Kappor's blog. http://blog.kappor.com
36. Wu T., 2003, "Network Neutrality, Broadband Discrimination", *Journal of Telecommunications and High Technology Law*, vol. 2, p. 141, disponible sur http://ssrn.com/
37. The White House, 2012, "Obama Administration Responds to We the People on SOPA and Online Piracy", *The White House Blog*, 14 janvier. http://www.whitehouse.gov/blog/
38. U.S. Department of justice, 2012, "Justice Department Charges Leaders of Megaupload with Widespread Online Copyright Infringement, 19 janvier. http://www.fbi.gov/
39. Wu T., 2010, *The Master Switch: The Rise and Fall of Information Empires*, Borzoi Books.
40. Voir sur ce point l'excellent texte de la Harvard Kennedy School sur le rapprochement nécessaire entre Europe et États-Unis sur les principes fon-

damentaux (en particulier neutralité, mais aussi vie privée) qui devront être défendus dans les années à venir en matière de gouvernance. (*cf.* MAYER-SCHÖNBERGER V. and ZIEWITZ M., 2007, "Jefferson Rebuffed: The United States and the Future of Internet Governance", *The Columbia Science and Technology Law Review,* vol 8).

41. Defense Advanced Research Projects Agency, agence de moyens du département de la défense américain, dotée d'un budget annuel de 3,2 milliards de dollars, à l'origine notamment d'Internet, du GPS, du Boeing X-45, travaillant actuellement sur le Boeing X-37, sur l'interface neuronale directe, la robotique, les *big data*, etc.

42. L'Île-de-France est, de très loin, la région d'Europe la plus dense en emplois dans les technologies de l'information et de la communication et compte au bas mot 20 000 petites et moyennes entreprises dans le numérique

43. Le *Small Business Act* est une loi américaine votée le 30 juillet 1953, modifiée à de nombreuses reprises, et visant à favoriser les petites et moyennes entreprises dans le tissu économique du pays (Wikipédia). C'est l'écosystème des PME devenues ETI puis, pour quelques-unes d'entre elles, des grands groupes qui a permis à l'économie américaine de devenir leader dans les services de l'Internet. Or, le *Small Business Act* constitue l'un des instruments essentiels à cette croissance des PME. Cette réalité est un peu contradictoire avec l'idée selon laquelle seul l'investissement privé serait à l'origine des succès industriels en matière de technologies. Mais l'histoire de ce secteur a justement montré jusqu'ici l'incapacité des acteurs préexistants (en particulier lorsqu'ils étaient de taille importante) à créer ces nouveaux géants de taille mondiale sur Internet.

44. La Corée du Sud est un exemple particulièrement frappant en termes de volontarisme d'État en matière de technologies. Samsung représente dans la totalité de ses activités 25 % du PIB sud-coréen.

45. La renaissance de Berlin semble avoir commencé grâce au dynamisme culturel et à la faiblesse des loyers. Mais le gouvernement allemand a vite réalisé et accompagné le potentiel de cet écosystème.

46. JULLIEN F., 2002, *Traité de l'efficacité*, Le Livre de Poche.

47. Voir 2011, « Au pays des start-ups », *L'Observateur de l'OCDE*, n° 285, t. 2.

48. BRYCE R., 2004, *Cronies: Oil, The Bushes, And The Rise Of Texas, America's Superstate,* New York, Public Affairs.

49. « Initialement proposée par le représentant Christopher Cox et par le sénateur Ron Wyden, promulguée le 21 octobre 1998 par le président Clinton, la loi relative à la liberté fiscale d'Internet représente un effort de promotion et de préservation du potentiel d'Internet en termes commerciaux, d'éducation et d'information. Elle empêche l'imposition de tout prélèvement fédéral, d'État ou local sur l'accès à Internet et l'imposition de

tout prélèvement obligatoire prenant pour base des sous-jacents propres à Internet tels que les bits, la bande passante ou les messages électroniques. La loi prohibe également de nombreux types d'impôts sur le commerce électronique » (adapté de Wikipédia, nous traduisons).

50. Contrairement à la plupart des économies développées, les États-Unis ne prélèvent pas de taxe sur la valeur ajoutée (TVA). Les États fédérés sont pour la plupart dotés d'une taxe sur les ventes (*sales tax*). Contrairement à la TVA, impôt réparti sur l'ensemble de la chaîne de valeur, la *sales tax* ne s'applique qu'au dernier maillon de la chaîne : la transaction entre le vendeur de détail et le consommateur final. La taxe sur les ventes ne s'applique donc pas aux consommations intermédiaires, c'est-à-dire à la vente de biens ou de services d'une entreprise à une autre entreprise.

51. Voir à ce sujet Zelnik P., Toubon J., Cerutti G., 2010, *Création et Internet. Rapport au ministère de la Culture et de la Communication*, janvier ; Candilis T., Levrier Ph., Manigne J., Rogard M., Tessier M., 2011, *La télévision connectée. Rapport au ministre de la Culture et de la Communication et au ministre chargé de l'Industrie, de l'Énergie et de l'Économie numérique*, novembre.

52. McKinsey & Company, 2011, *Impact d'Internet sur l'économie française*, la méthodologie de ce rapport est très controversée.

53. Titulaire de la chaire d'innovation du CNAM et fondateur de l'Institut européen des stratégies créatives et de l'innovation.

54. Ce terme fut forgé par Jean-Baptiste Say, qui ne fut pas seulement journaliste et économiste, mais fut également – à plusieurs reprises – un entrepreneur à succès. L'anglais ne disposant alors que du terme *undertaker*, « sous-traitant », dans le sens où nous parlons d'entrepreneur en bâtiment. Il imposa donc l'utilisation du mot « entrepreneur » à ses traducteurs américains et ce terme a persisté jusqu'à nos jours. On se souvient ainsi de la gaffe de George Bush disant à son interlocuteur, devant un micro qu'il imaginait fermé : « *The problem with the French is that they don't have a word for entrepreneur* » (le problème avec les Français, c'est qu'ils n'ont même pas de mot pour « entrepreneur »).

55. Et ces aides à la R&D, de plus en plus encadrées, ont progressivement donné naissance à un maquis de définitions et de procédures qui exigent désormais une considérable maîtrise juridique, administrative et technique pour bénéficier de ces soutiens. Autant le reconnaître, une *start-up*, au sens usuel du terme, a tout intérêt à tourner le dos à ces dispositifs.

56. Comme Steve Jobs qui, selon son biographe, a découvert après avoir imaginé le iPhone l'existence du verre dont il avait besoin pour les écrans tactiles. Il avait été inventé aux États-Unis depuis plusieurs décennies et n'avait pas trouvé d'emploi. Faut-il en déduire que ce verrier aurait dû inventer le *smartphone* ?

57. Shiller R. J., 2007, *The New Financial Order, Risk in the 21st Century*, Princeton (NJ), Princeton University Press.

58. En 2011 dans les deux cas.

59. Glaeser E., 2011, *Triumph of the City: How Our Greatest Invention Makes Us Richer, Smarter, Greener, Healthier, and Happier*, Penguin Press HC (Le triomphe de la ville : comment notre plus grande invention nous rend plus riches, plus intelligents, plus écolos, plus sains et plus heureux – nous traduisons).

60. Sassen S., 1991, *The Global City: New York, London, Tokyo*, Princeton (NJ), Princeton University Press.

61. Carr N., 2009, "Google in the Middle", *Rough Type*, 10 avril. http://www.roughtype.com/

62. Par exemple, une fois qu'Amazon sait tenir la charge des commandes passées pendant la période de Noël, elle possède la meilleure infrastructure numérique du marché. La maîtrise de sa marge lui permet de conforter sa position dominante.

63. On parle d'« effet réseau » lorsque la valeur d'un service croît plus vite que le nombre d'utilisateurs. Ainsi, la valeur de Facebook progresse exponentiellement avec le nombre de ses utilisateurs (et donc, le nombre d'amis que chacun peut y rencontrer). Le succès initial rend donc le service incontournable. Selon Olivier Bomsel (2007, *Gratuit ! Du déploiement de l'économie numérique*, Folio), cet effet réseau explique le succès des stratégies de produits gratuits.

64. Brynjolfsson E. and McAfee A., 2011, "The Big Data Boom is the Innovation Story of Our Time", *The Atlantic*, disponible sur http://www.theatlantic.com/

65. Voir par exemple James J., 2010, "Inside Apple's Insane Developer Agreement", *TechRepublic*, 26 avril.

66. Autorité de la concurrence, communiqué du 14 décembre 2010 : « L'Autorité de la concurrence estime que Google est en position dominante sur le marché de la publicité liée aux moteurs de recherche ».

67. « Bruxelles liste plus de 400 pages de griefs contre Google », *Numerama*, 3 décembre 2011.

68. *Cruncher*, c'est passer les données en revue pour y détecter des corrélations. *Clusteriser*, c'est calculer des proximités entre elles pour pouvoir les rassembler en grappes de données aux caractéristiques proches.

69. Google représente à lui seul près de 90 % des requêtes en France et suscite entre 40 et 60 % du trafic sur la plupart des sites d'information. Facebook est à l'origine du plus du tiers des pages vues sur le Web américain.

70. Wu T., *op. cit.*

71. Clause à laquelle Google a finalement renoncé.

72. Voir par exemple Naughton J., 2011, "Forget Google – It's Apple That is Turning Into the Evil Empire", *The Observer*, 6 mars.

73. Le projet s'intitule donc la « TVA sociale ».

74. Voir 4.3.3.

75. Zelnik P., Toubon J., Cerutti G., *op. cit.*
76. Martel F., 2011, « La diplomatie Internet : la volte-face de Nicolas Sarkozy », *Marianne*, 20 mai. http://www.marianne2.fr/
77. « *Community Building* » *et* « *empowerment* » (la construction de communautés et le fait de les doter de puissance) furent les maîtres mots de la victorieuse campagne de Barak Obama en 2008. Il s'agissait, au lieu de construire la diffusion verticale de la parole du candidat, de fournir des ressources pour aider des collectifs à se constituer, puis les doter de moyens puissants, comme cette base de données de 100 millions d'Américains, très riche en informations personnelles, accessible sur *smartphone* aux militants démocrates désireux de participer à la gigantesque opération de porte à porte qui fut alors organisée.
78. Hardt M. et Negri A., 2000, *Empire*, Exils.
79. Lathrop D. et Ruma L., 2010, *Open Government, Collaboration, Transparency, and Participation in Practice,* O'Reilly.
80. O'Reilly T., 2011, "This New York Times Piece on the Amazon-California Sales Tax Dispute". http://plus.google.com/
81. Bellanger P., 2011, *L'Internétat*, www.skyrock.fm/
82. O'Reilly T., 2010, *Government as a Platform*. http://ofps.oreilly.com/
83. Voir chapitre 1.3.

Conclusion

1. *Cf.* Greenberg S., 1997, *Middle Class Dreams*, Random House, ou encore Baer K. S., 2000, *Reinventing Democrats, The Politics of Liberalism from Reagan to Clinton*, University Press of Kansas.
2. Dont, en France, Dassault Systèmes.
3. Que bien des auteurs diagnostiquent à l'aide de formules qui sont autant de variantes. Voir par exemple Haque U., 2011, *The New Capitalist Manifesto, Building a Disruptively Better Business*, Harvard Business Review Press, ou Zuboff Sh., 2010, "Creating Value in the Age of Distributed Capitalism", *McKinsey Global Quarterly*, september.
4. Dans l'automobile, le nucléaire ou l'aérospatiale, l'innovation de processus, lente et apprenante, produit d'excellents résultats. Ces industries s'accommodaient donc bien d'une société très hiérarchique, de la prééminence des grandes écoles et des universités, qui approfondissent longuement un sillon, et de la culture du diplôme.

Bibliographie

Abélès M., 2002, *Les Nouveaux Riches, un ethnologue dans la Silicon Valley*, Paris, Odile Jacob.

Trojette A. M., 2013, *Ouverture des données publiques, les exceptions au principe de gratuité sont-elles toutes légitimes ?* Rapport au Premier ministre. (http://www.modernisation.gouv.fr/sites/default/files/fichiers-attaches/20131105-rapporttrojetteannexes.pdf)

Agile manifesto, « Manifesto for Agile Software Development ». http://agilemanifesto.org/

Anderson Ch., 2006, *The Long Tail: Why the Future of Business is Selling Less of More*, Hyperion.

– 2010, "The Web is Dead. Long Live the Internet", *Wired*, septembre.

Ariely D., 2008, *Predictably Irrational, the Hidden Forces That Shape Our Decisions*, New York, Harper.

Bai M., 2011, "What Steve Jobs Understood That Our Politicians Don't", *The Caucus, The Politics and Government Blog of the Times*, 2 octobre. http://thecaucus.blogs.nytimes.com/

Becker G. S., 1964, *Human Capital, A Theoretical and Empirical Analysis*, Columbia University Press for the National Bureau of Economic Research, New York.

Bellanger P., 2010, « Communiquer avec Internet », *Les Ernest*, 6 décembre. http://pierrebellanger.skyrock.com/

– 2011, *L'Internétat*. http://www.skyrock.fm/.

Belloc B. et mourier P.-F., 2010, *L'Académie au pays du capital*, Paris, PUF.

Benkler Y., 2009, *La richesse des réseaux : Marchés et libertés à l'heure du partage social*, Presses Universitaires de Lyon.

Bomsel O., 2007, *Gratuit ! Du déploiement de l'économie numérique*, Folio.

BRYNJOLFSSON E. and MC AFEE, 2014, *The Second machine age, Work, Progress and Prosperity in a time of brillant technologies*, W. W. Norton & Company.

BRYNJOLFSSON E. and MC AFEE A., 2011, "The Big Data Boom is the Innovation Story of Our Time", *The Atlantic*. http://www.theatlantic.com/

CANDILIS T., LEVRIER Ph., MAGNINE J., ROGARD M., TESSIER M., 2011, *La télévision connectée, Rapport au ministre de la Culture et de la Communication et au ministre chargé de l'Industrie, de l'Énergie et de l'Économie numérique*, novembre.

CARR N., 2008, "Is Google Making Us Stupid?", *The Atlantic*.

– 2009, "Google in the Middle", *Rough Type*, 10 avril. http://www.roughtype.com/

CASTELLS M., 1997, *L'ère de l'information : la société en réseaux*, Fayard.

– 2001, *La Galaxie Internet*, Paris, Fayard.

CHEUNG S. 1973, "The fable of the bees: an economic Investigation", *Journal of Law and Economics*, 16: 11–33.

CHRISTENSEN C., 1997, *The Innovator's Dilemma*, Harper Business.

COASE R., 1937, "The Nature of the Firm", *Economica*.

COLIN N. et COLLIN P., 2013 Mission d'expertise sur la fiscalité du numérique, Ministère de l'économie et des finances. http://www.economie.gouv.fr/files/rapport-fiscalite-du-numerique_2013.pdf

COMMISSION EUROPÉENNE, 2009, *Internet of Things: An action plan for Europe, Communication from the Commission to the European Parliament*. http://ec.europa.eu/

– 2009, *Internet governance: the next steps, Communication from the Commission to the European Parliament*. http://ec.europa.eu/

COMMSSION SUR L'ÉCONOMIE DE L'IMMATÉRIEL (présidée par LÉVY M. et JOUYET J.-P.), 2006, *L'économie de l'immatériel, la croissance de demain*.

CONSEIL D'ÉTAT, étude annuelle 2014 : *Le Numérique et les droits fondamentaux*, La Documentation française, 2014.

DELHAY C., 2011, « Savoir lire, écrire, compter et prendre la parole », *Le Monde*, 20 octobre.

DENNING S., 2010, *The Leader's Guide to Radical Management*, Jossey-Bass.

EHREL C. et DE LA RAUDIÈRE, 2014, Rapport d'information déposé en application de l'article 145 du règlement par la Commission des affaires économiques sur le développement de l'économie numérique française, Assemblée nationale. http://www.assemblee-nationale.fr/14/pdf/rap-info/i1936.pdf

EHREL C., DE LA RAUDIÈRE L., 2011, *Rapport sur la neutralité de l'Internet et des réseaux*. http://www.assemblee-nationale.fr/

ELECTRONIC FRONTIER FOUNDATION, 2012, *Mobile User Privacy Bill of Rights*. https://www.eff.org/

FOGG B. J., 2003, *Persuasive Technology: Using Computers to Change What We Think and Do*, Morgan Kaufmann.

FRÉCHIN J.-L., http://www.nodesign.net/

FRIED J. et HEINEMEIER HANSSON D., 2010, *Rework – Réussir autrement : entrepreneurs, auto-entrepreneurs, patrons ou salariés*, Maxima.

FRIEDMAN T., 2011, "The Start-Up Of You", *The New York Times*, 12 juillet. http://www.nytimes.com/

GILLE L., 2006, *Aux sources de la valeur, des biens et des liens*, Paris, L'Harmattan.

– 2009, *Les Dilemmes de l'économie numérique*, FYP Éditions.

GLAESER E., 2011, *Triumph of the City: How Our Greatest Invention Makes Us Richer, Smarter, Greener, Healthier, and Happier*, Penguin Press HC.

GLEIK J., 2011, *The Information: A History, a Theory, a Flood*, Panthéon.

GODIN S., 1999, *Permission Marketing: Turning Strangers Into Friends, and Friends Into Customers*, Simon & Schuster.

– 2010, "I Spread Your Idea Because…", *Seth Godin's Blog*, 27 octobre. http://sethgodin.typepad.com/

– 2012, *Stop Stealing Dreams!, What Is School For?*, http://www.squidoo.com/stop-stealing-dreams/

GOLDSMITH J., WU T., 2006, *Who Controls the Internet? Illusions of a Borderless World*, Oxford University Press.

GORCE G, MORIN-DESAILLY C, 2014, *L'Europe au secours de l'Internet : démocratiser la gouvernance de l'Internet en s'appuyant sur une ambition politique et industrielle européenne,* Sénat. http://www.senat.fr/rap/r13-696-1/r13-696-11.pdf

GORZ A., 1988, *Métamorphoses du travail, Quête du sens, Critique de la raison économique*, Galilée.

GREENSPUN Ph., in LINVINGSTON J., 2007, *Founders at Work: Stories of Startups'Early Days*, Apress.

THE GUARDIAN, "Digital Literacy, The Guardian's Campaign to Upgrade Computer Science and IT in School". http://www.guardian.co.uk/

HAQUE U., 2011, *The New Capitalist Manifesto, Building a Disruptively Better Business*, Harvard Business Review Press.

HEALTH J.et POTTER A., 2006, *La Révolte consommée*, Naïve.

HIMANEN P., 2001, *The Hacker Ethic and the Spirit of the Information Age* (préface de L.TORVALDS, postface de M. CASTELLS, 2001), trad. française (C. LEBLANC, *L'éthique hacker et l'esprit de l'ère de l'information*, 2001, Exils).

ISAACSON W., 2011, *Steve Jobs*, J-C Lattès.

JUDIS J. B., 2011, "Doom! Our Economic Nightmare is Just Beginning", *The New Republic*, 14 septembre. http://www.tnr.com/

JULLIEN F., 1996, *Traité de l'efficacité*, Grasset et Fasquelle.
KELLY K., 2000, *What Technology wants*, Vicking.
KUHN T., 1962, trad. 1982, *La Structure des révolutions scientifiques*, Paris, Champs Flammarion, p. 208.
KURZWEIL R., 2005, *The Singularity is Near: When Humans Transcend Biology*, Viking / Penguin Books, http://www.singularity.com/. Traduction française 2007, *Humanité 2.0 : la bible du changement*, M21 Éditions.
LATHROP D. et RUMA L., 2010, *Open Government, Collaboration, Transparency, and Participation in Practice*, O'Reilly.
LEMOINE P, 2014, *La nouvelle grammaire du succès, rapport sur la transformation numérique de l'économie française*, Ministère de l'économie et des finances. http://www.economie.gouv.fr/files/files/PDF/rapport_TNEF.pdf
LESSIG L., 2001, *The Future of Ideas: the Fate of the Commons In a Connected World Random House*, trad. française par J.-B. SOUFRON et A.BONY, 2005, *L'avenir des idées*, PUL.
– 2000, "Code is Law – On Liberty in cyberspace", *Harvard Magazine*, janvier.
LÉVY P., 1995, *Sur les chemins du virtuel*, Paris, La Découverte.
LÉVY S., 2011, "Jeff Bezos Owns the Web in More Ways Than You Think", *Wired*, 13 novembre. http://www.wired.com/
LEXINGTON, 2011, "Revisiting the Hoover Dam", *The Economist*, 22 octobre. http://www.economist.com/
LIANG Q. et XIANGSUI W., 2003, *La Guerre hors limites, l'art de la guerre asymétrique entre terrorisme et globalisation*, traduit du chinois par DENÈS H., Rivages, Payot.
LINVINGSTON J., 2007, *Founders at Work: Stories of Startups'Early Days*, Apress.
LOMBARD D., NAHON G. et GIRARD É., 2007, *Le village numérique mondial : la deuxième vie des réseaux*, Odile Jacob.
MARKOFF J., 2005, *What the Dormouse Said: How the 60s Counterculture Shaped the Personal Computer Industry*, Penguin.
MAYER-SCHOENBERGER V., 2009, *Delete: The Virtue of Forgetting in the Digital Age*, Princeton University Press.
MAYER-SCHOENBERGER V. and ZIEWITZ M., 2007, "Jefferson rebuffed : The United States and the Future of Internet Governance", *The Columbia Science and Technology Law Review*, vol 8.
MCKINSEY & COMPANY, 2011, *Impact d'Internet sur l'économie française*.
MCKINSEY GLOBAL INSTITUTE, 2011, *Big data, The Next Frontier for Innovation, Competition, and Productivity*, mai.
MITRA S., 2010, "The Child-Driven Education", *TEDGlobal*, septembre. http://www.ted.com/
MOEGLIN P., 2010, *Les industries éducatives*, Paris, PUF.

MOORE G. A., 1991, *Crossing the Chasm, Marketing and Selling High-Tech Products to Mainstream Customers*, Harper Business Essentials.

MOROZOV E., 2011, *The Net Delusion: The Dark Side of Internet Freedom*, PublicAffairs.

MOULIER BOUTANG Y., 2010, *L'abeille et l'économiste*, Carnets Nord.

MURRAY J., 1998, *Hamlet on the Holodeck : The Future of Narrative in Cyberspace*, MIT Press.

NEGRI A., 2010, *Traversées de l'Empire*, Éditions de l'Herne.

NEGRI A. et HARDT M., 2000, *Empire*, Paris, Exils.

O'REILLY T., 2009, "Government 2.0: It's All About the Platform", *Techcrunch*, 4 septembre. http://www.techcrunch.com/

– 2010, *Government as a Platform*. http://ofps.oreilly.com/

PARLEMENT EUROPÉEN, 2011, « Proposition de motion du comité industrie, recherche et énergie pour le Parlement Européen sur l'Internet des objets ». http://www.europarl.europa.eu/

PEREZ C., 2003, *Technological Revolutions and Financial Capital, The Dynamic of Bubbles and Golden Ages*, Edward Elgar Pub.

PLANCK M., 1940, *Scientific autobiography and other papers*, trad. GAYNOR F., p. 33-34.

REBISCOUL A., 2007, « Pour une controverse sur l'économie de l'immatériel », *Rue89*, 26 octobre. http://www.rue89.com/

RHEINGOLD H., 2002, *Smart Mobs!: The Next Social Revolution*, Perseus Publishing.

RICHTEL M., 2011, "A Silicon Valley School That Doesn't Compute", *The New York Times*, 22 octobre. http://www.nytimes.com/

RIFKIN J., 2000, *The Age Of Access: The New Culture of Hypercapitalism, Where All of Life is a Paid-For Experience*, Putnam Publishing Group.

– 2005, *La fin du travail,* La Découverte.

– 2012, *La troisième révolution industrielle*, Les liens qui libèrent.

SASSEN S., 1991, *The Global City: New York, London, Tokyo, Princeton (NJ)*, Princeton University Press.

SCHUMPETER J., 1942, *Capitalisme, socialisme et démocratie*.

SCHWARTZ T., 1973, *The Responsive Chord*, New York, Anchor Press.

SEGRESTIN B.et HATCHUEL A., 2012, *Refonder l'entreprise*, Le Seuil / La République des idées.

SENOR D. et SINGER S., 2011, *Israël, la nation startup*, Maxima.

SERRES M., 2011, « Petite Poucette, la génération mutante », *Libération*, 3 septembre.

SETHI K.B., 2010, "Kiran Bir Sethi Teaches Kids to Take Charge", *TEDIndia*, janvier. http://www.ted.com/

Shiller R. J., 2007, *The New Financial Order, Risk in the 21st Century*, Princeton (NJ), Princeton University Press.

Shneiderman B., 2003, *Leonardo's Laptop: Human Needs and the New Computing Technologies*, MIT Press.

Sloterdijk P., 2007, *Colère et temps, essai politico-psychologique*, Libella Marin Sell.

Sommet mondial des nations unies sur la société de l'information, 2005, *Proposition de la présidence de l'Union européenne sur la gouvernance de l'Internet*. http://www.itu.int/

Stiegler B., 2008, *Réenchanter le monde : La valeur esprit contre le nouveau populisme industriel*, Flammarion.

– 2009, *Pour une nouvelle critique de l'économie politique*, Galilée.

Stiegler B., Meirieu Ph. et Kambouchner D., 2012, *L'école, le numérique et la société qui vient*, Paris, Fayard / Mille et une nuits.

Taddéi F., 2010, « Pour un nouveau modèle d'éducation », *TEDxParis*, janvier. http://www.tedxparis.com/

Tregouët R., 1997, *Des pyramides du pouvoir aux réseaux de savoirs*. http://www.senat.fr/

Union internationale des télécommunications, 2005, *L'Internet des objets*. http://www.itu.int/

Wu T., 2003, "Network Neutrality, Broadband Discrimination", *Journal of Telecommunications and High Technology Law*.

– 2010, *The Master Switch: The Rise and Fall of Information Empires*, Borzoi Books.

Yegge S., 2011, *Stevey's Google Platforms Rant*, disponible en ligne.

Zelnik P., Toubon J., Cerutti G., 2010, *Création et Internet, Rapport au ministre de la Culture et de la Communication*, janvier.

Zittrain J., 2008, *The Future of the Internet and How to Stop It*, London, Yale University Press.

Zuboff Sh., 2010, "Creating Value in the Age of Distributed Capitalism", *McKinsey Global Quarterly*, septembre.

Index

Table des matières

260144 – (I) – (1,6) – OSB 80°– NOC – ACT
Dépôt légal : mai 2015
Dépôt légal de la 1ère édition : novembre 2012

Achevé d'imprimer par Dupli-Print
N° d'impression : 2015040872
www.dupli-print.fr

Imprimé en France